带团就是讲故事 STORY

故事力——导/游/讲/解/的/核/心/能/力

宙斯/著

北京·旅游教育出版社

策　　划：李荣强
责任编辑：李荣强

图书在版编目（CIP）数据

带团就是讲故事 / 宙斯著. -- 北京 : 旅游教育出版社，2019.9（2023.5重印）
ISBN 978-7-5637-4016-1

Ⅰ. ①带… Ⅱ. ①宙… Ⅲ. ①导游－旅游服务 Ⅳ. ①F590.63

中国版本图书馆CIP数据核字(2019)第185891号

带团就是讲故事

宙　斯　著

出版单位	旅游教育出版社
地　　址	北京市朝阳区定福庄南里 1 号
邮　　编	100024
发行电话	（010）65778403　65728372　65767462（传真）
本社网址	www.tepcb.com
E - mail	tepfx@163.com
排版单位	北京旅教文化传播有限公司
印刷单位	唐山玺诚印务有限公司
经销单位	新华书店
开　　本	710毫米×1000毫米　1/16
印　　张	15.25
字　　数	196 千字
版　　次	2019 年 9 月第 1 版
印　　次	2023 年 5 月第 4 次印刷
定　　价	48.00 元

（图书如有装订差错请与发行部联系）

Preface 前言

距离上一本《带团就是战斗》的出版已经有好几年了，这些日子一直忙于带团和生活琐事，每每在书架上看到那本书时依然能清楚地记得当年写作的过程。我确信，那是一段充满艰辛但又乐趣十足的时光。

严格来讲，我在上一本书的创作中只是作为主编而出现，里面大约只有不到一半的内容是我自己写的，其他的文章都来自非常有共享精神的资深导游同行们，我只是在编辑时做了一些修改和总结。这使得很多读者同行们阅读起来会觉得文风散乱，整体逻辑结构不够清晰连贯，这也是我的一个小遗憾。

时代在变化，导游的学习途径也变得越来越多元化。

在我刚入行时，前辈们提醒的是唯多读书，才有收获。到了 2003 年我们有了自己的行业论坛——导游栖息地（上本书的绝大多数文章均摘录于论坛，包括我本人的），再到后来有了博客、微博，再后来微信也出现了。信息时代的来临给导游工作打开了全新的局面，和游客见面之前就可提前在微信上建群沟通交流，各种有意思又有质量的微博和微信公众号文章可供学习，百度知道、豆瓣、知乎等软件也会解答各种疑难问题，我们还可以通过微信钱包实现无现金收取费用……前些日子，我的一个同行好友张毅给大家讲了一个有关使用 APP 带团及如何利用思维导图带团的课程，看得下面那些几十年的老导游们瞠目结舌，纷纷感叹自己即将落伍，已经跟不上时代的发展了。

本人这两年也迈入了电子阅读的时代，在各种阅读软件上读了累计上亿字的文章和小说。但尽管如此，我始终还保持着阅读纸质书籍的习惯，为了那纸张划过指尖的那一丝快感，也为了家中书架上积攒的壮观，更是一种对文字本身的尊重，毕竟目前的网络文章由于发表方式过于自由，行文随意，信息堆砌，真假难辨，错误率实在太高了。

基于这种习惯，在拖稿了数年之后，我还是决定把这一本书完成，算是对我这 20 年的导游工作的一个交代吧。

写作角度定不下来也一直是我迟迟没有动笔的原因，带团都已经是“战斗”了，那么带团还能是什么?

回首我自己带团的最近这几年，我发现讲解中历史知识变得越来越少了，数据信息也变得越来越少了，甚至很多个人观点也不多了，唯一变得多起来的就是故事。故事似乎是游客最爱听的内容，就像小说是各种书籍里最畅销的一种一样。故事就是一段段引人入胜的历史，一串串可以让人牢记的数字，故事里就包含了一个个鲜活的人物，故事可以启发和感染别人，故事几乎是万能的！通过讲故事，我可以把我需要游客了解的信息传达过去，也可以把忠告与劝诫铺垫好，还可以把故事中的情绪延伸到游客的内心。

当你第一次走进寺院或者教堂，与神职人员进行交流时，有经验的高僧或神父不会在开始阶段就跟你直接介绍那些枯燥刻板的宗教戒条，而是试图用佛祖或者耶稣传教时的故事来吸引你。

当你走进任何一个直销品牌的教室，讲师们基本只会用 10% 的时间跟你介绍产品，剩下的多数时间都是在细数每一个成功的超高级别会员的成功史和他们异常波折但荡气回肠的团队创业故事。

当你走进古玩店，除了感兴趣每一件似真似假的古董文物上面附着的历代故事以外，店里的老板更爱跟你分享的就是某人某日在某个古董摊捡漏的故事。我们虽然知道这种狗屎运一定永远降临不到自己身上，但却听起来乐此不疲，感同身受。

前一段时间，我在自修西方美术史，买了一大堆的相关书籍，有的非常正统，从详细介绍画风到细分不同时代的特色，娓娓道来；有的则很专业，光影、笔触、布局……说得头头是道；但我最青睐的还是另一类，通过油画上的人物设计和景色，推断出里面发生的故事，是希腊神话还是圣徒传教，是宫廷秘史还是战争瞬间，画家为什么要创作这幅画？他在背景和道具上留下了什么标记？

我相信，如果是我来讲名画的话，很多游客更爱听的也是这方面的故事。

带团就是讲故事，没错，这就是我接下来要聊的主题。

目录
CONTENTS
带团就是讲故事

第一章 序曲——我们从哪里来？我们是谁？

创世故事的破裂

我们是谁？我们从哪来？我们要到哪里去？

这句话几乎是人类对自身提出的最高疑问，这个世界上诞生的所有宗教、神话、哲学和科学，都首先要解决这些问题。只不过，当他们解决了很多问题的时候依然对这个问题束手无策。

法国大画家高更曾经在贫病交加准备自杀前，以这个题目画了一幅油画，这幅长卷描绘的各种人物和雕像巧妙地体现了人的各种情欲与生老病死，这也成了他绘画生涯中最伟大的作品。似乎人类每每到最危难的时刻，总会在这些方面出现更多的思考和表达。

这个问题可能从人有了思考就一直困扰着我们，到现在其实也没有解决。

然而如果这三个问题根本没有任何答案的话，会给人类造成极大的恐惧，我们可以认为这是智慧的诅咒。恐惧来源于哪里？不是从墙角突然跳出一个怪兽，也不是从电视里爬出一具女尸，恐惧的根源来源于我们对一件事物的未知。

所以人类首要的问题就是要解决这个恐惧，在其他解释都没有诞生之前，原始崇拜就已经产生了。你也可以把世界各地的这种类似的原始崇拜理解为神话，有的神话到后来成功地发展成了宗教。

不过无论是基督教还是中国神话，全世界大多数的关于世界和人类起源的说法都提到了人类是用泥土做出来的，这可能和当时我们的食物来源有关（都是从土里长出来的），而挪亚方舟和大禹治水又都巧合性地聊到了大洪水，这也印证了地球欧亚大陆两端曾经共同经历过的某个冰川时期。

人类的起源，终于在1859年的冬天有了第一个大致合理的推测，那就是达尔文在《物种起源》里面提到的，人应该是从古猿中的某一支演变过来的。

在十几年后，他又出版了《人类的起源与性的选择》一书，列举了更多的例证来说明之前的结论，并更进一步地阐述了人类可能是从非洲已经灭绝的南方古猿的一支演化而来。

在当时的欧洲基督教世界，这种观点几乎是大逆不道的，而且也是缺乏大量理论依据的，从而引起了很多人的反感。“天哪，我的上帝啊！人类的起源不是帅气的亚当吗？怎么变成了这么丑陋的古猿？”不少反对学者拿着孔雀或者澳洲的某种生物的演化来反驳达尔文，对于他提出的人类起源的说法嗤之以鼻。

在这之后的100多年时间里，各种各样的考古发现层出不穷，本来就脆弱而矛盾的宗教创世理论被不断捶打，直到1974年，美国古人类学家约翰逊带领的考古队在埃塞俄比亚的阿法尔山谷发现了一具40%的南方古猿化石。从膝关节所形成的角度来看，她属于已经可以直立行走的原始人类。

这个发现完美地证实了达尔文及其追随者建立的理论体系，同时也让宗教以外的科学拥有了经得起反复推敲的重要证据。在随后的营地庆功会上，大家纷纷喝酒庆祝，当时正值披头士乐队火爆全球，营地里一直循环播放列侬在派普军曹专辑创作的歌曲《Lucy in the sky with diamonds》，所以这具古猿的名字就叫作少女露西。这个身高只有1.1米的女性，被人类学界公认为是“人类之母”。

按照生物分类学的定义划分，世界上的任何生物，包括人类，都可以在一个树形的分支里找到自己的位置。这棵树大致可以按照界、门、纲、目、科、属、种分为7级，人类的位置是动物界—脊索动物门—哺乳纲—灵长目—人科—人属—智人。

这下就又有问题了，仔细一查你会发现，原来人属下面曾经还有好多分支，直立人、丹尼索瓦人、尼安德特人、海德堡人、弗兰德斯人等，他们都去哪儿了？

他们又跟我们智人有多少关系呢？

这就引出了下一个来自北京的精彩故事。

意外发现的食堂

大家回顾刚才展开的树形分类，与我们智人在同一个科属的远古人类还有不少，他们跟我们到底有多少联系呢？说近真不近，说远还不算太远。

就像同属猫科动物的猎豹和家猫，它们从形体到性格都已经变得千差万别，而同在一个猫属下面的不同猫类，不论是波斯猫还是埃及猫，异国短毛猫还是孟加拉豹猫，甚至是外形极具特色的加拿大无毛猫，在基因、血缘、身体结构上都有不少的相似点。

我们智人的基因里也有不超过 10% 的其他远古人类的基因遗存，像血栓和糖尿病这种遗传病据说就是从尼安德特人身上获得的……

在离露西十万八千里的遥远的东方生活着一种直立人，我们现在把他们称为北京人，他们生活在距离海湾不远的山地里，那里风景优美，环境宜人，春暖花开。除了山间游弋的剑齿虎和鬣狗外，那里简直可以说是乌托邦一样的理想国。

岁月未留痕，几十万年过去了。这片山地成了郊外石灰与煤的开采地，这些矿石经由公路与河流运往北京和天津。

时间转眼来到了 1918 年的中国北京，当时在华的老外发现了中药铺里有一种叫龙骨的东西，似乎更像是与我们人类近似的某种动物的骨骼化石。瑞典、美国和奥地利的人类学家和考古专家都分别来这里进行过科考发掘。北京人活动的洞穴堆积层达到 40 多米，在这里科学家们找到了头骨、下颌骨、牙齿等化石，还有使用火的一些痕迹，这些都证明了直立人曾经在北京郊区一带活动。

1927 年，中国政府对周口店北京人遗址的大规模发掘也拉开序幕，两个年轻的中国考古学家杨钟健和裴文中也参与到了其中。两年后，第一个震惊中外的完整的北京人头盖骨化石被发现。据说，在一次考古行动中，大家意外地发现了一个小洞穴，洞口仅容一人爬进爬出，裴文中就这样在冰冷的寒风中钻进了一个未知的洞穴中进行探查。他发现了不少古代动物的化石，那些残缺的骨头化石似乎重现了一个多种动物被古代人类吃掉而随意抛弃的现场。

"我找到了北京人的食堂！"他高兴地向外喊道。

一旦这个地方是有用的，考古活动就迅速开足马力，把洞口挖大，以便进行更进一步的考古发掘。

"天哪，我看到了什么？这简直就是舌尖上的北京人！"其他考古学家看到现场后也大为惊愕，他们像拼组乐高玩具一样，把地上散落的骨骼碎块一个个地收集起来，拼出了很多不同的动物，有的确认已经灭绝很久了。

随着发掘工作的继续，不光是动物化石，一个完整的人类头盖骨也被发现了，这是北京周口店遗址第一次发现如此完整的人类头盖骨。通过它们可以轻易地测量出北京人的脑容量，以及更多的其他数据，这可以说是考古发现的无价之宝。

在随后几年的发掘中，考古和地质学家贾兰坡又先后在这个洞穴附近发现了 5 个头盖骨化石，经过互相比对，可以得出一个更为科学的平均数。

不过那个年代的中国战乱不止，北京已经成了抵御日本侵略的前线。作为驰名中外的国宝级文物，日本考古界也对这几个头盖骨化石垂涎欲滴。它们再留在中国将变得十分危险，当时的国民政府通过美国人开办的协和医院和美国协商，计划将这些头盖骨运往美国的自然科学博物馆暂存，等到战争结束后再取回中国。一开始美国人的态度很纠结，既想拿到手近距离地研究，又怕当时的国际舆论抨击他们发战争财，几经磋商，甚至经过了蒋介石的亲自点头许可，这件事才最终敲定，不过经过这段时间的挣扎，转移头盖骨的最佳时机也错失了。

1941 年 12 月初，这些头盖骨终于移交给了驻扎在北京的美国海军陆战队，由他们护卫坐上去秦皇岛的专列，在那里登上哈德逊总统号美国轮船，移交就算顺利结束。哪知正好赶巧，在列车达到的前一天晚上，日本策划了偷袭珍珠港的行动，从此美日正式开战，第二天早上负责护卫的陆战队员们也遭到了日军的扣押。而在这一过程中，这些无价之宝的北京人头盖骨也不知所踪，直到今天，我们也没有在日本或者美国的任何场所再见到它们的影子。

故事虽然传奇，但这些文物确确实实成了佐证人类进化史的重大发现，当时这条消息震惊世界，后来的发掘研究也始终被世界各国学者所关注，这也就是为什么后来联合国教科文组织评选中国的世界文化遗产时，周口店北京猿人遗址会是第一批被列入名录的景点。

北京人作为直立人种，跟后来同样发现于周口店的山顶洞人是完全不一样的，生活在两万年前的后者已经可以认为是我们中国北方人的直系祖先了。而这些直立人呢？貌似在智人来到北京之前他们就已经灭绝了。关于灭绝原因有多种猜测，可能是洪水或者地震等天灾，也可能是剑齿虎等这种凶猛野兽的自然天敌，更大可能则是另外一个属种的人类——尼安德特人，他们同样也是我们智人的生存大敌。

远古时代的战神

尼安德特这个名字来自德国西部的尼安德特河谷，人们在这里最先发现了这种动物（或者说人类）的化石，就以地名进行了命名。不要以为尼安德特人就是德国人或者欧洲人，他们几乎遍布欧亚大陆的温暖地区，从欧洲到中东再到中国。

他们不但群族庞大人数众多，而且更为难能可贵的是单兵作战能力极强。尼安德特人平均身高都在2米以上，肌肉发达，而且足够聪明，并不是歌利亚人那种笨蛋，他们还可以组织三五个人的团队作战，能比较轻松地猎杀猛犸象和剑齿虎这样的巨型猛兽，像智人或者直立人这些近似比他们弱小很多物种就更不在话下了。

与北京人相同的是，尼安德特人也喜欢在洞穴里生活。但不同的是，北京人通常都是在偏僻的地方寻找一些无主之地安身，好处是可以避开毒虫猛兽的活动范围，安全宜居，坏处是地段升值潜力差，采光通风也很不理想。而尼安德特人就不考虑那么多，他们迁徙到某地便会寻找一核心区域，左青龙右白虎的风水宝洞，直接拎包入住，一看洞里还住着几只熊，他们呵呵一笑，晚饭不用叫外卖了……

在所有的哺乳动物里，只有人类和猩猩这两种生物会对自己的同族下手，进行灭绝性大屠杀。何况是对临近属种的生物，更是没有心理负担。尼安德特人的庞大活动区域，也真实地反映了他们对各地动物的灭绝性屠杀，他们就像神话传说中的远古战神一样到处游荡，肆意捕杀。

北京直立人可能就是在这个时期的某一天出门去打猎，反而被人家逮到后做成了令人垂涎欲滴的美味佳肴。

就在尼安德特人尽情驰骋欧亚大陆时，我们的祖先也就是智人还窝在东非荒原上啃草根呢。得知远亲种族在欧亚大陆混得不错，他们似乎也打算组团过去踩踩线。

而这种看似无伤大雅的考察行动却遭到了居住在地中海东岸的尼安德特人的无情阻击。在非洲貌似混得不错的智人一败涂地。论身高体重比人家整整小一圈，欧亚的寒冷气候塑造了尼安德特人更坚毅的性格，常年的捕杀狩猎大型猛兽练就了超高的战斗经验值，在兵器相差无几的情况下，智人毫无还手之力。最可悲的是，人家不是傻大个，连脑容量这样的硬数据智人也被比下去了。

智人几乎是在毫无希望的情况下退回了东非领地，仅余那段时光里苦涩的回忆。

无论欧洲还是中国，我们的古老神话故事中都同样存在着一种战斗力很强的巨人或巨人种族，比如北欧神话中的巨人族，希腊神话中的泰坦巨人，天方夜谭中的独眼巨人，还有中国古代传说中的蚩尤与刑天，他们的性格或许各不相同，但无一例外都是超级能打，无坚不摧，战无不胜。这也许就是我们的祖先口口相传后留给我们的恐怖传说。

不过智人报仇，万年不晚，在卧薪尝胆了两万年后，他们再一次踏上了亚欧大陆。

这次的剧情逆转了，尼安德特人再没能力阻挡智人进击的步伐，而且在之后的几千年中，智人的足迹迅速占领了世界的各个角落，真正地成了这个星球的主人。

出埃及记

《出埃及记》本来是圣经旧约里的一个著名章节，讲的是犹太先知摩西带领族人冲破封锁走出非洲，回归以色列的故事。

也有一些历史学者认为这个故事也许来自更久远的智人迁徙的传说，因为两个故事的过程惊人地相似。

智人再一次进入欧亚大陆所走的路线与《出埃及记》中摩西走的路线完全一致，最终也胜利地走到了中东地区，并开始在那里繁衍生息。

两万年的时间说短不短，说长也真的谈不上很长，它并不足以让智人在身体硬件上（脑容量和身高体重）有什么质的飞跃，唯一的变化就是智人打架更抱团了。

原来的智人在打架时，和尼安德特人一样，或单打独斗，或三五成群。但尼安德特人惊恐地发现，这次到来的智人居然可以发动几十人甚至上百人协同作战。

我们都知道，打架靠大侠，打仗靠军队，三五个武功超群的侠客可以完爆几十人的军队，但几百人的军队同样可以轻松碾压上千侠客。协同配合是制胜的原因，量变到一定规模以后必然会产生质变。

上百人的战斗部队可以分出很多不同种类的战斗任务，有居中调度的，有正面作战的，有策应防守的，还有侦查的，诱敌的，埋伏的……一个完整的战斗综合体就这样诞生了。

尼安德特人就是在这样的大规模群殴中逐渐溃败并最后走向灭亡的。

那么究竟在这两万年中发生了什么，才让智人形成了更大规模的协作关系的？

我们不禁推测，也许是他们的族群中出现了摩西式的人物（基因突变？），掌握了一支法力无边的权杖，让智人逐渐理解了更多人协作配合的好处。

经过了这种协作，他们第一次有能力捕杀大型猛兽；通过群体分配食物，使得族群内的人们存活率大大提高，这也使得他们的人口大量增长。

尝到了甜头的智人肯定愈加崇拜这种法力，它使得他们可以分工协作的人数越来越多，并最终建立起了可以毁灭战神的力量。

摩西的权杖

你没猜错，这个权杖的法力就是讲故事，依靠着凭空想象出来的愿景和群族内的各种八卦，把人们的内心有效地连接起来，以便彼此信任、彼此配合。

久远的传说、神话或是原始宗教、图腾崇拜都属于这一类型的故事。

先假设一下你是这个族群中的一员吧，看看你到底会被什么说辞打动，从而最终成为一个合格的协作者。

首先想象一下，作为一个原始人，除了吃饱喝足和繁衍后代这两个人所共有的生理需求外，还会有什么想法？准确地讲，还会有什么问题会困扰你？

当你有一天痛快地吃光了早上逮到的田鼠，喝了一大口清澈无污染的纯天然矿泉水，再找下平时看着顺眼的雌性原始人“探讨”一下繁衍后代的问题（此处省略500字）……今天要干的事总算都完成了，你无聊地坐在树下择虱子，脑海里一定会浮现出各种各样的问题。

“这些该死的虱子为什么总是出现在我身上，而不是对面那个蠢货身上？虱子是怎么出现的？为什么身上有了虱子就容易生病？为什么生病了就容易死去？人为什么会死？人死了又会去哪里？新生的小孩又是从哪里来的？我们生活的世界又是怎么出现的？”

看，就算是一个很肤浅的疑问的不断延展，最终都会绕回最本源的问题，即：“我们是谁？我们从哪里来？我们要到哪里去？”

能够提出这些疑问的智人，说明他们的属性已经逐渐摆脱了低级动物繁衍的死循环，迈入到了高级动物的行列。

所以，以力量或者交配能力决定族群领导者的时代已不复存在。而新的领导者将会是一个智者，一个解惑者，或者说是一个会讲故事的人。

通过一个相对合理而且动听的故事来解答疑惑，从而树立族群内的崇高地位，这样就可以使族群数量不断增加，成长为一个部落。大家聚集到一起，就可以实现更细化的分工，形成空前的战斗力。

想要让整个部族劲儿往一起使，光讲那么一两个故事显然是不牢靠的，故事不但要合理化与系统化，就像用四个字的成语就可以指代一个故事一样，故事多了就可以实现符号化或者神灵化，还要寻找一个合适的 LOGO 以代表部族或部族神灵。

一般的部族都是选择一个自己生活区域内常见的动物作为 LOGO，而好战的部族则会用狼、狮子、熊、鹰等凶猛的野兽来代表自己。也有使用一些臆想出来的神兽的，比如俄罗斯的双头鹰和北欧地区的狮鹫。大家知道，法国标致汽车的 LOGO 是一只狮子，因为这个公司创建时主要是制造锯条的，狮子的牙齿可以象征他们的锯条锋利无比。而且这只狮子也不是一只普通的狮子，它源自德国考古发现（奥瑞纳文化狮子人雕像），距今已经有超过 15 000 年的历史了，这也许就是源于部族内的智者故事中描述的神灵形象。

中国的龙也是一个臆造出来的动物，很多人推测它可能来自一个将大蛇作为图腾的中原部落。要说信仰蛇这种动物，在中外都是很常见的，它带有很强的双面性，迅猛而安静，狡猾而呆萌，剧毒又治愈，古希腊的药神标志就是一个药钵上盘着一条蛇，后来还成了欧洲药妆店的 LOGO。

这个大蛇部落崛起于远古时代的黄河流域，不断击败周围部落，比如牛部落、鹿部落、鱼部落、鹰部落等，每吞并一个战败的部落，为了取得这个部落民众的支持，光发放一些粮食和生产物资是远远不够的，物质不足精神来凑，大蛇部落首领很聪明，他把每一个部落图腾上某一部分拿出来粘贴在自己的大蛇上，这样一来二去，蛇慢慢地就变成了龙。

这种超级兼容的同化属性在中国人身上也传承了几千年，不管北方的游牧民族如何茹毛饮血、凶残狡诈，比如匈奴、鲜卑、柔然、契丹等部族，只要进了我们的中华文明圈，就都融入了我们的大家庭中，不愧为龙的传人。

古老的洲际旅行

部落时代末期，部落所掌控的地盘越来越大，无法按照古老的习惯和简单的故事来管理所有人，于是新的概念故事就产生了，比如国家，比如民族，比如王朝。

国家的概念始于3000多年前，但直到公元前600年前后才进入思想轴心时代，经过了东西方大量哲人同时的思考和传播，国家的概念基本被大家所接受，中国进入了战国时代，印度有了十六雄国，中亚波斯崛起，而爱琴海则有了辉煌的城邦国文明。

在此之前，随着牲畜和车轮的出现，人类的活动范围变得越来越大，各种出行方式纷纷登场，比较多的是征战，还有商业贸易，以及像大禹治水那样的抗洪救灾工作出巡。而真正意义上的旅游，其实出现得也非常早。

距今3000多年前的周朝，就有这么一对热爱旅游的父子。在那个旅游信息根本没有，沿途交通基本靠走的远古时代，能出去旅游的人可绝不仅仅是有钱这么简单。那个时代的钱还没有现在这么大的功效，比钱重要无数倍的，则是权力。而这对父子恰好拥有无上的权力，因为他们就是西周王朝的统治者，周昭王和周穆王。

周昭王据说是一位花天酒地的公子哥，继位后没什么建树，但私人娱乐却花样百出，作为当时古代中国的顶级玩家，他酷爱收集各种飞禽走兽、奇珍异宝。听说南方越裳氏（今越南、老挝一带）有一种珍贵无比的白雉鸡，羽毛洁白无瑕，可织成白羽衣，轻如蝉翼，冬天保暖效果还特别好。但拦在中间的楚国私自拦截了南方国家的贡品，周昭王一怒之下带兵伐楚。那时候打仗和现在可不一样，别说对方军队在哪里了，就连对方都城在哪里都没有什么明确的概念。所以周昭王说是一路征伐，其实也是一路游山玩水，楚王很害怕，也不知道对方底细，但考虑到毕竟是天子，干脆就请降了。这边感觉有了面子，也没太追究什么白雉鸡的问题，便得胜回朝了。返程的主题还是玩，看到山林茂密，有野兽出没，就叫停队伍带着亲信去打猎去了，看到水草丰茂，碧波荡漾，又叫停队伍打造船只钓鱼去了。

那时的造船技术太原始，结果有一次坐船过江就栽了，船底破裂，顷刻沉没，旱鸭子昭王不幸溺水身亡，成了中国历史上第一个因为旅游事故而丧生的游客。

昭王去世后，年纪轻轻的穆王继位，他在位55年，是在整个中国封建帝王中都能排进前三的大神（仅次于康熙、乾隆，比汉武帝在位还多一年）。能统治一个地区半个世纪之久的人一定还是有点能力的。他南征北战，赏罚分明，据说中国最早的法典就是他在位时颁布的《吕刑》。

不知道是由于法典的名字让他想起了旅行，还是遗传了父亲喜欢走南闯北的基因，他对旅游也非常热爱。伐楚时他去过南方，还跟诸侯会盟于涂山（安徽境内），遇到与犬戎作乱又带兵西征。

胜利后他并没有立即返回，可能是被西部形态多样的异域文明所吸引，沿着河西走廊一路向西，共走了一万两千里，经过艰难险阻，终于到达了他们能走到的极限——西天女王国。国主西王母亲自出来迎接，与周穆王本着平等互利的原则，进行了亲切友好的双边会谈，达成了一系列的广泛共识，最终依依惜别，成就了一段佳话，也成了有据可查的中国历史上的第一次纯旅游行为。

这次“西游记”到达的西天女王国到底在哪里，一直众说纷纭，有的说在青海湖，因为那就是瑶池，有的说在中亚一带。我广查资料，寻找中国以西真实历史里的女儿国，发现古希腊的最东边有一个亚马孙部落，还真的都是女人做主，那里甚至还出土了很多有关亚马孙女战士的雕塑。这个亚马孙部落应该就在里海沿岸。如果周穆王的确走到那里的话，还真算得上是一次超长距离的探险之旅了。

当然，我们能想象得到，这次旅行当中一定有导游的存在。全程陪着周穆王的服务人员可以被视为全陪，而周穆王到了各地，带路的和讲述当地风俗风景的人肯定就是地陪了。只不过那时候，导游的地位太低，我们在史料中很难找到只言片语对他们的描述。

不过在茫茫历史中，导游的形象还是经常出现的，形象最饱满的一个，当然来自历史上更为著名的那次西游记了。

导游祖师爷

中国和欧洲有一种崇拜非常相似，即各个行业都有属于自己的独特的神祇，不过欧洲的大多数是希腊诸神，如工匠之神瓦尔坎努斯、狩猎之神戴安娜、商业之神赫尔墨斯等，所以他们叫守护神。我们中国的大多数是凡人，即使成仙了，也是从凡人修道之后成的仙，所以我们习惯性地把他们称为祖师爷。

最著名的几位大家应该都知道，鲁班是木匠的祖师爷，孔子是教师的祖师爷，茶叶行是陆羽，造纸业是蔡伦，印刷业是毕昇……

当然还有关公这样的，身兼了很多行业，士兵、警察乃至黑社会都拜关二爷，不过他应该已经习惯了，毕竟也是横跨了佛道儒的三栖大神，大众偶像嘛，粉丝多一些也正常。

导游的祖师爷是谁？这一点其实争议还是挺大的，我记得混论坛的时代还为这个问题发起过全国性的行业内部争论，各种声音都有，呼声比较高的是徐霞客。这种说法有一定道理，毕竟他写的游记是比较侧重于旅游分享的那种文章，而他也是利用公务之便足迹踏遍了祖国的山山水水。不过，我个人觉得他的角色应该还是个游客，可以被当作米其林指南这种旅游指导书作者或者大众点评之类的祖师爷，导游嘛，应该是给徐霞客在各地提供向导和讲解服务的那些人。

也有人说是张骞或者郑和，他们的出游路程倒是挺长，但原则上都是公务出差，不但身份上是差旅型游客，而且旅游的比重都远远不如徐霞客。

也有人说是托马斯·库克，毕竟他是导游业务教材里专门提到的世界上最早开办专门经营旅游公司的人。不论国籍如何，也不管他生活的时代是不是离我们太近，单就说身份来说，他应该就是旅行社行业的祖师爷，而他下面的雇员从事的就是导游这个工种。

依我看，导游这个行业最合适的祖师爷还真得就在《西游记》里面找。说到唐僧，那可是标准的游客，一路疑神疑鬼，牢骚不断，明明就是个廉价团，吃住都没有保证，却非得穿着光彩照人（紫金袈裟），拿根自拍杆（九锡禅杖），到处招摇自拍，诉说心灵鸡汤（讲经说法），而且还有刷护照的嫌疑，到各国都不看景点，而是先找当地国王在通关文牒上盖章了才算踏实；白龙马是标准的司机，一路沉默寡言，埋头赶路，晚上到酒店才现原形；沙僧是个行李员，能力不强，但任劳任怨，真遇到事儿也别找他，他只会告诉你大师兄在哪儿；猪八戒呢，是个比唐僧还标准的游客，而且还是不自己掏钱的那种，一路上满脑子想的不是吃就是玩，还有女人……遇到不如意了，就怨天尤地，吵着要马上回家，仿佛世界本就该围着他转。

这个私人定制五人团里唯一能称为导游角色的，就是大师兄孙悟空。经历过菩提老祖正规的导游培训，看过停车场（弼马温），做过景点讲解（蟠桃园），还经历了漫长的考试折磨（被压五行山下五百年），终于取得证件，成为一名导游员。一路尽职尽责，逢山开路，遇水搭桥，每一站都提前踩着筋斗云先去踩线，然后等团员们到了再安排吃饭、住宿，并协调关系，再威逼利诱软磨硬泡地帮唐僧刷护照，尤其是旅途中的艰难险阻，九九八十一难，都是孙悟空应变化解的。他先看看能不能自己解决，解决不了就联系旅行社帮忙（观音菩萨或佛祖等），甚至动用私人关系，最终发现大部分制造障碍的还都是有背景的人，不是区长的秘书，就是领导的亲戚，折腾你半天你也只能无奈接受，不管心是不是太软，都得把所有问题自己扛……现在好多导游同行都让游客管自己叫队长，不知道是不是跟“美国队长”有关，不过有一点倒是挺像，他们都是背锅侠，不过还是不如美队，至少人家可以甩锅啊。可孙悟空遇上麻烦却是甩不了的，甚至连责任都还没分清呢，那边已经念上紧箍咒（投诉）了，所以这哪是唐僧的磨炼啊，分明是导游的修行。

综上所述，斗战胜佛孙悟空才是真正的西游之旅高级导游员。

聊完了创世记和导游的祖师爷，也算是简单交代了一下我们从哪里来和我们是谁的问题，至于我们要到哪里去，也就是导游的未来，我想放在本书的最后来讲。

第二章 间奏——故事的原理

创造故事的骨架（一）开场亮相

▶▶▶ 故事的魅力所在

有关之前提到的三个问题，其实就是一个小公式，可以套用在很多场合。比如，我们在机场开说明会，最开始的五分钟就可以按照这个顺序来讲：我是谁，我跟别人有什么不同，我为什么来带这个团，由我来带这个团，将会给大家带来什么不一样的旅行体验？从而解决游客最开始的困惑，相信效果会非常好。

故事，除了解惑以外，还有什么魅力？简单地说，一个好的故事是充满力量的，它可以透过相对曲折的情节轻易地向听众传达强大的信任与美好的愿景。

比如，带团时无论是宣传自费项目还是做购物促销，乃至做车贩，都需要客人的信任，而这种信任不是通过一遍一遍地说“大家要相信我”来表达和传递的，你可以通过讲一些欧洲人和你之间发生的守信方面的故事，如遵守时间、商业活动中的契约精神、信用记录等，来塑造你的正面形象，从而使游客在故事结束的时候得出这个导游是值得信任的这样一个结论。

再比如，我们看到三个人在工地干活，你问他们在干什么？一个跟你说在搬砖，一个说准备砌一堵墙，最后一个说他打算建一座宏伟的教堂。这些回答哪个更有吸引力呢？还有，客人问为什么买表？你是回答因为有差价买得值，还是说这表真好看，配你特合适？再或者是你讲一个故事，一个游客买了一只导游推荐的高级腕表，体现了他的卓越的品位，凸显了身价，从此以后更加重视生活的美感，活得更洒脱更有魅力，最终事业成功，抱得美人归。哪个更打动人呢？

当然，故事最大的魅力是在于生动，任何一个故事都是有情节的，有起因有转折有高潮有结尾，它比那些干枯的文字要美妙得多，你讲历史的时候，客人在睡觉；你讲宗教的时候，客人在睡觉；你讲购物的时候，客人也许还在睡觉。但如果你讲点什么故事，又好玩又有新的角度和体验，客人也许就睡不着了。尤其是当讲到高潮的时候，正好赶上司机到时间休息，你再来一句，欲知后事如何，且听下回分解。那客人可能连休息站的咖啡都喝不踏实了。

每一次你要讲一个故事的时候你都需要先找到你讲这个故事的理由，你想要表达什么，你想要传递给游客什么信息，是信任？是希望？是友谊？还是乐观？找到这个核心诉求，然后围绕这个诉求去寻找你身边发生的合适的故事，加以整理和修饰，再表达出来。同时在讲这个故事的时候，核心的诉求需要在故事中反复强调，才可以做到有效植入，并不是所有的听众都能跟你保持完全一致的思维频率。

当然，故事的魅力远不止如此，我们还是来聊一聊如何去讲好一个故事吧。

▶▶▶ 开场三部曲

“我是谁？我从哪里来？我要到哪里去？”

就像上一章重点讲的内容一样，每一个故事的开端都应该首先把上面的三个问题先解决掉，才能让听众迅速进入故事构建起的意境里。

以好莱坞大片为例，特别是科幻电影和奇幻电影，如《黑客帝国》或是《哈利波特》，他们都需要利用电影前面三分之一的时间来跟观众深入浅出地交代一下他们的世界观。有时候会利用一个新人加入某个团队的桥段，在给新人教学的同时也给观众讲述了如何去理解他们构建出的电影世界，这是尤其重要的。

即使是普通的电影，也需要利用十来分钟的时间交代一下人物的背景和成长历程，这些其实就是在回答这三个问题。

火爆一时的音乐真人秀节目《中国好声音》，第一阶段是歌手上台唱歌盲选，之后明星导师转身，最后导师组队抢人结束。在抢人前，通常有一个环节就是让歌手来进行一个简单的自我介绍。“各位老师好，我是某某某，我来自哪里，我从小就喜欢音乐，家里人都不支持……最终我站上了这个舞台，就是想证明我的歌声可以打动观众，打动老师。”导师通常还会跟着问一句：“你的梦想是什么？”短短几分钟时间，观众们已经可以很全面地认识舞台上的表演者了。这个过程归纳起来，也是在回答这三个问题。

在另一个更为脍炙人口的相亲类真人秀节目《非诚勿扰》里，每一个男嘉宾除了要在台上回答主持人孟非的问题及与女嘉宾的互动外，要完整地展示自我，更多地还需要借助三段预先拍好的 VCR。

第一段通常是自我介绍，我是谁，我来自哪里，我是做什么工作的，我有什么求学经历，我的个人爱好是什么……这里虽然说到了来自什么地方，但在整个节目的设置里，这个也属于我是谁这个范畴。

第二段通常是介绍自己之前的感情经历，我有几段不成功的感情，什么具体事情让我遭遇了什么痛苦与折磨，我认为是哪里出了问题……这个问题，在情感类节目中应该被视为是“我的从前”，也就是我从哪里来。

第三段就会讲一些愿景了，我来到这里，我希望能找一个什么样子的对象，我对她有什么具体要求，多高多大年龄，在哪个城市，她需要如何做才能和我美好地生活在一起之类的目标性描述……这个说的都是未来，所以就是我要到哪里去的问题。

通过几个简单的例子，相信大家已经很清楚了，这其实就是讲故事的套路，或者说是公式。无论你打算说什么具体的事情，想想是不是已经把这三个问题准备好了。

通过描述背景来展开故事

在讲述一个故事时，不可避免地要先交代一下故事发生的背景。就像电影开场时所着的笔墨一样，简单地用旁白交代几句，或者用一些镜头语言来说明故事所发生的地方是个什么样子，是一个星际间的科幻世界，还是一个远古的神话故事，是中式的武侠故事，还是一个简单的都市生活场景。有一个合理可信的背景，故事才有正常展开的可能。

故事的背景通常由四个维度组成：所处时代、故事的期限、空间位置和人物关系的冲突层面。

故事所处的时代，这个很好理解，比如你要讲一个有关欧洲历史的小故事，它的时代背景是什么呢？是恺撒三巨头的古罗马时期，中世纪的"十字军东征"时期，还是地理大发现的大航海时代？你要讲一个当代故事的话，它发生在你童年时期吗？还是在你前些年带团时，又或者是你从当地朋友那里刚刚听来的？

大的时代背景确定了，下面就是要确定故事本身发生的时间长度了，也可以理解为故事的期限。

科幻小说《三体》中，整个故事的时间线跨越了上百亿年；二月河的《康熙大帝》描写了从玄烨继位之前，一直到驾崩之后的完整的帝王生涯，跨度超过 60 年；黄仁宇的《万历十五年》只讲了 1587 年那一年间大明朝发生的各种故事；马伯庸的《长安十二时辰》写的是唐朝天宝年间某一天 24 小时内发生的惊险传奇。

时间跨度并不能决定故事的好坏，但你要讲好故事却一定要明确这一因素，是几天还是几年抑或人物的大半辈子。

在电影《画壁》中，邓超饰演的书生在进京赶考中住进了一座古寺，当他凝望墙上的壁画时，人被带入另一个时空，一番惊险曲折之后，回到现实，蓦然发现，那可能只是凝望壁画的一瞬间。

地点，相当于故事的空间维度。

故事发生在什么地方？中国还是欧洲，在行进的旅游大巴上，还是在静止的酒店房间内？是单一一个地点还是一个线性的移动轨迹？

人物关系的冲突层面，相当于人物带来的新的视角。

一个故事有了时代背景、时间跨度和空间位置后，最重要的还需要有人物，有人才能发生带有冲突的故事，才可以将故事推向高潮。所谓好的故事，人物身上必定会出现各种挑战，有物质上的也有精神上的，有客观世界带来的，也有主观内心的挣扎，在一系列的冲突过程中，人物完成了知识的丰富和成长的蜕变，故事的层次感和深度也就都有了。

如果遇到一个比较复杂的故事背景，历史观或者世界观对于听众来讲有点晦涩深奥，那么你可以搭建一个新的人设，并以这位主人公进行学习的方式为别人讲述，这种方式的代入感会更强，也能降低说教感。

在电影中，很多科幻片就面临这个问题，你需要让观众快速地理解故事所搭建的世界观，单纯靠背景旁白实在缺乏新意，也无法代入观众。不妨也创造出一个新人来，由故事里的过来人为他来上一课，这样的话故事推进得会很自然，讲述的过程中，观众也能迅速了解背景。

比如电影《黑客帝国》，这个故事设定就很复杂。除了宏观的未来世界跟现在有天差地别的不同外，微观上的各种仪器设备、各种程序编写、敌人的来历等，都和其他电影不同，所以主人公在进入这个世界后，也是一个新人小白，由之前的大师们为其讲解和培训，这样整个电影也就在前 40 分钟完成了故事的铺垫。

在电影《盗梦空间》中，一个梦境的干扰行为如何实现，如何去构筑完美的多重梦境，也是导演想方设法需要让观众快速理解的。这个很难用简单的旁白来讲清楚，所以导演在安排人设时，在第一个小故事里就让筑梦师这个关键的成员挂掉了。现在队伍里缺筑梦师，怎么办？各处去找，终于在巴黎找到了一个天才小姑娘，然后小李子就在巴黎街头给这个小姑娘讲述构筑梦境的原理和梦境呈现出来的形式。观众看他教授的过程，也是同步了解电影背景设计原理的一个过程。

另外，除了把故事背景交代好，故事中的主要人物一登场，最好能马上面对一个挑战，迅速进入故事的第一个小高潮，这样听众们就立刻对你所讲述的故事产生了巨大兴趣，现场的所有注意力都被抓到了你的故事中。

007系列电影《皇家赌场》中，开场仅仅简单交代了两句时间地点后，影片就立刻进入了一个邦德追逐炸弹客的刺激片段。在彼此奔跑追逐的过程中，各种奇思妙想的动作设计和精彩纷呈的打斗持续了大约10分钟时间，就把所有观众的精力全都锁定在了电影里。后面节奏一收，再开始缓慢从容地展开主要的故事情节。

电视剧《潜伏》里，主人公余则成刚登场就被派下来一个任务，受军统首领戴笠的派遣去上海潜伏刺杀叛徒李海峰，结果刚到上海，他的直属上司就挂了，他成了一个无人关注的潜伏在地方的小人物。这样故事的冲突一下子就出来了，结果他自己动手，最终完成了刺杀行动，后来又被发现，差点丧命，被共产党人救了后伤愈回到重庆，开始真正的潜伏生涯。这就是前面三四集的故事，设计了一个小高潮，不但抓住了观众，同时还交代了很多故事背景，并铺垫了主人公的心理变化，为后面前往天津站的主要故事做好了充足的情节准备。

故事开场的小高潮，有一点像东北二人转的小帽，需要足够精彩，足够吸引人，还能顺手铺垫一些主要的信息。

创造故事的骨架（二）故事人设

▶▶▶ 搭建一个好的人设

这里所说的人设有两个概念，一个是故事人物的人设，还有一个是自己的人设，有时候两者是统一的，但你首先要明确区分好他们的不同。

故事总是有人物的，有主角有配角，有见闻有成长，游客在听的时候，一定会不自觉地把自己代入你的故事中的某个角色，然后跟着你的故事情节前进，遭遇变故，克服障碍，最终闯关结束，收获满满。而这些所谓收获到的经验、思考、视角或是人生观、价值观，游客会通通地认为是他们自己通过你的故事得出的，而不是你强加过来的，这其实恰恰就是最宝贵的一点。

故事准备开讲，那么你选的人设极其重要，如果故事格局宏大，属于史诗级的历史大事件，可以选择一个高大上的人物，比如国王、将军、教皇之类，这些人跟我们普通人存在巨大的身份鸿沟，很多听众并没见过真正的国王是什么样子，所以这个人设反而不是很重要，你说啥样就是啥样，重要的是把故事的背景渲染好，格局拉起来，气势磅礴，恢宏大气就足够了，人物单薄一点也没关系。但如果你的故事仅仅是很生活的小场景，而且是现代的都市乡村的清平小调，那么你选择人设时就要谨慎，因为这种小人物大家可见得太多了，在你的创作水平还不强的时候，你不能随便就臆造一个，那样的话这种虚拟人物很可能在故事里面站不住脚跟，极容易让听故事的人出戏，如此一来整个故事也就没有吸引力了。要想让小人物的人设鲜活起来，就需要你在生活中寻找一个跟故事人物性格行为都相近的亲戚或者朋友作为人物原型，然后将其丰满起来，只有这样才能让听众觉得自然且有代入感。

好的人物塑造其实就两点，即外表和内心。

外表自然是人物最外露的一面，但如果你讲的故事情节中暂时并未和人物的外表发生太大的联系时，并不需要将外表介绍得那么详细。就像警察局让目击证人给犯罪嫌疑人画像一样，通过你的故事描述，听众随着对人物的理解愈加深刻，他们心中会给这个人物画一个符合自己内心想象的形象，而这个形象往往比你刻意要强调的形象还要深刻得多。

比如，科幻作家刘慈欣的著名作品《三体》，整部小说超过 100 万字，就是围绕着三体星球的外星人要来侵略地球而展开和推进故事的。但全文中居然没有一句描述有关三体人外形的文字，这就是作者最厉害的一点，他通过对那个星球环境和科技的详细剖析，以及与人类冲突时产生的各种故事，让读者自己在大脑中逐渐勾画一个三体人的形象。这种脑补形象，就是你和作者一起共同塑造的过程，也会让你产生更为深刻的记忆。

内心描写往往是使人物真正鲜活生动的最重要的一个点。我们去公司面试，人事部门通常都会期望能尽快打开你的内心，获得他们对你能力、性格、心理等方面最为客观的论断，但这并不容易，所以好的人力资源部门通常会设计一些很奇怪的面试问题，作用就是希望借助这些迷魂阵来进入面试者的内心世界。

讲故事要比面试简单得多，不过如果你单刀直入地直接说破人物内心活动同样并不高明，好的手法是在塑造人物的时候，加入很多关于这个人的细节描述。成长经历和工作经历都是影响其内心发展的重要因素。比如，成长在一个单亲家庭，那么性格上总会有那么一点点偏激或自卑；是曾经有过几段恋爱史，是一张白纸一样的爱情白痴，还是一个久经战阵的情场老手；学习成绩如何，学霸还是学渣，抑或中间部分的芸芸众生；工作怎么样？饱经挫折，还是一路都有贵人提携？这些都是在人设上可以完整地塑造出的性格特点。

人物自身有什么天赋？是不是莫扎特、达・芬奇一类的天才，智商是 80 还是 170？有没有色盲或者阅读障碍？身体素质怎么样，是否参加过什么专业的运动训练？

他有没有宗教信仰？是个唯物主义者吗？如果有信仰的话，是否虔诚？是不是每周或者固定时间都会去宗教场所礼拜？他的家庭成员有没有相同的信仰？还是在家庭生活中存在着信仰冲突？

把以上这些都确定好，不管你的故事是否涉及了这些方面的内容，你都要把人设想清楚，因为外表和内心都足够丰满的人物才完整地支撑起一个好的故事。

人设这个词早已存在，但真正流行起来还是在近些年日本的动漫、小说和漫画等二次元作品中，它讲的是对虚拟角色的外形特征和性格特点的塑造。这个词近几年广泛地应用在了娱乐圈，尤其是头些年比较火爆的真人秀节目，就是塑造人设的成功典型。

比如《我是歌手》，你以为这仅仅是个唱歌比赛的节目，那就错了，仅仅如此的话，收视率和话题性一定不会那么高，比赛只是噱头，节目最核心要展现的，是每个歌手在参赛前后的各种幕后故事，从他们决定参赛，再到忐忑地进入休息室，观看别的歌手演出的意外与叫好，大家一起在大厅的寒暄，以及最后宣布名次的紧张，这些都会制造出很多故事，而这些故事才是观众们最津津乐道的。

《奔跑吧，兄弟！》也是一档前几年极度热门的话题型真人秀节目，仔细看里面的内容，其实就是每一期让一些明星认真地做一个游戏。通过镜头在游戏前后对每个明星的细致跟拍，让大家发现一个更为立体、更为多面的明星。不过除了节目的效果，每一个明星都是由节目组或他们的团队打造出来的人设，塑造成功了，就会被大家所喜爱，节目的收视率和话题性也会进一步增加，明星本人也会变得更有影响力。比如，邓超是一个跑男大家长的人设，有能力、有气场，重要的是有担当，人们看过节目后对他的信任感会增强不少；陈赫的人设则是整个节目的搞笑担当，在适合的时刻插句话或者耍个宝，活跃一下有些沉默的气氛。他的角色塑造也很成功，纵使后来有些其他的负面新闻，但并没有跟节目的人设起冲突，所以还一直有很多观众喜欢和支持他。

再有就是《舌尖上的中国》，纪录片本来就是个冷门，原来我们也没少拍这种题材的片子，为什么就这次火了呢？除了运用高清摄像机拍摄这个技术突破以外，最重要的就是这个节目其实并不是在播美食怎么好吃，怎么色香味俱全，看过的都知道，它其实是在探究美食背后的故事。我对第一季第一集的印象极为深刻，记得那集叫自然的馈赠，主要讲的是每一种美味食材的生长过程，以采摘这些食材的人的故事。其中有山里采笋的一家人，有泥塘里取藕的兄弟俩，还有带领船员出海打鱼的船长，他们的工作过程不是一帆风顺，有各种意外和艰辛，但最终的结果都是令人欣喜的，节目展现的丰富的食材凝聚着这些人辛劳工作的精神。当我再在菜市场看到这些藕啊，笋啊之类的菜时，我的脑海里就有了这些故事，吃到嘴里，仿佛它们也变得更好吃了似的。

再举一个电影人设的例子。《飞驰人生》中沈腾饰演了主人公张弛，电影开篇大概用了三分之一的时间在塑造他的人设，比如是一个卓越而嚣张的赛车手，他比赛的那些年，藐视一切对手，嘴下也不留情。

“有些人活着靠造型，有些人活着靠人设，而我则靠我的能力！”

又描述了他回归赛场的各种心理状态和困境。

“中年男人的崩溃，都是从借钱开始的。”

这些都是为了后来的借钱拉赞助、跟儿子一起的生活状态和自己为了梦想、名誉而不惜身涉险地的决心埋伏笔。

“我不是非要赢，我只是不想输。”

而这种人物性格的多样性——嚣张、坚忍、热血、乐观都完美地通过人设的搭建，而让电影人物足够饱满和生动。

2018年奥斯卡最佳影片奖《绿皮书》，讲的是20世纪60年代，一个黑人音乐家去当时还有严重种族歧视的美国南部巡回演出的故事，整部电影有两个主人公，一个是黑人音乐家，一个是他的白人司机兼保镖。和以往这种一黑一白搭配反映种族歧视和互相理解的故事不同的是，这部电影的人设增加了矛盾点。其他故事都是白人具有种族歧视，又有钱，又有良好的教育，是高阶层的人，当然品德很一般，黑人都是既穷困又没文化，但是非常善良，最终把白人感化，双方成为朋友。而这部电影在故事设计上有了变化，黑人是音乐家，有三个博士头衔，会八国语言，在纽约住着顶级的大豪宅，家里还有用人，是典型的上层人士；而白人则是低层市民，脾气暴躁还有种族歧视。这么一对儿人设，就把矛盾线索从完全的自上而下，变成了上下交叉的状态，两个人都有问题，也都有亮点，所以一路上各种状况层出不穷，有欢笑有泪水。人物搭配绝妙，后面的故事也就自然精彩了。

▶▶▶ 你自己的人设，就是你面对客人时的形象

你可以本色出演，但你要对你的本色拥有足够的自信，而且它也确实具有足够的魅力去征服他人，这种情况通常只出现在资深人士身上。就像真正的天然裸妆大美女是极度稀缺的一样，女人出门前化化妆、自拍完美美图，都是很必要的手段。这不但可以给自己的观感加分，也是一种给对方以重视和尊重的体现。

我们日常生活中也在不间断地搭建自己的人设，除了化妆和美颜外，平时在手机上发微博、发微信朋友圈，也都喜欢发积极的东西，比如出去旅行看到的如诗如画的景色，自己美图后的照片，或者一杯咖啡配上心灵鸡汤。还有一些做销售工作的朋友，喜欢发一些突出的业绩，客户的赞美截图等。总之，我们都希望把自己最美好、最善意、最知性、最优秀的一面展示给其他人，无论是朋友还是陌生人。这些其实都属于你自己在公众社交网络上的人设搭建，从行为特征上讲，跟化妆没什么区别，就是掩盖缺点，突出优点。

有些导游在带团第一天与游客在机场见面时会穿着很正式的西装，我觉得这就是一个很好的人设搭建。个人认为，如果带团全程都穿西服，确实有些刻意

了，毕竟我们是室外工作者，风吹雨淋，一直穿正式的西装肯定不行，不过休闲西装或者颜色搭配很好的衣服与前者所能展现的效果其实区别不大。但第一次与游客见面时穿着正装的确可以让人眼前一亮，尤其是旁边站满了穿T恤衫的同行时，你完全不一样的特点就凸显出来了。当然，长途飞机很辛苦，很多人还是习惯穿得宽松点，但这个并不冲突，你完全可以带一套宽松的衣服，在给游客开完说明会之后，再去厕所换上。游客看到你的另一个形象，反而会更有好感，体会到了你对他们的重视，就像约会时你特意打扮过的观感是一样的。

制服是专业的代名词，一个穿着职业制服的人，可以顿时给你一种更专业的心理暗示，如医生的白大褂、军人的军装、空姐的制服等，很多公司要求员工要穿着统一的正装，也是要给来访的顾客留下一种专业和正式的印象。比如你正在开车，路边有个人招手，示意你靠边停车，你可能根本就不会理睬，也许他是路边餐厅的引导，没准还是抢劫的呢，但如果路边的人穿着一身警服在做同样的动作，你可能真就停车了，因为他身上的制服传递给了你专业的信息，可能你还得反思一下，刚才是不是有违章的情况发生。

日本曾经做过一个衣着对公众暗示的实验。在一个车水马龙的路口，人行道设有红绿灯，一般大城市总是会有人闯红灯，日本虽然国民素质很高，但这种事也不算少见。这个实验首先找了一名流浪汉，他穿得跟乞丐似的，在人行道上红灯亮起的时候刻意闯过去，如此循环试验了很多次，但只有很少的人会有跟随行为。但后来的实验者换成了一个西装革履的中年人，手拿公文包，手腕上还戴了只金表，当他每次闯过红灯的时候，总是有很多的人跟在后面。大家也可以想象一下，如果你在现场会怎样做？一个衣衫褴褛的流浪汉闯红灯，我怎么会跟着他走呢，体现个人素质的时候到了！但当换成一个从哪个角度看都是一个成功人士的人在做同样的事，你可能想的就是也许他就在附近上班，看来这里闯红灯本来就是司空见惯的事，说不定就跟着一起闯了。看，这就是服装带给人的强烈暗示。

导游里比较常见的还有专家人设，通过讲解和服务，让游客认为你是一个全面的或者是在某一个方面非常有研究的专家型人才。这个需要大量的而且是比较深度的知识积累才能完成，不过效果通常也是非常好的。尤其是在某一个方面你表现得极度专业，那么游客就会自然而然地对你产生信任感。

比如，我有一段时间频繁地带瑞士一地线路的旅游团，瑞士除了优美的湖光山色外，还有什么最有名啊？自然是瑞士手表。为了能对瑞士手表了解得足够深入，我用了大约两年的时间对其进行了非常深度的学习，包括购买和订阅了大量的有关腕表的杂志和书籍，学习相关的一切基础知识；每次游客自由活动的时候我都去表店参观，试戴手表，收集不同款式手表的体验感受，跟店里的销售人员聊天，了解最一线的消费信息；收集各种品牌的宣传图册，了解不同品牌的设计和商业动态；专门参观瑞士手表工厂，以及各种有关腕表的博物馆和展览；报名学习专业课程，与钟表圈的大咖探讨交流，甚至还自己组装过简单的腕表机芯……经过了那段时间的学习与历练，我亲手试戴过的手表超过几百款，阅读过的纸质书籍和资料摞起来接近我的身高，所以后来每到瑞士，只要游客对手表感兴趣，我都可以从历史到商业、从设计到技术，包括品牌之间的客户定位，哪种款式适合于哪种职业、地位、爱好和品位，每一款腕表功能的实现所表现的特殊含义，材质、镶嵌、工艺上的各种细微差异，每一个著名制表大师的履历和成就，针对某一款腕表国内的准确价格差异等等，滔滔不绝地讲上五六个小时。用这样的专业知识去密集轰炸，会让有购买欲望的游客在自由活动的时候拉着我不放，一定要帮他选到最适合的才行，有些游客会自己去看，但真到准备刷卡的时候，还要打电话把我叫过来，让我确认一下才敢最后付款。这就是在这方面达到专家型人设所带来的独特魅力，当然这并不是简单化个妆就可以实现的。

另一个我要说的个人人设，是故事里的你自己。

因为你的故事应该会有很大一部分是自己的生活经历，这些故事对你来讲更是信手拈来，不用耗费太多的脑细胞去构思，你就是活生生的主人公，鲜活地站在游客面前，你自己的故事更容易让游客进入情节，也更容易让故事里的核心诉求打动倾听故事的人。

但一定要注意一点，就是故事里的自己，和你面对游客所创造出来的人设要保持一致。

你塑造出了专家型人设，结果故事里你一无所知；你讲故事的时候外表光鲜亮丽、衣冠楚楚，但故事里的你却不拘小节、懒懒散散；你给游客的感觉是斤斤计较、锱铢必较，但故事中的你确实风度翩翩，出手大方。这种故事与现实的反差会让听众很不适应，两种形象必然有一个是欺骗了他们的，所以言行合一这点切记切记。

▶▶▶ 好的人设可以拉近距离感

美国著名的人类学家和心理学家爱德华·霍尔，在 1959 年撰写的文化传播方面的著作《隐藏的维度》里专门提到过人类对时间和空间的理解，可以应用在社会交际的距离上。

比较常见的四种距离是公众距离、社交距离、个人距离和亲密距离。

公众距离指距离在 3.6 米以外，一般适用于演讲者与听众或者彼此相对生硬的交谈及非正式的场合。这个距离范畴，几乎能容纳一切人的“门户开放”的空间，彼此之间的直接沟通并不重要，人们完全可以对同一空间内的其他人视而不见，相互之间也未必一定会发生联系。因此，这个空间的交往，大多是当众演说或者讲课之类开放型的单向交流，当演讲者试图与一个特定的听众谈话时，他必须走下讲台，使两个人的距离缩短为个人距离或社交距离，才能够实现有效沟通。

社交距离为 1.2~3.6 米，这个距离差不多就是隔了一张桌子的样子。一般工作场合人们多采用这种距离进行交谈，在开放型的酒会、冷餐会上，与相对不太熟的人打招呼寒暄可采用此距离，体现出的是一种社交性或礼节上的较正式关系。比如，我们在机场给游客开说明会的时候，通常保持的就是这种距离，毕竟是未来很多天要为我们服务的导游，不能太疏远，但又得体现一定的尊重，所以围绕在导游周围通常采用的就是这个距离。另外，在银行排队时，受理业务的窗口前一般会画一条一米线，说是一米线，但基本距离都会超过一米，这样可以让前面数钱的人背后保持一个相对宽裕的空间，所以这是他可以保持足够安全感的距离。在欧美地区，如果不是在上下班高峰期的地铁或公交上，一般在公众场合大家之间也会刻意保持这种社交距离，这是一个公众心理上的安全距离。

个人距离为 45 厘米到 1.2 米之间，基本上一伸手就可以够到对方。这是一个对于与你认识的人交流所应该保持的距离，比如你的同学或同事，这个距离明显比跟陌生人交谈时要近上不少，彼此交谈的声音也可以听得很清晰。站到一米以内的话，正好能相互亲切握手，友好交谈。这是与熟人交往的空间，陌生人保持这个距离会构成对别人的冒犯，所以与外国人交流时要先衡量一下自己与对方关系，如果确认可以的话，再采用这个距离。

亲密距离为小于 45 厘米。这是人际交往中的最小间隔或几无间隔，即我们常说的“亲密无间”，甚至彼此间可能肌肤相触，耳鬓厮磨，以至相互能感受到对方的体温、气味和气息。稍微远一点的话（15~44 厘米），也很可能会有身体上的接触，比如挽臂、执手或促膝谈心，仍然体现出亲密友好的人际关系。一般情况下，亲人、很熟的朋友、情侣和夫妻才会采用这种距离。如果是同性别的人，往往只限于贴心朋友，彼此十分熟识而随和，可以不拘小节，无话不谈。因此，在人际交往中，一个不属于这个亲密距离圈子内的人随意闯入这一空间，不管他的用心如何，都是不礼貌的，会引起对方的反感，也会自讨没趣。

人际交往的空间距离不是固定不变的，它具有一定的伸缩性，这依赖于具体情境、交谈双方的关系、社会地位、文化背景、性格特征、心境等。社会地位不同，交往的自我空间距离也有差异。一般说来，有权力有地位的人对于个人空间的需求会相应大一些。我们了解了交往中人们所需的自我空间及适当的交往距离，就能有意识地选择与人交往的最佳距离，而且，通过空间距离的信息，还可以很好地了解一个人的实际社会地位、性格及人们之间的相互关系，从而更好地进行人际交往。

了解了四种距离后我们可以想象一下导游与游客应该保持怎样的距离？一般情况下的答案都应该是社交距离，这也是比较符合社会交往常识的一个选择，但有些对导游职业抱有成见和个人防备心理较强的游客可能会首先选择公众距离。

当你需要确认应该与对方保持一个什么样的心理距离的时候，除了丈量实际长度外，对他四肢的动作的观察也尤其重要，这些动作能准确地告诉你对方对你的感觉。当我与游客第一次见面时，我一般会特别热情地主动上前与对方握手，并保持良好的目光接触，我通常会伸出右手做出握手的邀请，而左手不动声色地抓住对方的手肘拉到我的右手中，从而避免首次交流中的一些尴尬，同时还展现了不一样的热情态度。不过简单客套两句，握完手后，我会主动后退一步（回到社交距离），等待对方的反应。

之后通常会有以下三种结果，第一，这个人待在原地不动，这时我就会知道对方对这样的距离感到满意；第二，这个人会后退一步或稍稍移开一些（退到公众距离），于是我便知道，对方需要更大的空间，或者他的防范心理较重，暂时不能形成很好的信任互动；第三，对方紧跟我上前一步（保持个人距离），离我更近一些，这说明对方喜欢与我交谈或者已经对我产生了信任。我不会干涉对方的行为，因为我正好可以趁机观察一下他（她）对我的感觉。然后在此基础上选择和决定进行交流的方式，以期达到较好的效果。

四肢是我们身体中最诚实的部分，它们有时并不完全受大脑的控制。行为心理学上管这一现象叫作身体的微动作，通过它们能很准确地观察游客的心理活动。除了站立距离外，比如他在听你说话的时候双手交叉抱臂，这个动作同样表示了他对你说话的内容并不信服，或者你在说话时为了表现热情或亲切，刻意跟对方形成了一个社交上的肢体接触，拍拍对方上臂等，如果对方出现躲闪或后退的细微身体反应，哪怕动作很细微，也说明他对你还持有一定的戒备心理。

当然，微动作远远不止这点，比如坐着的时候对方双手放在两腿中间，表示这个人有点拘谨，精神较为紧张；以手托腮表示大脑在高速运转，仔细思考，身心并不放松；抓耳挠腮或者拉扯自己头发表示内心焦虑；抬起下巴表示不屑或傲慢；聊天间歇开始玩手机，跟古代的端茶送客类似，表示已经对谈话内容失去了兴趣……

对微动作的解释是一个很完整的学科，叫微动作心理学，与人打交道的行业，比如销售、公关等服务行业，尤其是导游，建议可以专门买本书来学习一下。

之所以说到空间距离的概念，就是我们导游初期工作的目标就是要缩短这个交流空间距离，从正常的社交距离甚至公众距离，力争进入个人距离甚至亲密距离。距离缩短的同时，游客对你的信任感和依赖感都会呈几何倍数地同步增强，为今后工作的开展起到决定性的帮助。

想缩短距离可以通过你的言行举止，可以通过你的体贴服务，当然也可以通过你塑造的人设形象来迅速实现。

改变称呼是一种快捷方式。

正常来讲，我们的标准职业人设是导游，但导游属于服务人员，很多人天然地就会认为服务人员就是外人，必然要不自觉地与外人保持一个安全距离。

我的有些同事在旅游开始的时候就要求不要叫他导游，而是改叫队长，“我们是一个旅游队伍，我的工作不是带领大家玩，而是跟大家一起玩，连我都玩好了玩高兴了，大家肯定也就高兴了，所以从这一刻起，我就是咱们这个旅游队伍中的队长了”。

有的干脆给自己起个外号，比如我的另一个同事，微胖，脸圆圆的，平时大家都叫他西瓜，他也要求游客第一天就喊他的外号，西瓜西瓜地叫习惯了，再开点儿别的玩笑也就很自然了。你想象一下，叫导游，无论信任与否，总还是有点距离感的吧，如果一路都叫你外号，那么很自然就像学校的同学一样，大家的关系瞬间就近了。

除了称呼以外，还有一些人设也可以拉近彼此的距离。

我有一个同事，他的年龄本来就比较小，长得细皮嫩肉的，一看就那种阳光大男孩的感觉，他说话不怎么思考，颠三倒四，粗浅不说还有很多无效的重复，但这恰恰是一个社交达人的关键属性。要知道，所有与陌生人的良好交流，都是从没营养的废话开始的，这样才能营造出一种热烈的气氛，在相互交换这些信息的时候寻找对方的兴趣点，如果一开始就聊一些比较有深度的内容，通常的结果就是尬聊。

他就很擅长打开交流的局面，再加上自己的这个青春懵懂的外表，如果赶上一个中年妇女团，那简直就是一个无敌必杀的超级人设。一般情况下，旅行还没开始几天，半个团的游客都成了他的干妈，后面再做什么工作，都是无往不利的，这就是好的人设给你带来的巨大便利。

既然交际，就必然是相互的，你这边的人设、服务、态度都做得非常好，同时也需要得到对方的呼应才能缩短双方之间的心理距离。

我在学生时代曾有过一次打工经历，是在一家销售公司卖便携型按摩仪，销售方式就是挨家挨户地敲门，即俗称的上门推销。这种职业门槛很低，经过简单的培训都可以直接上手，我也做了一阵儿，但 90% 的情况是敲开对方大门仅仅说一句话就被打断，有些甚至连表达完整的一句话的机会都没有。

但公司有一位推销员的业绩就特别好，每天他都是销售冠军，我当时刚进公司，业绩不好，经理安排我跟着他学习一天。没想到我面对的最大难题，在他敲开门之后一分钟，就解决了大半。

他每次敲门的时候都这么说："您好，我是按摩仪推销员，今天天气实在太热了，我嗓子有点不舒服，您能给我倒杯水喝吗？"

就这样简单到几乎没有任何成本的请求，只要不是对方家里有客人或者戒备心极强，基本都会答应，有多一半的人还会邀请我们进来坐一下，然后再给倒水。

局面发展到这里，他就比别人多了三分钟的销售时间，而且在一开始介绍自己的时候已经明确说了自己就是按摩仪的推销员，所以后面的聊天可以很自然地切入到他卖的产品当中。我观察，那一天只要是他进门了的家庭，能销售出产品的比率接近一半，一天下来，还没到正常收工的时间，他就已经把背出来的货全卖光了。

我当时年纪还小，十分茫然，就冒昧地问了一下原理，他回了我一句："帮过你的人一定会再帮你，而你帮的人则不一定。"说得很有哲理，但我当时并没有完全理解。

长大后我开始逐渐明白这句话的道理，它似乎直指了一个人性的特点。假设你着急用钱周转，你是要找你曾经帮过的人，还是找已经借给过你钱的人？有经验的都知道后者才更靠谱，这倒不一定是人性凉薄，因为你作为提供帮助的人，相当于一个布施者，在被帮助的人的眼里你是高高在上的，当你有困难的时候，对方可能会想你都解决不了的，我更没法提供帮助了；而帮过你的人，在心理位置上是要高过你的，所以当你遇到困难的时候并不介意再帮你一次。还有一个很好的例子就是父母和儿女的关系，父母总是无条件地给予儿女们各种关心和帮助，而反过来儿女很难做到对等。

回到当年那个推销员的例子上，敲门后有些主人很热情地把他请进门喝杯水，已经是帮了他一个忙，会感觉上有一种自上而下的施舍感，同时自我认知是好人，那么在听到他开始介绍产品的时候，可能会想，我是不是能再做一次好人呢？因为刚才的感受还挺美好的，东西不贵的话，真应该再帮一下这个小伙子。

帮扶和援手本来就是一种很美好的感受，所以你也不要总想着能帮上游客什么忙，才能把心理距离拉近，让对方帮你一个小忙，也许效果会更好。

比如，路上让他帮你拍几张照片，或者帮你买杯咖啡，感谢之余，还可以盛赞对方的帮助后的效果，然后积极地想着如何还对方这个人情。在这种一来二去的互相帮助和交往中，人际关系和距离自然而然就拉近了。

▶▶▶ 避免过度包装造成的人设崩塌

“人设崩塌”这个词最近一段时间特别流行，因为它说明了一个受大众欢迎的人设是需要巧妙构思和敏锐地捕捉大众心理倾向的。作为一个娱乐明星，能合理地运用好一个人设，就能使自己的知名度大大增加，也能有效地巩固自己粉丝的忠诚度，所以很多经纪公司包装明星时乐此不疲。

但任何事情都是过犹不及的，超过一定的限度，风险也会无限加大，明星本来又是一个没有什么个人隐私的群体，他的人设严重脱离本人的实际性格和行为，出现完全违背时，这种人设也会起到极大的反作用。在信息爆炸的今天，各种负面新闻集中爆发，会瞬间导致人设崩塌。

比如，某个娱乐明星的人设是好丈夫和好父亲，每每出现有关他的新闻的时候总是携家带口，一起出行，或者每到节日，微博中必有对家人的问候与关心，给公众一种暖男的温馨形象。结果不小心被媒体找到了包小三的照片和聊天证据，大众也对其之前的人设产生了巨大疑问，开始发掘更多的内幕。不久以后，与其他女星有染，甚至潜规则了什么演员都相继被曝光，一下子之前营造的美好形象完全崩塌，公众还会有一种被愚弄的感觉，因此这个明星很长一段时间会被大家所唾弃。如果之前没有塑造那样的暖男形象的话，也许后面的结果还不会那么凄惨。

再比如，某个明星塑造的是学霸人设——在演戏时还不忘学习；往返图书馆查阅资料；撰写了多少篇专业论文；在微博上也是文质彬彬；遣词造句都感觉登堂入室，大有文化；还时常晒出自己的博士照片，毕业证之类的，让大家在羡慕的同时也无比钦佩。结果经某些专业人士披露，他的学术论文明显抄袭了前辈，有些甚至是百度百科上复制粘贴而来，而微博上的言论也被截图下来重新推敲，发现不少错别字或者引经据典的明显漏洞。在这个人人都是福尔摩斯的时代，人们的探秘欲和揭露欲又是如此强烈，互联网导致了各种验证信息的便捷，人肉搜索和网络暴力横行，很容易就能查询到更深入的学校内幕、学术造假，甚至能查到老师和校长的各种问题，最终导致学霸人设彻底崩塌。

这些都说的是同一个问题，即你塑造的人设离你本人实际的样子相距太远了。我们说人设就是化妆，那也得是在你本人的脸部基础上扬长避短，而上面那些案例连整容都达不到了，完全是粘了一个面具，既然是面具，就总有摘下来的时候，摘下来的次数多了，就必然会被人发现，酿成不可挽回的恶劣后果。

所以，安全的底线就是要在自己本身的基础上去塑造人设，这样即使有人发现了你是化过妆的，不过鉴于你卸妆之后的样子和之前相差不远，也就可以理解了，合理地美化自己才是人之常情。

比如你要塑造一个专家型人设，除了嘴上说自己在这个领域有建树之外，最重要的就是真的在这方面的知识上下足了功夫，而不是仅仅甩出一两个专业名词敷衍了事，要知道世界很大，人外有人，你以为你说的内容很冷门，但也许你团里就真的坐着一个专家。

前几年我在带团时，连续去了几个与当代艺术有关的地方，比如威尼斯的双年展，卡塞尔的文献展及巴黎的蓬皮杜艺术中心。一下子让我喜欢上了这种和古典艺术完全不同的表现形式，回家后买了不少书籍资料，也看了很多相应的视频和报道，毕加索的立体主义，康定斯基的构成主义，杜尚的达达主义，安迪·沃霍尔的波普艺术，再到国内岳敏君的大笑、冷军的超写实、华庆的大猩猩……很多不同风格的艺术行程都可以一眼识别，后来的一年多时间里，我又参观了数十个当代艺术博物馆和展览，还专门做了一个 ppt 为导游同行们普及这方面的知识。

经过了这一番折腾，我才好意思在自我介绍里加进了“当代艺术专家”，当然这也是针对纯粹的外行游客的，我的团里曾经有过一位国内著名的当代艺术家，他听完我在这方面的讲解后，认为我基本上可以说已经入门了。虽然仅仅入门而已，但对广大社会大众来讲，这是一个冷门领域，我作为专家型人设，用于推广当代艺术，也是可以站得住脚的。

综上所述，人设只是美化自我的包装，不是可以直接让你升级换代的武装，想要变成自己希望的样子，还是要在各个方面多学习，且要自律，拥有一个更高的个人基础素质，才能撑得起一个更有层次的人设。

创造故事的骨架（三）故事常用公式

故事内容需要我们自己来创作和收集，就解数学难题一样，很多猜想和假设都需要超大量的精确计算，但中间有些计算是可以通过已知的公式来直接推算结果的，我们把这种做事找原理的钥匙都称为公式。做任何事情都有一个比较直观的公式，按照公式来虽然不一定出彩，但一定不会有太大的漏洞。

比如，有个特别恐怖的问题，女朋友问你："我和你妈同时掉水里，你先救谁？"

不用着急，这就是一个小公式，那就是"不用我救，我妈会游泳，她会救你的"。

还可以再加一句，"不要问我为什么不跳水里，因为我不会游泳，那时候我妈肯定救我，你就淹死了。"

这个公式似乎有点简单，那么再说个难的，还是来自女朋友的奇特脑回路。

"你到底喜欢我哪里？"

这也是一个遍布坎坷和陷阱的刁难问题，但我们依然有公式。

具体日期+具体时间+细节描述+那时你的样子深深打动了我+赌咒发誓。

举个例子就是："我还清楚地记得，2014 年 5 月 1 日的那天早晨，我们刚刚开始一起生活不久，由于放假，我睡了个懒觉，起床后发现你正在厨房做早餐，你刚洗完的头发在阳光的照射下显得特别美，我站在厨房门口都看呆了，你的样子深深地打动了我，当时我就暗自发誓，一定要用一辈子的时间好好珍惜眼前的人！"然后再来个深情的拥抱。

一个如此难以回答的问题，就这样用一个不算复杂的公式搞定了！

当然，讲故事也有不同的公式，这里我就介绍几个相对简单的，有兴趣的话，我们可以在网络上继续交流。

▶▶▶ GREAT 常规定式

这是讲一个完整的故事最常用的一个公式，“GREAT”是五个单词的首字母缩写，代表了好故事的五个元素

Great Entrance：华丽入场。

好的故事都是从一开头就能抓住你 100% 的注意力，让你不由自主地想知道接下来发生了什么。这就是我上面提到的开场时的那个小高潮，一个良好的开始就代表着故事已经成功了一半。

Richness：丰富的细节。

细节能让故事饱满，比如你在讲述一个人喝咖啡，一种情况是“寒冷的天气里，我坐在屋里喝咖啡，顿时感觉很温暖”，还有一种情况是，“这该死的鬼天气，仿佛就是在欺负怕冷的我，屋里的暖气开得很足，但看着窗外的飞雪，依然觉得手脚冰凉。还好我找到了咖啡粉，来自牙买加的蓝山咖啡，这可是好东西，赶紧从厨房找出了上次从宜家家居顺手买的冲压式咖啡壶。由于好久不用了，表面布满灰尘，简单冲洗后，把咖啡粉均匀地铺在中间层，底层加满水，放在电磁炉上，不一会儿的工夫，水蒸气上升通过咖啡粉后，带走了一切的可溶物质，咖啡就这样做好了。倒上一小杯，再加点鲜牛奶，闻着厚重的香气，双手也被咖啡杯捂暖，再看看窗外，顿时觉得不冷了……”同样是讲一个喝咖啡的状态，哪一个更能让你身临其境？自然是后者，这就是细节的魅力所在。

一个故事如果缺乏生动的细节，读者和听众便很难对当时的环境产生联想，自然会觉得故事乏味。一个细节丰富的故事，能把倾听的人带到主人公的世界里，看到、听到、触摸到故事里发生的一切。

Experience：经历。

这个部分是故事的主体。故事里的人物究竟都做了什么？在什么环节上出

了问题，做了之后的效果又如何？

要确保你的故事有一个清晰的 Experience 元素，你可以为自己设计一个简单的故事骨架：抛开所有细节和旁枝情节，你的故事的主干要讲什么？

四大名著中的《西游记》，讲的是师徒四人克服重重困难到西天取经，经历九九八十一难，最终在西天取得真经的故事。

金庸的武侠小说《天龙八部》，讲述乔峰、段誉、虚竹三个主人公从各自的奇特经历中成长为绝世高手，并走在一起，见证了武林各色人物的不同身份和嘴脸的故事。

英国魔幻小说《哈利波特》，讲的是哈利波特经过了霍格沃兹魔法学院的学习，唤醒体内的神奇力量，最终冲破重重险阻，打败大反派伏地魔，获得胜利的故事。

周星驰的电影《大话西游》，讲的是一个强盗至尊宝，经历了无数的奇遇与斑斓的爱情，最终决定背起男人的责任，成为齐天大圣的故事。

Anxiety：悬念和冲突。

《西游记》里孙悟空经历了九九八十一难，各路妖魔鬼怪竭尽全力地给师徒四人添堵;《天龙八部》更是多元化，段誉被鸠摩智掳走，乔峰遇到身份难题，虚竹莫名其妙地卷入逍遥派的纷争，每个主角都经历了多种考验；哈利波特也是经历了苦难和成长的烦恼，整整走过了七本书八部电影才战胜伏地魔；《大话西游》中的至尊宝在 500 年前后穿梭，既救不了白晶晶也救不了紫霞，在最后一刻才大彻大悟，明白了什么是真正的人生。

好的故事一定要紧张感和悬念感并存，让听的人不由自主地去跟着你给的故事节奏前进，对后面发生的未知情节充满期待，猜不到接下来会往哪个方向发展，才能全神贯注地听下去。

Takeaway：能获得东西，上升与落地。

即每一个故事的核心诉求。

好的电影或小说都有创作人最想对观众说的话，但这种诉求并不适合直接放在最后，以旁白或尾声的形式直接点出来。能够让人自己咀嚼出滋味的故事，才是最完美的。

当然，我们讲故事，还是要以核心诉求为中心的，所以没必要过分追求高级，在讲述过程中进行有效的重复才是最理想的，当然，在最后还要总结一下。

所谓上升，就是故事升华出的道理和感悟，它是精神上的，属于理论层面。

所谓落地，则是从这些感悟当中明白我们应该如何脚踏实地去实现理想，这个是技术层面的。

一个好故事最重要的目的就是能把道理既深刻又浅显地总结出来，还让人忘不掉，这才是有说服力的故事。

ECARETH 好莱坞的英雄故事

在很久很久以前，有一个王国，那里住着一位王子，每天过着无忧无虑的生活。忽然有一天，劫难来临，王国陷入困境，王子无能为力，也随着众人逃了出来。不过在山谷中他遇到了传说中的神仙，王子跟随他苦练数年，终于拥有了强大的力量，他回到王国与敌人决战，最终战胜恶魔，收复了国土，还当上国王，整个王国也继续着它的幸福时光。

我们可以简单地把故事拆分成 7 个部分。

Era：纪元。

也就是描述时代大背景，尤其是一些远古时代或者神话故事，更是要提前说明故事的世界观。

Challenge：挑战。

平淡而快乐的生活是无法创造出引人入胜的故事的，随着主人公的登场，稍事铺垫后，其面临的挑战或者困境也会随之而来。

Adventure：奇遇。

一开始，主人公也和其他配角一样，在劫难面前无力反抗，只能进入一种压抑的困境中。但既然是主角，光环必然存在，用不了多久，他就会在这种困境中等来奇遇，或者是一个隐居的世外高人，或者是一个什么意外的锻炼机会，总之会开启故事主干中的刷级过程。当然，过程没有这么简单，这里需要脑洞，需要人物塑造，需要大量的细节描述，需要合理且吸引人的情节推进，通常三个失败才能换来一次进步，故事就是这么一步步往前走。同时，主人公也开始对自我有了明确的认识。

Renascence：突破或重生。

一系列磨炼下来，主人公突破了某种瓶颈，或者在难关前找到了解决的钥匙，最终实现了自我涅槃。

Endgame：终极之战。

前面可能会有几次小规模的冲突，但通常都是主人公失败后回去重新磨炼刷级，直到重生后，开启对反派的决战，结果就不用说了，当然是激烈角逐后主人公大获全胜。

Treasure：宝藏。

获得了胜利必然要有所收获，可以是一个失踪已久的海盗宝藏，也可以是众望所归的社会地位，还可以是精神上的重获新生，总之主人公在战胜终极boss时一定会有加分奖励。

Happy Ending：温暖的结局。

登上国王的宝座，或者抱得美人归，全家幸福地生活在一起……无论是什么结局，英雄电影一定会给你一个温暖的收尾。

▶▶▶ SCQA 小故事模型

(Situation 现状、Complication 复杂性、Question 问题、Answer 回答)

第一步：试着概述目前处境（故事中出现困难时的状态）。

导游带团去机场突然出现航班取消的情况，客人还在不远处整理行李准备排队，时差原因国内旅行社没上班，计调、票务都在睡觉中，即使叫起来也解决不了问题。

第二步：辨别复杂性（描述面临困境的复杂程度）。

跟航空公司交流得知是飞机故障导致无法起飞，而且没有备用飞机来执行任务，只能取消航班。

发生地机场位于一个小城市，当天没有其他飞往中国的飞机了。

第二天的航班也全满，无法让团队顺延过去，所以必须要拿出新的解决方案。

第三步：找到你的处境需要，必须回答的问题（找到问题关键点，提出解决方案）。

明确这是航空公司的责任，无论是顺延航班或者改签其他航班，以及因行程耽误所涉及的餐饮和住宿费用都应该由航空公司来承担。然后寻找解决办法。

首先，询问工作人员或者值班经理，看看他们有没有什么比较可行的解决方案？

其次，查一下该航空公司是不是属于某个航空联盟，这样就可以寻找联盟内的其他的航班来调换行程。

最后，看一下是不是可以拆开团队的成员，让大家分别乘坐不同的航班回国；如何跟游客去解释；有没有比较好的人员切割方案，每一组成员中有没有会讲英语的可以作为一个临时队长。

第四步：明确地给出你的回答（确定解决方案）。

先让航空公司出一个行程取消的证明，然后调配一套比较近距离的航班尽快飞往该地区最大的航空枢纽型机场，到了那里会有更多的选择，最终找到合适的航班，让游客都顺利回国。

这个结构比较简单清晰，适合解决我们平时生活和工作中遇到的一些小插曲，稍加润色后，可以打造出一个个节奏轻快、思路清晰、通俗易懂的十分钟小故事。

▶▶▶ 广告里的故事

四要素：情境 + 角色 + 细节 + 价值

我们经常能在电视节目和杂志中看到广告，很多都是粗制滥造，有的机械地重复广告词，有的直接找个明星拿着商品一站，有的则是搞个山山水水的风景，其实和商品根本风马牛不相及。

好的广告通常有两种。一种是金句型，一句让人过目不忘的广告词胜过千言万语，有的还能制造话题，成为一时的网络热词。比如，农夫山泉曾经的

“我们不生产水，我们只是大自然的搬运工”，戴比尔斯钻石的“钻石恒久远，一颗永流传”，大宝的“早晚用大宝，嘿，还真对得起咱这张脸”，六必治牙膏的“牙好，胃口就好，身体倍棒，吃嘛嘛香……”。

还有一种是故事型，通过一个简单的小故事，让你进入广告的情境，最终得出广告商需要你得出的结论，不但让你印象深刻，同时还在心中种下了消费的种子。

先说说这个公式，然后我们再来举例。

情境，就是广告故事中的时空状态，大到世界或社会环境，小到工作或生活状态；平静的节奏中出现了奇特的变化；偶然事件中出现的奇迹般的巧合……

角色，广告故事中的角色可以是人物，也可以是商品本身，但一定要拟人化，让观众看完后认为你已经可以成为他生活中的角色了；还有就是品牌创始人遇到什么变故之后产生的责任感与使命感……

细节，主要是比较琐碎的信息，比如公司或者品牌发展的历史，中间遇到了什么问题和麻烦，最后是如何克服的。还有就是商品的目标客户定位，描述商品的特点和优势，包装是否美观大方，设计是否独特，使用是否方便等等。

价值，品牌或商品所体现出的东西，能让你的生活更美好，更有尊严，更便捷高效；或者可以让你追求自身的极限，把握时代的脉搏，更深刻地认识这个世界。

案例 1　南方黑芝麻糊

“黑芝麻糊咧……”

天色渐晚，灯光昏黄而柔和。在一个弥漫着浓厚乡土情怀的碎石小巷里，一阵“黑芝麻糊”的叫卖声从遥远的 30 年代悠悠传来……

小巷的宁静被这悠扬亲切的叫卖声和诱人的浓香缓缓打破。

一个身着晚清服饰的小男孩使劲拨开粗重的门闩，挤出身子来，深吸着芝麻糊的香味。“小时候，一听见芝麻糊的叫卖声，我就再也坐不住了”，慈祥的大婶递过一碗热气腾腾的芝麻糊，双手捧碗的他在喝完后还留恋地舔着碗边残留下来的芝麻糊，这一意犹未尽的模样使旁边搅拌芝麻糊的小女孩忍俊不禁……

这时大婶温情脉脉地摸了摸小男孩的头，细致地擦去他嘴角的芝麻糊，又舀了半勺芝麻糊倒在了他的碗中。

画外音："一缕浓香，一缕温暖，南方黑芝麻糊。"

案例 2　曼妥思糖果

在一个人流如织的欧洲购物大街上，金发的妙龄女郎正在跟朋友挥手告别，她那妖娆的面庞和窈窕的身影吸引了不远处露天咖啡座上绅士的目光。

就在两人对视的一瞬间，金发女郎扭到了脚，高跟鞋的鞋跟折了，这是一个非常尴尬的时刻，连绅士也摇摇头表示无能为力。

不过这难不倒金发女郎，她一瘸一拐地踮着脚走到旁边的座位坐下，放下购物袋，从包包里拿出一管曼妥思来，在糖果入口的一瞬间，忽然灵机一动，想到了好办法。

她弯下腰直接把折掉了的高跟掰掉，又脱下另一只鞋用力掰掉完好鞋跟，通通扔到垃圾桶，这样就变成了一双风格完全不同的平底鞋。

当金发女郎从绅士的咖啡座前飘然走过时，绅士也报以了赞赏的目光。

这时金发女郎转身拿出曼妥思来，屏幕出现画外音："曼妥思，好心情！"

案例 3　百年润发

在一个黄沙漫天的西北乡村，阔别家乡多年的周润发返回故里，穿过暴土扬尘的街道，走入一个古香古色的院子里，看到了一群正在练戏的女孩子。他触景生情，想到了自己当年的初恋女友。

女友曾经是这里的名角，美丽温柔，造诣惊人，在表演时技压全场，而发哥就是在下面带头叫好、最支持她的观众。在台后，为她描眉化妆，还用红笔在镜子上写下百年好合，在卸妆时，又打来水为她冲洗头发，可谓举案齐眉，一个羡煞旁人的浪漫情景。

谁知幸福永远是短暂的，当发哥出差回家后发现村中的戏台已经拆除，而戏班也不知所踪，女友苦坐在戏班的马车上出神凝望，而发哥则站在人潮汹涌的火车站望眼欲穿，在那个通信落后的年代，两个相爱的人就这样天各一方，杳无音信了。

当发哥正痴痴地望着戏班女子触景生情时，蓦然回首，当年的女友就抱着脸盆站在不远处，看着她脸盆里放着的百年润发洗发水，和那依然美丽的面庞，发哥的脸上浮现出久违的历尽沧桑的甜蜜微笑。

这时音乐与画外音切入："如果说人生的悲欢离合是一场戏，那么，百年的缘分更是早有安排。青丝秀发，缘系百年。"

案例 4　啥是佩奇

一个看起来贫困落后的山村，村里信号不好，老大爷李宝玉只能站在山坡上给孩子打电话，得知孩子带着小孙子回家过年，满心欢喜地问想要什么礼物，那边刚说完一个"佩奇"，电话就没信号了。

送佩奇倒不是问题，但问题是"啥是佩奇"？

晕乎乎的李大爷就踏上了寻找佩奇的道路。先查字典，没有……问开拖拉机的司机，结果对方叫张佩奇；超市里找到名叫佩奇的洗衣液，显然也不对；放羊的单身汉子掏出手机，告诉他有个网络主播好像叫佩奇；下棋的老兄弟说可能有一种棋叫"佩棋"。

李大爷彻底茫然了，佩奇到底是个啥东西啊？好在去过北京的老三媳妇说明白了，佩奇是个粉红色的小猪，动画片中的人物，像个鼓风机，还在地上大致画了出来。

有了形象就好办了，李大爷开动起来，又是钳工又是电焊，捶捶打打再上漆，使出浑身解数给小孙子打造新年礼物。

当他再次打电话得知孩子不回来过年时，满脸失落，好在孩子一家还是开车来了，打算接他去城里过年。吃饭时，李大爷挨个地把礼物拿出来，左一袋子蘑菇，右一袋子大枣，最后珍而重之地取出一个红布包，"孙子，这就是你的礼物。"孩子打开一看，是一个铁打的佩奇，带着蒸汽朋克风的佩奇造型登场了。

影片的最后，一家团圆，李大爷和家人一起坐在电影院里看《小猪佩奇过大年》。

案例 5　无声的世界（公益广告）

透过窗户上贴的福字，能看到一个温馨美满的家庭，一个婴儿就诞生在这里。

百日宴的时候全家聚在一起，爸爸摇晃着拨浪鼓逗弄着婴儿，而对婴儿来说，摇晃的拨浪鼓却是无声的。

一转眼婴儿变成了小孩，场景换到了医院，医生对父母说小孩确诊患有先天性重度听力障碍，也就是耳聋。

然而父母却不放弃，每天尝试着对小宝进行各种听力和会话的训练，墙上挂着的丰富照片也体现出了父母对失去听力的小宝的无尽关爱。

“小宝乖……小宝乖……”父亲对着小宝一遍一遍地耐心重复着，让他摸着自己的喉结感受发生部位的运动变化，小宝也用手语反复地表示自己想要说话，但爸爸的努力始终没有效果。

楼道里的一次冲突中，好几个同龄的小朋友在欺负小宝，嘲笑小宝什么都不会讲，只会哦哦哦哦，爸爸再也无法控制怒火，站起来想要教训这几个小孩。

这时一只小手拽住了爸爸，爸爸的耳畔响起了小宝宝艰难但有力的声音：“爸……爸……乖……”

惊讶的爸爸回过头来，已是泪眼蒙眬。

屏幕上出现三行字，“上天对他按下了静音键，但他依然能发出最美的声音。”

创造故事的骨架（四）尾声与回味

总算写到了结尾部分，能读到这里我也挺佩服大家的，要讲好一个故事不容易，要写好如何讲好一个故事更不容易。

导游的讲解因旅游过程而时常中断，碎片化得很厉害，所以不宜准备太多冗长的故事，以 20 分钟以内为合适。我们的语速通常在 200 字每分钟，也就是说你创作的故事字数大致为 4000 字为最佳。这样的话，结尾部位差不多占据 10% 的篇幅，也就是 400 字，所以不要妄想把所有矛盾点都留到结尾集中爆发，相信我们中间也没有几个能像欧亨利写作那么有能量密度的。

我看过一篇马原写的《小说结局的十三种方式》的文章，他把故事的结尾归纳总结出了十三种，即死、大团圆、诗意、揭谜、解嘲、有去无回、梦魇、循环往复、得而复失、走出叙事人视野、以死亡来终止、歪打正着和迷失，基本囊括了所有小说、电影故事的常见结尾，有兴趣的可以在网上搜索阅读一下。

我们就不说得这么学术化了，只说一下形式。一般来讲，故事的结尾主要有三种形式，止所当止、戛然而止和呼应开头，三种也不完全孤立，有些故事可以使用两种兼容的方法，不过为了阅读方便，我还是一个个来说一下。

止所当止

最简单的结局，类似于你看童话故事中的“恶人得到了应有的惩罚，王国恢复了宁静，王子和公主也终于幸福地生活在了一起”。

这种形式虽然平淡，但有始有终，朴实而精练，让人感觉收得很干净，不拖沓。

戛然而止

就像有些段子最后留下一串省略号一样，这种方式给人留下了悬念，也因此就留下了足够的想象空间，类似这样的故事太多了，如电影《飞驰人生》《影》《让子弹飞》《盗梦空间》和《禁闭岛》等，小说里最典型的是金庸先生的《雪山飞狐》，胡斐那一刀是劈还是不劈？让金庸迷探讨争论了很多年，这就是悬念的魅力。

这种结尾一定要克制住自己的倾诉欲，切忌啰唆，把话说到刚刚好，下面该发生什么，让听众自己去琢磨吧！

呼应开头

故事结尾时，或者是一个画面特写或者是又回到了开始的阶段，比如我后面会讲一个吃不吃辣椒导致分手的故事，结尾时桌上的菜就呼应了他们一开始认识时找到的双方唯一的分歧点。电影《本杰明·巴顿奇事》里面，首尾都出现了一座时间逆转的大钟，不但相互呼应，还特意点了一下主题——返老还童。

当然，最具代表性的还是电影《阿甘正传》，一片羽毛及阿甘和一个陌生人在聊着他的故事，整个电影就是他的故事，最终故事讲完，又回到了电影开场时的场景。

这种需要创造者在开始阶段就有所设计，一个生动的故事再配上一个这种形式的精彩结尾的话，会给听众一种时空倒转，恍然一梦的感觉，整个格调就提升起来了。

故事结束了，作为讲故事的人，有时候还需要再补充几句，实现点题的效果，这就是我们在一开始说的回归诉求。上升，提到人生的高度上可以提升游客对你的评价；落地，趁热打铁去做提示和铺垫工作。

主要的表达有两种——抒情和讨论。

抒情适合上升，人生哲理或者价值观、世界观的塑造，让游客跟着你的情感去感慨和自省，如果能再恰到好处地插一句合适的名人名言，就更完美了。但要注意的是，抒发该抒发的情感，不要无病呻吟。

讨论适合落地，给游客一定的空间和时间去跟着你的讨论思考，这样再给出你的结论效果就更好了。讨论也分两种，一是以讲述者主观视角的讨论，二是以故事中的人物视角讨论。我们一般推荐第一种，带团讲故事，并不是文学创作，不用显得有多么技艺精湛，况且游客在行车中聆听讲解，也很难像听课或者看电影那样百分百地全神贯注，他们经常会被手机或窗外的风景打断思路，听得跳进跳出，所以也适合我们以局外人的方式来着重讨论一下。诚然，我们给出的结论与游客的思考结果不一致的情况下反而会打破故事的平衡，所以一定要对故事反复推敲，甚至先讲给你的家人朋友听，看看他们听后是不是会得到预期的思考结论。以故事中的人物视角来讨论当然是一种更为高级的形式，但并不容易做到，尤其是导游这种讲述形式，他需要游客全神贯注地去跟着你的故事走，不能走神，而且它还需要一个比较严谨的逻辑性：即对此事发表意见的人所说的话与他在故事中的形象是否匹配。假如故事中的人物性格和最后讨论人物的语气不相符，或者是人物在作品中所了解的真相与他所表达的真相不相符，就会使整个作品失去真实性，严重损伤故事的最终效果。

最后还是举个例子吧，用一个比较漂亮的故事结尾供大家参考。这个故事来自一个很多年前的优秀国产电视剧《大宋提刑官》。有些人可能没看过这部剧，那就简单介绍一下。南宋年间，福建人宋慈得中进士，本来一路前程锦绣，却因父亲的命案被卷入了官司，最终靠他缜密的推断找到了凶手，从而声名鹊起，被大理寺任命为提刑官，去外省提点刑狱。他像福尔摩斯一样，利用那个时代的技术与手段，通过自己的分析和推理，破解了一个又一个疑难案件，而随着他的名声越来越大，所处理案子的难度也越来越高，涉及的人物也是高官，这已经不是他一个提刑官可以解决的了。

所以电视剧的结尾就是宋慈拿着八大箱证据连夜进宫，面见皇上，在皇宫抽丝剥茧，把所有真相都呈现在了皇帝面前。按照正常的结局，皇帝一定是一怒之下把涉及的贪官污吏一网打尽，最后宋慈升官，百姓沉冤得雪，大快人心。这样大团圆的结局，类似同时代的《康熙微服私访记》。但编剧并没有这么写，他玩了个更高妙的手法，也更符合当时的官场状态和人性本来面目。

皇帝听完并没有表态，而是让他先回去等信，宋慈满心等着皇上能静下心来好好再看看这些证据，但皇帝自有他的无奈和苦衷，最终还是决定把这八大箱证据全部烧掉。一场惊心动魄的连环谋杀案，就让生怕引起朝臣大乱的皇上一把火烧了个销声匿迹。宋慈欲哭无泪，心灰意冷，辞官回家。在父亲的坟头，宋慈点起一把火，烧的正是他穷毕生经验和心血写成的那本《洗冤集录》。幸亏一直跟在宋慈身边的英姑早已暗中偷偷抄录了一本，才使这本奇书得以流传至今。

这不是我们平常习惯的完满结局，也没有说教性的“善恶到头终有报”，这一次，光明彻彻底底地输给了黑暗。世道还是那个肮脏的世道，坏人们得意扬扬，好人却灰头土脸，黯然离去。但就是这么一个故事结尾，却比一个大团圆结局要高明得多。

话说人世间的事从来都不是黑白分明的，其他人都装睡的时候，醒着的人反而成了另类，不融于他人，也不融于这个世界。故事开始时，你会认为宋慈是舞台中心的救世主，最后才发现，那些官员还有皇帝才是主角，宋慈的存在，成了一双符号化的眼睛，让我们把黑暗看得更清楚。

所以好的故事结尾，可以把故事意境拉升一个档次，就像我们带团最后收尾时，不光是飞机落地，还有琳琅满目的锦旗和游客感谢的留言，不但感觉美妙，而且让人回味无穷。

意大利著名作家卡尔维诺曾经说过：“文学史上有许多令人难忘的开篇，但无论在形式上还是在意义上都独具特色的结尾却寥寥无几。”

故事质量的分水岭（一）逻辑问题

▶▶▶ 逻辑学的发展

逻辑，狭义来讲，是指思维的规律，而广义的逻辑却不止思维的规律，甚至包括了其他事物的客观因果规律。有时候我们看到一件不合常理的事情，我们会说这不合规律，但更多时候会感慨，这不合乎逻辑啊。

拥有辉煌文明的东西方都曾经出现过逻辑学的学科，比如中国公孙龙和惠施，他们在诸子百家时代被称为名家，研究的就是明辨之学，也就是抽象逻辑和具象逻辑之间的关系。

公孙龙在牵着白马过关时被税吏拦下来，说凡是带着马的都要收税。公孙龙就愤而争辩："这是白马，不是马！"

税吏问，怎么可能，白马黑马黄马都是马啊！

公孙龙说了一堆有关名与实的定义，例如白色是限定了马的颜色，当你表达没有白马的时候不代表没有马之类的高深描述。最后得出结论："白马属于马，但不是马！"

其实这个辩论放在现代逻辑学里根本就不成立，因为要辩论首先要确定大的议题，也就是对概念的论述。马是一个抽象的整体概念，而白马是具象的个人概念，两个概念根本没在一个维度里，混淆了两个概念，所以也就无从辩起。

另一个故事说的是惠施和庄子，他们在一座桥上俯瞰水里的鱼。

崇尚逍遥自在的庄子随即感慨："看它们游得悠然自得，这就是鱼儿的快乐啊！"

惠施就问："你又不是鱼，你怎么知道鱼儿快乐呢？"

庄子回答："你又不是我，你怎么知道我不知道鱼儿快乐呢？"

惠施说："我不是你，本来就不知道你；你本来就不是鱼，你不知道鱼儿的快乐，也是完全可以断定的。"

庄子说："请回到我们开头的话题。你说：'你哪里知道鱼的快乐'等等，就是已经知道了我知道鱼跃出水面的快乐而问我，我是在濠水桥上知道的。"

这是一个非常类似古希腊辩论方式的古老故事，不过从这里开始，东西方的文明在哲学发展上走上了不同的道路，进而影响到了宗教和艺术等很多方面，东方变得越来越感性，强调感悟与体验，而西方则愈加理性，推崇观察和推理，出现这种不同的核心问题就是对逻辑推演的重视程度。春秋时期的名家的逻辑学自成一派，没有与其他学科相结合，到了战国时期逐渐演变成了诡辩术，系统的学问则彻底没落了。

而在古希腊，逻辑学也差不多在相似的时期出现，埃利亚学派的芝诺可以说是这个学科最早的代言人，他的芝诺悖论让当时各个学派的大咖都感到困惑。"飞矢不动"和"阿噶琉斯与乌龟赛跑"仔细分析一下的话，和前面提到的"白马非马"和"子非鱼"颇有异曲同工之妙。

他把动和静，无限和有限，连续和间断的关系都明目张胆地摆了出来，并进行了辩证的考察。我们不能确定他对古希腊的数学学科发展有没什么直接的重要影响，但是有一点绝不是偶然的巧合：柏拉图写《对话录》时，其中一整篇内容就是讨论芝诺的观点。芝诺作为他书中的主角之一，在柏拉图学院中很自然地热烈讨论起芝诺悖论来。当时欧多克索斯正在柏拉图学院攻读和研究数学与哲学，他在稍后的时间里创立了新的比例论，从而克服了因发现不可公度量而出现的数学危机，并完善了穷竭法，巧妙地处理了无穷小的问题。因此，在希腊数学发展的这个关键时刻，很难说芝诺的理论没有对它的发展做出过贡献。后来的古希腊哲学集大成者亚里士多德也把芝诺看作辩证法的发明人。

亚里士多德写过一本著作叫《工具论》，里面有 6 篇论述专门提到了逻辑学，他本人的学识和其他著作也饱含了成熟的逻辑思想。他研究包括了修辞上的逻辑关系，还有命题逻辑等，三段式理论被认为是他逻辑思想的核心成就。

由芝诺所影响的斯多阿学派又继续发展了亚里士多德的逻辑理论，成了古罗马时期最重要的哲学学派，还提出了 5 个重要的推理原则。遵循这些原则进一步研究，可以推导出很多定理公式。他们的逻辑研究，包括后来的古罗马时期的波爱修等人的贡献，为后来的中世纪逻辑学的发展奠定了基础。

中世纪的逻辑学以奥康的威廉论述为代表，他是英国人，先在牛津大学学习，后前往法国留学，参加教团后与教皇起了冲突，被判入狱又越狱逃往巴伐利亚，最后感染黑死病在慕尼黑去世。

在逻辑方面，威廉发展了前人的“指代”理论，他区分了各种指代，功能类似于拉丁文的阴阳性。

中世纪逻辑研究的最大贡献，是建立在逻辑学之上的推论学说，这一学说继承并发展了斯多阿学派的命题逻辑。推论学说主要分为两大类，即形式推论和实质推论。

如果一个推论对一切词语都有效，其形式不变，那么这个推论就是形式推论。比如，“每一个人是动物，一个人在跑，所以，一个动物在跑”。在这个推论中，如果更换词语，变为“每一个人是植物，一个人在跑，所以，一个植物在跑”，仍是有效的。这几乎相当于现代逻辑所说的有效推理形式。在形式推论中，前者真而后者假是不可能的。

如果一个推论在保留同样形式时并非对一切词语都有效，则是实质推论。比如，“如果有人在跑，则有动物跑”，改为“如果有马在跑，则有木头跑”就不是有效的。实质推论后来广泛应用于法律辩护中，当作为推理前提的是两个或两个以上的相互矛盾的法律命题时，借助于辩证思维从中选择出最佳的命题以解决法律问题。中世纪逻辑学家总共陈述了 60 多条推论原理，奥康的威廉贡献了 11 条最关键的推论规则，由此强化了逻辑学在法学上的应用。

文艺复兴时期，前期的大师们忙着发展艺术，后期的大师们忙着发展科学，在哲学尤其是逻辑学方面没有太出彩的成果。

德国哲学家康德的分类判断理论，英国哲学家培根在总结科学实验后撰写《新工具》时提到的归纳法，就是通过实验，把不同的结果归纳分类，最终获得真实证明的结果。

而现代逻辑学，则包括了数理逻辑和现代归纳逻辑两大类。

数理逻辑是由莱布尼茨奠基，康托尔等人发展建立的逻辑体系，后来主要向数学方向发展，在公理集合论、证明论、递归论和模型论的研究上取得了很多成果，从而开始逐渐发展成为数学的分支，并与其他数学分支和计算机科学等建立了广泛的联系。

在西方，数学一直是单独拿出来，独立于科学和艺术之外的一门学科。它研究数和量，逻辑因果。所有的数学推论都来自逻辑学，比如公式代替：A=植物；植物 = 人，人在跑，所以 A 在跑。

另外，数学和逻辑学解决了连续和可分的问题，计算机就是数学和逻辑学的应用逻辑推演基本模型，在数学里叫逻辑桥或逻辑树，而在数字电路里叫与非门、或非门等等，芯片都是各种电路，集数据传导逻辑的模块。

现代归纳逻辑学和古典的理论不是一个系统，在之前的理论体系之外，逻辑学家们还提出另一种更有创见意义的归纳逻辑模式，不过理论表述过于晦涩，就不在导游书籍里摘抄了，总之是比较逆向和简洁的归纳思维方式。

其实，逻辑这个词在汉语中出现已经是晚清时代的事了，著名翻译家严复在对 Logic 这个词汇进行翻译时，直接采用了音译，即为逻辑，形容一种思想的工具，教人如何思考和表达，以及如何置疑。科学研究里要运用逻辑学，与人交流沟通上也要用到逻辑思维。说话没逻辑，别人就不知道你要表达什么；做事没逻辑，就解决不了真正的问题；缺少逻辑常识，就容易被别人愚弄。

▶▶▶ 故事的逻辑硬伤

中国拥有几千年不断代的辉煌文明，而且从官方到民间，又有长年累月记录历史的习惯，因此我们这片土地保留了无数的名人传说和故事。在故事的创造和讲述方法上，也许缺失了西方那种传承和发展至今的逻辑学，导致现在看到的很多故事，无论是小说还是电影，在逻辑表达上都有硬伤。

其实，好的故事有很多地方可能会出彩，比如人物的塑造，台词的功底或细节的描述等等，他们必须有一个共同的特质，那就是故事逻辑性。

故事逻辑性真的有这么重要吗？有人说电影和小说中那些不符合逻辑的地方才是最让人脑洞大开，最有想象力的部分。其实不对，你说不合逻辑的其实不是故事本身，而是故事背景。背景可以是个虚构的世界，但故事中所发生的每一个具体事件都必须要通过合理的逻辑顺序连接起来，每一个人物也要恰当地符合他在故事中的身份设定。所谓的悬念就是让那些看似不符合逻辑的情节慢慢演变成符合人之常识的过程，这个落差造就了悬念；如果一个不符合逻辑的情节一直就这么延续下去直到故事结束——那就不是制造悬念，那是剧情崩塌，北京话叫“玩儿现了”。

因果之间的逻辑性，是故事发展让人信服的基础，这种信服正是保证观众能有感情投入的前提。

现在中国的电影行业如雨后春笋，各方的热钱都挤进来投资，拍电影的，建电影院的……年轻一代也逐渐养成了看电影的娱乐习惯。电影的数量急剧增加，运用各种明星卡司阵容和各种特效 CG 技术，但真正可以称为优秀电影的数量并没有成比例增加，看看豆瓣评分就知道了，一个票房几亿的商业大片在评分上拿到及格的 6 分都很困难，越来越多的电影故事在逻辑上变得荒诞可笑，完全经不起推敲。

比如，电影故事中的人物动机不足，就是中国电影中常见的一大问题，这个人为什么要做这件事，经常会让观众看得摸不着头脑。主要还是创作者忽视故事逻辑的整理和考证，或者干脆觉得没必要给人物行动设计充足的理由。有可能是创作者过于理想化、感性化，文艺细胞爆棚，比普通人更能接受一些看似不合理的行为，也有可能跟主流市场喜好有关，故事好不好不重要，只要有明星阵容或大 IP 加持就能搞定死忠粉丝，并最终实现票房盈利。

比如，2018 年上映的新版《古墓丽影》，克劳馥发现父亲可能还活着，就在日本海域的某个小岛，但情况会十分危险。明明她家里拥有巨额财富和通天的力量，但非要独自去找个完全不认识的吴彦祖一起漂过去，正常逻辑下，这艘破船能不能成功抵达那个海岛都有问题，从逻辑上就说不通，完全是为了艰险而艰难，所以看到这儿基本就出戏了。

另外，人物驱动型故事，同样容易动机不足。人物驱动就是说因为这个人有什么特质，促使他要去做什么事情，在遇到一些困难时，他的内心为什么会有如此的转变，都是需要创作者仔细考虑，反复推敲的。当人物内心转变极其生硬的时候，观众就很难理解他后面的行为，创作者往往一厢情愿地认为观众能够接受他的人物设定，但普通观众却接受不了。

在如电影《金陵十三钗》中，贝尔饰演的约翰利用美国神父的身份救下了教堂里的众人，实现了他从流浪汉到英雄的转变。这种故事情节是正常的，他目睹了惨剧的发生，加上和美国人本身的冲动性格和英雄主义情怀，让他不计后果地跳出来阻止，逻辑上是说得通的。但后面一段戏，他与乔治在去找豆蔻的路上遇到朋友，朋友叫他一起上船离开南京，他拒绝了，因为他答应要救教堂里的女人和女孩们。加这段戏的初衷应该是为了凸显约翰放弃独自生存的大爱，但这段戏不但没有为人物加分而且有点夸大，约翰的变脸更不能让人接受。英雄也做过了，一个处于旁观者的老外在普通的逻辑下一定就会上船了，哪怕有个“这些女孩跟他死去的女儿同岁”这个理由也还是太过牵强，不是人物内心不能有转变，而是需要更多细节化的剧情去推动他这一伟大的转变。

还有，一些电影不顾逻辑强行把某些反面角色洗白，这个经常出现在一些美国的续集电影里。最有代表性的就是《速度与激情 8》，前面杰森·斯坦森饰演的肖亲自在初次登场时杀掉了曾经出场多次的主角的好朋友韩，这几个主角通过电话还都知道这件事。但在这集电影里肖却通过一个非常不合理的故事逻辑，直接被洗白了，作为系列电影的话，联想起前面主角们的友谊，现在跟曾经的仇人一笑泯恩仇、把酒言欢就显得特别讽刺。

故事的逻辑非常重要，逻辑不等同于真实性；不是说你大白天走在大街上遇到了鬼就不符合逻辑，而是你遇到鬼之后的反应是否符合这个故事情节的设定、人物的属性等等。

逻辑是生活的根本，就和看电影一样，我们的生活就是一个慢慢积累信息、学习知识，把一个个看似不符合逻辑的现象渗透的过程。如果一件事情连基本的逻辑都不符合，且无法做出合理的解释（当然，找不到是另外一回事），那这件事十有八九就是假的。

正在写这段文字的时候，忽然有人敲我家的门，开门看到一位女士，说是某某保险公司的客服专员，想请我谈谈对于他们公司车险的体验。说实在的，我家的车险还真不是我买的，我想回头问下家人，但人都在客厅，我就问她：“你知道我们上的什么车险？”她回答说你问问你家里人不就知道了。我说不对啊，你这么回答就不符合逻辑了，你既然敲我家门，说明你客户资料里有我家地址，不但知道我上了什么车险，而且还应该知道我的名字。这位女士听后就很抱歉地走了，其实可能她就是一个车险推销员，想利用一个逻辑上的陷阱先跟你搭上话，进而推进销售。

我还想到了一个小笑话：刚出生的婴儿突然能说话了，说了一声“爷爷”，结果爷爷死了；又叫了一声“奶奶”，结果奶奶又死了；再叫一声“妈妈”，紧接着妈妈也死了。这时爸爸已经吓坏了，但婴儿还是喊出了“爸爸”，结果爸爸没死，隔壁老王却死了……

这个梗很简单，一听就能理解。但是你仔细想想，这里面是有很大的逻辑问题的，根源出在了爷爷和奶奶那里。如果叫了爸爸死的是隔壁老王，那么爷爷就不该死。当然，你也可以把隔壁老王理解为是爷爷当年的私生子，逻辑上还能成立，但这样的话梗就埋得太深了，而且问题是还有奶奶呢，不能说隔壁老王完全是爷爷奶奶的孩子但他们就是不认，还住在了他们家隔壁，逻辑上就彻底讲不通了。

所以想讲得通很容易，只要在血缘上改换成母系这边的，比如姥姥和姥爷，这样整个故事逻辑就成立了。

▶▶▶ 常见的逻辑谬误

想看一部故事逻辑完全成立的电影，你只需上豆瓣搜索一下评分在 8.5 以上的作品就可以了，它们都是经过了大众的检验，最终成了经典。好的电影别的不说，不合逻辑这种硬伤是不太可能有的，也许存在某些小瑕疵，但整体上一定是说得通的。即使一些故事设定非常不合常理的电影，也可以在故事发展中把这些逻辑问题一一梳理清楚，到结尾时让你恍然大悟，即使你复盘去推敲，一切也都前后呼应，从人物动机到情节发展都说得通，比如《盗梦空间》《禁闭岛》《恐怖游轮》《致命 ID》和《非常嫌疑犯》等，大家有兴趣可以再看一看。

好的逻辑都是说得通的，而坏的逻辑则各有各的问题。我现在给大家归纳一下生活中和讲故事时比较常见的几种错误逻辑问题。

第一，稻草人谬误

是非形式谬误中比较常见的不相干谬误的一种。所谓是非形式谬误，指的是论证过程中逻辑结构错误之外的错误。而其中的不相干谬误，是指论证的前提与结论之间毫无逻辑关联的一种不当推理方式，又称为制造假冒论据。说点人话吧，就是扭曲概念或者偷换概念。

比如，我在这本书后面会写到欧洲的历史故事，主人公会见证一些历史大事件，也会遇到一些历史名人，不过为了剧情需要，可能会把一些人和事件的时间和空间做一点小的改动，跟金庸处理小说和历史史实的手法有点类似。不过有些人可能会说了，你写的东西能跟金庸比吗？的确，我的写作水平跟金庸老师完全不在一个维度上，但是我刚才类比的是某一个细节的写作手法，而不是整体写作水平，这完全是两个不同的概念，问话者直接把它们扭曲或者偷换了，所以这就是典型的稻草人谬误。

当然，这种逻辑谬误也经常出现在有些女朋友跟男朋友对话中，美丽的女人通常更感性，缺乏理性的逻辑思维，可能会把很多问题偷换到“你就是不爱我”这个问题上面。

第二，归因谬误

人与生俱来的理性，会让我们对理由产生本能的渴求，我们需要知道原因。如果生活中的事我们找不到理由，那么我们就会产生惶恐，因为对未来的未知会带来恐惧，这是我们的本能。为了抵御恐惧我们需要理由，以至于我们的大脑甚至会创造理由，而创造理由就是归因。归因谬误，就是在我们归纳原因的时候容易产生的逻辑错误。

比如，我们经常抱怨中国足球队水平太差，有些人就认为主要是由于我们中国人的人种不适合踢足球。这显然就是归因谬误，因为与我们种族、体格、血缘都类似的日本队和韩国队在世界大赛中的表现要远远好过我们，所以与其说人种问题，不如从青少年培养、专业场地普及等方面探讨在逻辑上更严谨一些。

第三，结论谬误

跟上面的归因谬误有点类似，但一个问题是出在总结原因上，一个问题是出在推导的结论上。

郭德纲曾经在相声里这么说于谦：“于老师有三大爱好，抽烟、喝酒、烫头。尤其是抽烟，每天一根接一根，平均抽一盒烟只用一根火柴，因为中间根本就没断过。有一次看电视，有一个健康类的节目，里面有一个老专家，引经据典，说吸烟有害健康，吸烟过量可能会导致猝死。把于老师吓坏了，从此啊，就不看这节目了。”

别看是个笑料包袱，但同时也是逻辑上的结论谬误。

第四，滑坡谬误

使用连串的因果推论，却夸大了每个环节的因果强度，即不合理地使用连串的因果关系，将可能性转化为必然性，以达到某种臆想的不合理的结论。

比如，我们上学时都曾在生物课上做过动物实验，像解剖青蛙那种，有个同学就提出了异议，说今天我们以实验的名义屠杀小动物，明天就会有人残忍地杀害家里的小猫小狗，杀习惯了以后就会杀人，未来我们面对的可能就是一个互相残杀、弱肉强食的丛林时代，世界文明也将被摧毁。

我们不排除有极少数的人在心理上存在向这种趋势发展的可能性，但我们会知道，绝大多数人根本不会走这条路，而这一连串的推断给出的结果看起来也是完全站不住脚的。

第五，情感谬误

试图通过操纵别人的感情，包括恐惧、嫉妒、怜悯、骄傲等，来取得一个有力的论述。每个心智健康的人都会受感情影响，所以有时候这种谬误很有效，但它依然是不合逻辑和不诚实的手段。一个逻辑严谨的论述可能激起别人的情感波动，但是如果只用感情操作而不用逻辑论述，那就犯了感情谬误的问题。

比如我们去朝鲜族生活的地区旅游，你痛斥他们吃狗肉，说“狗是人类的朋友，如此可爱的小动物却成了这些人的盘中餐”。但其实不同的地区，不同的民族，不同的文化造就每个地区不同的饮食习惯，不能因为你个人的情感而诋毁别的地区的人。把自己的情感取向错误地套到了别的事物上，就是逻辑上的情感谬误。

第六，虚伪谬误

也可以理解为诉诸虚伪，就是在争论中，一方理屈词穷时经常会反击说：“……你不是曾经也这样吗？”

比如，你在跟一个导游同行争论如何回答游客即时提出的问题时，你的论点是当游客对当地景点有什么问题时不要随意瞎编，最好能先查一下资料，再组织语言去解答，胡编乱造在这个网络信息充盈的时代已经落伍了，很容易被拆穿。同行想不到反驳的理由了，便回了一句："你当年刚带团时候不是也胡编乱造过吗？"

这个逻辑错误在于我们说的是现在的问题，而不是回顾曾经发生的事，当年的问题无论是与否都和现在争论的论点没有直接联系。

第七，片面谬误

当你的观点被证明是错误的时候，你用特例来给自己开脱。

人都不喜欢自己的话后来被证明是错的，所以真的验证了的时候总会想办法给自己开脱。阿Q精神也指的是这类的逻辑谬误，只有诚实和勇敢的人才能面对自己的错误和过去，大方地承认自己犯错了。

比如你找某个大师给你算命，说你来年有桃花运，会交三个女朋友，到年底就会和第三个女朋友结婚，而且对方属兔，这让单身的你无限憧憬。但到了第二年年底，你发现其实一个女朋友都没找到，结婚更是没影儿的事，愤而去找大师理论，大师却告诉你，因为你当时算命的时候心不诚，所以才没有应验。心诚则灵，这个词本身就带有片面谬误。

第八，诱导谬误

你在提出问题的时候加入了诱导的成分，使得对方只能按着你的意思来回答，常见的逼供或诱供就是这种问题。试图用诱导性的话语来逼对方回答你提出的低级问题，从而破坏理性讨论，打乱对方的逻辑。

比如，你觉得朋友的老公很可能有外遇，因为他脖子后面有颗痣，而隔壁小红家的孩子脖子后面也有颗痣。这就是找到了一个诱导性的结论，然后反证你的论点，但其实这种推理非常偏颇，逻辑上也不能成立。

第九，模糊谬误

你用谐音、双关语或者意思比较模糊的语言来歪曲事实，也可以将这些有歧义的语言作为自己的挡箭牌，为自己的利益辩护。

当然，还可以用这种逻辑谬误来创作笑话，也就是常说的谐音误读，俗称谐音梗。

比如，赵本山在小品里问到的："地上一个猴，树上骑（七）个猴，一共几个猴？"

吐槽大会里的谐音梗之王王建国就擅长使用各种谐音笑话，比如，经常跟人吃饭，把脚崴了，因为是贪吃崴折的，就是“贪吃折（蛇）”；小时候交了太多的学杂费，所以学“砸”了；我除了谐音梗这种老梗已经没有新梗了，再逼我就心梗了……

第十，转移谬误

指将一个不相干的话题插进来，并将注意力从原来的话题转移走，通过将注意力转移到另一个话题上来帮助赢得一场论战。转移话题谬误是生活中和辩论中经常被人使用的谬误方法。

这个经常在男女朋友之间的争论中出现，比如你正在询问女朋友下午去哪里了，你刚才去她常去的超市和咖啡厅都没有找到她。但女朋友的回答却是：“你分明就是跟踪我，而且根本不信任我！”

其实也未必是有心转移话题，但女性大都是感情动物，不怎么太讲逻辑的。

▶▶▶ 如何训练逻辑思维

关于逻辑的谬误，还有很多其他类型，比如人身攻击，在争论时不探讨论点而直接采取人身攻击的方式来应对对方，这也是一种谬误。当然，类似的还有很多，真要细致总结的话，可能会归纳出二三十条来，但我们并不是一本探讨逻辑学的书籍，所以就不再赘述了。

有关逻辑问题的最后一部分，我想和大家探讨一下逻辑思维的训练和提升。

很多人觉得逻辑思维是个很高大上的东西，但知识却是随处可见，这种理解似乎听来挺有道理，比如你到书店买一本《逻辑学》的书籍，里面给出的理论高深莫测，但拿到现实中却没什么用。而一些并没有经过系统学习的大师或骗子反而在演讲的时候思维极其缜密，让你不知不觉中掉入了他的逻辑陷阱之中。

我们上了这么多年学，从教育的角度讲，其实这个过程并不是要灌输给学生多少知识，而是培养学生们对学习的兴趣，以及如何用符合逻辑思维的方式去思考和表达。

但如何建立良好的逻辑思维能力呢？基础还是知识，知识积累不够丰富全面，你就无法完成一个需要有完整逻辑体系的思考。

所以直接谈论逻辑思维有空中楼阁的感觉，需要你有充足的知识作为牢固的基础。知识和经验是起点，缺乏对相关领域的深刻了解，你就无法在该领域进行逻辑思考。知识不够丰富全面的学生即使刻苦学习了一年的逻辑学教材也不太可能有什么直接的收获；而当你在知识的积累上已经小有成就的时候，稍微看几本有关逻辑思维的专业书籍，就会大有收获，直接找到其中的精髓所在。逻辑思维就像一套精密的武功招式秘籍，从小把它练得动作再标准，到了真实作战时也似是而非，但一个内功深厚的武学高手拿到这本秘籍，稍微熟悉一下，很多东西一点就透，武学造诣瞬间能上一个新的台阶。

知识是一个一个的点，而逻辑是一条一条的线，有了知识点作为骨架，那么就可以在不同的知识之间拉起一条逻辑思维的线，而思维线越来越多，最终会成为一个庞杂而精密的结构化思维。

前一阵儿我喜欢玩手机里的一个叫思维导图的 APP，我在带团中每天晚上都习惯把第二天的一些时间提示，以及要做什么都用文字的形式发到群里，让大家提前知晓，但后来发现这种方式并不好，很多人都没有看，因为有一堆问题，时间、地点都有，显得很混乱，游客在睡觉前看一眼，基本也都记不住。后来我用思维导图的软件制作了一张图，前面是第二天的日期，然后一个树形目录拉开，有出发时间、早餐的安排、天气提示等，在景点那里又用一个树形目录拉开，有第二天涉及的景点等，这样就能做到一目了然，对于自己不感兴趣的目录游客可以直接略过不看，而逻辑结构又非常明确清晰，所以后来游客反映效果特别好。

再往后带团，不止每日旅游提示了，我把飞机的航行提示、转机提示、安全提示和退税说明等都以这种思维导图的形式发给游客，再结合我的讲解，游客的理解度也瞬间提升了很多，这就是结构思维的好处。

再打个比方，还是航班取消的事情，我只是拿着这个消息去告知游客，那么你可以想象后面会发生什么。有的游客表示，我回国之后第二天马上要工作，不能耽误，所以你无论如何也要帮我联系别的航班回去；有的则表示，正好他还有点东西没买，反正现在也暂时走不了，他能不能赶紧进城一趟把这个东西买了；有的想了解具体的取消原因，以及后续的处理方式；有的则让导游先管航空公司要点餐券，把午餐解决了；还有的开始抱怨旅行社和导游没安排好，导致他们面临巨大的时间损失，要求现在就做出赔偿承诺……

当处于如此分散和急迫的各类诉求中时，即使头脑比较清醒的人也会立即逻辑混乱，如果跟每一个客人去纠缠细节的处理，那么你将耗费巨大的精力体力去做无用功，同时可能浪费了处理航班取消事件的黄金时间。如果你把这些问题一股脑地全都反馈给旅行社，社里的工作人员也会直接崩溃，问题转了一圈也没有任何进展。

那么，逻辑思维和结构化思维清晰的导游应该怎么做？

首先，绝不能只带着问题给游客，游客是不同个体，他们的诉求和意见都必然是分散的，只带着问题面对游客只会让问题几何倍数地增加，无助于问题的迅速解决。所以你在得知航班取消的时候要第一时间询问航空公司有没有补救措施，比如有没有备用飞机或者他们是否已经针对我们的团队做了其他的安排？如果没有的话，你还需要问清楚目前这个状况该如何解决？是延后一天飞，还是转乘其他航班？是否需要拆开团队？耽误行程的这段时间吃饭和住宿都如何处理？延误的责任是否明确，可否开具文字方面的证明，有没有金钱方面的赔付，如果有是多少钱，是航空公司出还是保险公司出，以什么形式给到每一个游客？还有你能想到的其他问题，都先问清楚了解决方案，然后拿着这些方案再回去面对游客。

其次，见到了游客先把目前面对的事实说清楚，航班为什么取消，谁的责任，你刚才在机场已经做了什么工作，延误这段时间的吃饭和住宿如何解决。然后明确一下，我们的首要目的是安排游客尽快地坐上返程的航班，这个是没有问题的。现在是解决问题的黄金时间段，我们所有的游客无论是着急回家的还是不着急回家的，都需要在这个休息区严阵以待，稍后可能会放出不同的返程航班的机会，所以谁也别离开，谁也别走远。

再次，这个机场飞中国的航班很多，稍后航空公司应该会尽量给我们调整出足够的座位为我们团队安排返程。但因为是旅游旺季，没有一架飞机上的空座可以完整地解决我们这个团队，所以可能会遇到团队拆分的情况，也许几个座位，也许十几个座位，现在我需要大家把可以拆分出来的不同组别人数统计给我，另外有十分急迫回国立即需要上班的游客也请先把名字和组别报给我，谁又是并不着急，甚至可以多待一晚的游客，也请把名字和组别告诉我，我会在那边的柜台跟他们协商调配航班的时候酌情考虑各位的实际情况。

最后，出现这种意外，我和旅行社都表示很遗憾，但这并不是我们能控制得了的。我们应该庆幸故障是在起飞前发现的，只要不是危及我们安全的问题其实都不是大问题，请大家放松心态，以一个乐观成熟的心态去面对这个暂时的困难，向外国人展示中国游客的高修养和处变不惊的心理素质。有关这次的损失，我已经和航空公司确定好了，大概是多少钱，并且事件号码都已经有了，一会儿发到群里，大家回国之后打这个电话，报一下事件号码，就会被告知用什么方式把钱给到您，如果您对这个数额不够满意，也可以在电话里提出明确要求，会有客服专员跟您接洽的。

好了，我现在可以统计大家的分组和您的个人时间预期了，请排队到我这里登记，然后我再发放餐券。

结构化思维的优点就是暂时摆脱对细节的关注和纠缠，跳出局限的范围，试图先从全局着眼，建立好完整的思考骨架，然后再把细节问题分门别类地放在合适的位置。

当你用如此清晰的逻辑和已经为游客想到的问题都准备好答案之时，所有的矛盾也就都解决了，大家按部就班地到你这里登记领餐券，20 分钟完全搞定。这时候你再电话联系旅行社，把你面临的状况、处理的方式，以及游客现在的情绪状态都完整做个汇报，相信旅行社的工作人员也会觉得你做导游的价值是跟别人不一样的。

当然，仅仅上面这些文字，只是介绍一下如何去提高逻辑思维能力，还远远不足以真正让你得到提高，建议在丰富不同领域的知识之余可以看看有关逻辑思维的专业书籍，有些困扰你的问题，答案也许就在书中。

另外，关于语言逻辑的提升，需要通过相当一段时间的写作训练才可以见到效果。写这本书前，我已经有好几年没有动笔写过长篇文章了。所以刚开始写的时候发现组织语言的逻辑能力有退化，很多句子表达前后矛盾，词汇量十分有限，有些地方用词也不够恰当，这时我就暂时停笔，先激活了微博和大众点评两个软件，每天都尝试着在上面写几段文字，这样操作了大半年，渐渐发现即使只是寥寥一两百字的小品文，最近的文字水平也要远远好于刚开始的时候，语言的逻辑能力、感染力、词汇量都有明显的提高。

关于故事的逻辑问题，我们就聊到这里，下面该说说故事的情感了。

故事质量的分水岭（二）情感问题

▶▶▶ 好故事一定要有情感

这里说的情感主要分三个方面，一个是故事中人物的情感，另一个是故事本身所体现出的情感诉求，还有一个是讲故事的你的语言情感。

之所以把情感问题放在比较靠后的位置来说，主要原因是可以打动人的丰富情感是需要恰当的人设、合理的故事结构，以及缜密的逻辑才能实现的。人的感情很复杂也很敏感，人设搭建得再好，故事没讲通，逻辑都不合理，听众也不会感同身受，从而被故事的情感所打动的。

对于故事中人物的描写，要想把他的情感丰富起来，最重要的还是要丰富人物的各方面细节。当你刻画一个人物的时候，可以列一个象限表，横轴代表人物本身的特点，比如他年纪 40 出头，事业有成，有车有房，老婆持家，孩子刚上学，生活还算美满。但他的发际线已经开始后移，头上甚至有一块儿稍微有点谢顶了，他正在偷偷摸摸地找医生看是否需要植发，但老婆以为他有外遇，所以已经在和他交谈的时候开始察言观色。他的工作虽然不错，但并非一帆风顺，升职有望，但老同事尚未决定退休，而新生代的小年轻正在迅速成长，再耽误两年职位很可能就被抢去了。焦躁的内心让他失去了原来平和的态度，说话的时候容易冲动、发怒，他很不喜欢自己目前的年龄，高不成低不就的。所以开始越发怀旧，怀念年轻时代的朝气，看自己十几年前的照片，听老歌，甚至时常一个人到曾经的母校门口徘徊。纵轴可以描述一下这个中年男人的社会关系，他的父母身体并不好，其中父亲年前住院，他在医院陪护着过的春节，现在还没有能出院的迹象，母亲总是抱怨自己照看不过来，一直催着他找个保姆。孩子现在需要接送，老婆又没有驾照，正在学习中，自己还需要每天早起送孩子上学，而放学又需要按时去接，这让他错过了很多有价值的饭局，也丢掉了不少私人生活时间。一直跟着他的女助理倒是十分善解人意，总是提醒他差点忘记的事，最近她又学会了打扮自己，每天都光彩照人，本来以为不可能发生什么，但这个女孩偏偏有很严重的恋父情结，在得知他的家庭困难时格外地关心起来，他也总感觉跟她说话的时候才是精神最放松的时候……

上面的一系列描述大致可以勾勒出一个事业有成但面临严重中年危机的男士的样子，有着类似生活经历的听众可能已经开始把故事人物与自己对比了，细节再这样丰富下去，故事中设计几个小的情节冲突，情感就会很自然地爆发出来。

还有就是人物的塑造切忌扁平化、脸谱化，为什么我们现在看一些老电影都感觉味同嚼蜡，就是因为人物脸谱化太过严重了，坏人登场一脸奸猾，从头到尾都没做过一件好事，好人出来大义凛然，浑身上下没有一丝缺点，这种人我们在生活中其实从来没遇到过，所以你很难能有情感投射到他们身上。

塑造人物有一个小技巧，即使再正面的人物，也要给他留下一些小缺点，比如亮剑里的李云龙，能打硬仗，又忠于国家忠于党，但总是私自行动，胆大包天，遇到上司又狡猾地讨好，试图减免自己的罪责，这样一个优点缺点都十分鲜明的人物，在故事里就完全立起来了。

现在的主流审美也是更喜欢那种有点儿坏坏的英雄人物，比如《复仇者联盟》里的钢铁侠斯塔克，尖酸刻薄，自以为是;《加勒比海盗》里的杰克船长疯疯癫癫，自私自利;《速度与激情》里的托莱多，飙车抢劫，无恶不作。但他们在面对大是大非的时候都能保持应有的英雄本色，所以你更能感受到他们如此选择时的矛盾内心和情感挣扎，如此才塑造一个有血有肉的人物形象。

故事的整体情感主要体现在故事中的人物冲突上，把人物丰富起来后，稍微加一些火星，情节上也来一点反复，情感就在故事节奏的左右摇摆中被均匀地释放出来了，结尾的时候自然可以打动听众。

还是举个小例子吧，比如我们先设计一个结局，一对男女最终分手是因为一个从不吃辣椒，一个嗜辣如命。

这个理由听起来也太不靠谱了吧，牵强成这样，我们怎么能在情感上接受呢？没关系，丰富细节后，再制造一些冲突和反复，这个结局在你看来也许就足够悲伤了。

故事中的男女主人公同龄，在北京一家旅游学校里是同年级校友，男孩学的是导游专业，女孩学的是旅游管理专业，两个人都不是北京人，男的来自山西的一个小城市，从小吃面条长大，最大的口味偏好就是酸，苦可以吃，但辣椒一点都不能接受，火锅都得吃不辣的；女的来自西南某省的乡村，那里气候湿冷，当地的饮食习惯就是顿顿离不开辣椒，所以即使光吃米饭也得配一勺辣椒酱。两个人在学校相识相恋，他们有共同的追求，就是留在北京，过上舒适的日子，都喜欢旅游，其他的爱好也相似，两个人唯一的不同点就是吃辣问题。这个好像只是个小插曲，大不了大家去餐厅吃饭各点一个菜，吃火锅的话点个鸳鸯锅就好了。

毕业后他们租房生活在了一起，男孩自然做了导游，而女孩则进了旅行社做了行政，两个人开始为了能在北京这个大都市里站住脚而努力地工作。男孩在工作走上正轨后拼命地多带团，每天都是半夜到家，睡一觉早上天不亮就爬起来前往酒店，而女孩也是经常加班，不过工作还算顺利，总经理很欣赏她的能力，把她调到办公室做了总经理助理，他们也偶尔在家做饭吃，还是老规矩，炒几个菜，一半辣的一半不辣的，相安无事，大家也都很享受这种奋斗的日子。

结果有一天男孩带团回来，发现一辆奔驰汽车停在了自家楼下，女友从奔驰车中出来，还满脸笑意地和车内的人挥手告别，这让男孩醋意大发，回去就责问女孩车里的人到底是谁。得知是总经理后，又掺杂了一些自卑情绪，口角之中无名火起，鬼使神差地打了女孩一巴掌，女孩猝不及防挨了一下瞬间眼泪横流，委屈到了极点。他意识到事态有些失控，赶紧低头认错，并自扇耳光为她出气，最终两个人把话说开，总经理跟别人吃饭，正好顺路把她捎回家，原来只是一场误会。

不过男孩总觉得没那么简单，他通过关系找到了在那个旅行社工作的同行，侧面了解了一下这个总经理，发现他年少多金不说，而且还是个单身，标准的钻石王老五。更可怕的是，这个王老五还和女友是同乡，两个人都嗜辣如命，每天午餐都在一起吃，看着别提多甜蜜了。男孩觉得更不放心，就在深夜解锁了女友手机密码，翻看她的微信记录，她和总经理的交流虽然没什么大问题，但热乎程度已经明显超出了普通朋友的范畴。他拿着手机严肃地责问女友为什么要用这种语气，而女友也愤怒了，问他凭什么翻看自己的手机，有没有尊重她的人格？就这样第二次剧烈的争吵开始了，男孩有点控制不住，出门找地方喝酒去了。

大半夜的他打了一圈电话，没有一个朋友能过来陪他，最后他犹豫了一下，还是拨通了一个女同事的手机，那个女同事一直暗恋他，他也知道，但他无可奈何，只能保持距离，今天也不想那么多了，把发生的事情一说，又告诉了对方地点。没想到这个女同事没多久就来了，还提议干脆去她家喝吧，反正他也无家可归了。“谁怕谁啊！”男孩给自己壮胆，到了她家，开始痛饮，男孩本来酒量就不大，加上心情压抑难受，没几杯就醉了，当然在这种暧昧的气氛下就发生了一些不该发生的事情。

第二天早上起来男孩立刻就后悔了，马上赶回家，跟女友解释清楚，希望求得对方的原谅，但女孩这一次哭了，比上次挨打哭得伤心多了，说这种错误在她看来是绝对不能原谅的，既然犯下了，就应该对自己的行为负责！

男孩不甘心，但她很决绝，当天就拿着自己的行李住进了楼下的酒店，过了几天找好了房子就搬出去了。男孩几次试图挽回都没有成功，而女孩这边慢慢地也开始跟他们旅行社的总经理形影不离了，虽然没有宣布在一起，但两人站在一起的感觉也明显和原来不一样了。

男孩决定再做最后一次努力。他把女孩又约到了他们原来读书的学校，两个人校园里看着那些曾经发生一个个爱情故事的熟悉场景，回忆着曾经在一起的每一个时刻，第一次牵手，第一次拥抱，第一次接吻……两个人说着说着相拥而泣，感慨岁月蹉跎了人心，生存的压力和生活的琐碎把他们当年的雄心壮志逐渐磨平，美好时光已不堪回首。女孩最后还是决定回那个熟悉的地方，再给他做一顿饭。

饭菜很快做好摆在桌上，两碗米饭中间摆了六个菜，三个辣菜，三个不辣的，除了丰盛一些，都和原来的规矩一样。两个人各自夹着自己偏好的菜，就这么默默地吃着。

女孩放下筷子忽然笑了，说从吃饭的分歧似乎就可以看出，我们根本就不应该在一起，饮食其实并不是大事，但相处这么长时间，我们从来都没想过为了吃饭和谐一点儿而迁就对方一步，你尝试去吃点辣的，或者我多做几个清淡小菜，也许我们的潜意识就像桌上这两根筷子一样吧，注定是两条不相交的平行线。

女孩说完也没有吃下去的意愿了，穿上衣服很干脆地就走了。临出门时又回头说了一句，“你那个女同事，我早就知道，她并不是随便的人，而且一直都很喜欢你，好好待她吧……”

“砰”的一声，门被重重地关上，只剩下男孩出神地望着桌上的那六个菜，三盘辣的，三盘不辣的。

细节描述到位了，几次冲突，动手打人、翻看手机、醉酒误事，还有回学校的一次反复，最终留下一个相对无言的结局，大家看完后是否也会有点淡淡的忧伤呢？当然，真要把这个故事写好，还需要更多的饱满的人物插入进来，细节和冲突事件进一步增加，对话的文字更精雕细琢一些，可能就更有感染力了。

最后，讲故事的语言情感是需要通过一定的训练得来的，故事发生在自己身上还是别人那里，故事的主旋律是欢快的还是悲伤的，什么样的语境适用于什么样的语言情感，对着录音机一遍一遍练吧。

但无论讲什么都一定要有情感，有心学习的朋友可以听听高晓松的音频，《晓说》我几乎期期不落，还有收费的《矮大紧指北》和《晓年鉴》，除了一些访谈类的节目外，很多集都是他一个人在讲述，讲述历史、讲述旅行、讲述人物、讲述诗词歌赋，其实很多都是以讲故事的方式展开的，他应邀去一个地方参观，遇到了谁，这是人物：有过什么交流，甚至发生过什么口角，这是冲突；最后会说到国家的观感和思考，这是收尾。特别推荐他那两个收费音频，更多的是在讲他自己的故事，自己的生活工作，自己的朋友圈，还有自己的童年，仔细咀嚼，有些故事其实并没有什么太多的情节和冲突，生活嘛，不经过艺术加工的话，可能会有些琐碎和平庸，但即便这样他都能讲得绘声绘色，我也听得很带劲。

在写这段内容的时候我才想到，之所以会有这种效果，是因为他讲的每一段故事都是情感饱满的，从言谈中，从语气里，你都能听出他对故事本身的态度和看法。他在歌词创作方面很有天赋，这个跟古代作诗填词有点类似，都需要更加感性，才能感知世界的能量和他人的状态，我听他讲过很多次听到一个什么歌瞬间就热泪盈眶，我相信这是真的，感性的人很容易被人或事物感动。

所以想要把故事讲好，除了理性的逻辑思维外，还要有充满诗意的感性的情怀。

故事质量的分水岭（三）盲区问题

每个人身上都有各种各样的故事素材，但我想先提几个禁忌，别逮着好故事就往自己身上套，听着别人讲的故事不错拿来就用，这都不太好。好的故事都有各种局限性，或者你可以说是故事的盲区，没有什么故事是万能的。

第一，不要自视过高，不要低估你的听众

讲故事是希望用故事去影响他人，让听众向着你认为“好”的一面发展，那么，对所有人保持尊重是先决条件。我们面对众多听故事的人，讲完故事最理想的状态是，故事给了他们启发，给了他们新的思路，让他们接下来行事有更好的想法和规划，而不应该是迷茫地面对你，问道：“我们接下来该怎么做？”警惕自己给自己营造出来的虚幻的优越感，有点结论点到即止，给出足够的空间让听众自己去判断，开动大脑去进一步想象，而不是依赖你的指导。

在讲述一个故事时，毫无疑问你是主导整个交流场面的人，但讲完故事后，还要尽量把场面的主导权交出来，大家一起讨论才会引发更为热烈的气氛。

我在之前的书《带团就是战斗》里曾经总结过导游气质的四种分类，其中有一种叫“压迫型导游”，这类人比较习惯使用祈使句和否定句，带团过程中倒是无所谓，按照自己性格去做去说就好，但讲故事时还是尽量避免这两种句型。

第二，不要危言耸听，不要吓唬你的听众

讲故事不是为了取得什么交流的胜利，而是为了更好地消除交流中可能存在的分歧和异议。恐惧和羞耻感或许短时间内可以使人采取行动，但时间一长效果会剧烈衰减，到最后时甚至会起反作用。

比如，有些旅游地区的旅游纪念品可能涉及了一些带有宗教意义的小饰品，佛像吊坠或者平安牌之类的东西，导游讲个故事去铺垫未尝不可。但这些故事应该是更为积极和正能量的，比如之前的某位游客在本命年买了这些饰品，之后平安度过那一年，而且遇到什么困难都顺利解决，他认为特别灵之类的。而不能说某位游客本来要买，结果没买，后面如何如何倒霉，差点出人命之类。这种恐吓型的讲法，其实很容易招来一些游客的反感，同时也是很多针对导游的投诉的根源。

第三，不要过于平淡，不要让听众觉得无趣

讲故事最大的失败莫过于听众们听着听着都走神儿了，你这儿正说得兴高采烈，但其实可能内容平淡，或者主题并不吸引人，本来还在专心听你故事的人注意力却逐渐转移了。我之前就有过类似的经历，我正说得高兴，对面的两位听众开始互相聊上对方的首饰了。这时候讲故事的人需要的是自我反省，而不是指责对方。走神儿是一种下意识的反应，听众在开始时自己都不一定能够察觉，所以并不是人家不尊重你，而是你的内容太过无趣了。

都说细节决定成败，讲故事也是同理，需要运用感官上的刺激全面激活听众的大脑。比如，我们在挪威地区介绍鱼油海豹油如何清理血液垃圾，列出一大堆的专业词汇，游客听了只会昏昏欲睡，完全没有兴趣。但如果你说，挪威人天天都吃奶酪和大鱼大肉，很多人也不怎么运动，但平均的身高体重都远远超过我们，按理说他们的心脏负荷一定高了很多，可他们心脑血管疾病的发病率却比我们中国低好多。这究竟是为什么呢？这样一句话，自然勾起了听众的兴趣。

还有一种方法，审时度势，及时调整自己的内容和方向。当你发现听众们有点心不在焉时，可以适时地问一下听众“是不是觉得无聊了？”或许他们会礼貌地说：“没有，我们没有觉得无聊。”这时候你可以拿回主导权，开个玩笑，刚才只是热身运动，其实，我下面的故事才开始进入正题……这样的及时改变，就有可能拉回听众的注意力。

第四，不要刻意编造，不要试图用故事去欺骗听众

这其实是最重要的一点。你讲的任何一个故事，都应该是真实的，至少应该建立在真实发生的基础上，就像我们看电影似的，演员阵容、特效、服装等都很重要，但最最重要的，是要有个好剧本。最近几年虽然国产电影资金充裕，但有多少是因为故事说不通，就扑街了的？有些片子成本低，但剧本好，最终票房口碑双丰收，比如 2017 年大卖的两部外国电影《摔跤吧！爸爸》和《寻梦环游记》……

当然，我也不是一个好的故事创作者，要是真在这方面有特长，我就去影视圈发展，那个领域目前太需要过硬的人才了。所以我一般是只讲自己或者自己身边的故事，把这些故事记录下来，按照上面提到的一些基础技术进行加工润色，添加一些细节，然后把人设合理地放在本来就很通顺的故事里，他就成了你故事库里的武器，在合适的时间会起到合适的效果。

后面会跟大家聊聊如何去搜集有意思的好故事。

故事质量的分水岭（四）广告植入

▶▶▶ 好的广告也是故事

高晓松写过的著名歌曲《生活不止眼前的苟且》，里面最经典的那句“生活不止眼前的苟且，还有诗和远方的田野……”没错，平凡的生活同样不可能只有诗和远方，苟且才是最重要的组成部分。我们这部分内容其实讲的也都是苟且，这也是我们生活里必须要面对的。

在国际电影市场里，纯粹贩卖故事的，可能只有文艺片了。只要是商业电影，就很难摆脱电影里的广告植入。不过好的广告植入不但不会给电影减分，还会成为推进故事剧情发展的重要因素。

好的植入广告绝不应该是摆在餐桌正对镜头的酒瓶，或者春晚小品里演员手里提着的有明显商标的礼品袋，好的植入广告本身也应该是好的故事。

以 007 系列电影为例，里面植入的广告多如牛毛，阿斯顿马丁的跑车、马提尼酒、Buoni 西装……每一件产品出现在电影里不但不显得突兀，而且都符合主人公的气质和剧情需要。尤其是邦德手上戴的欧米茄腕表更是夺人眼球，成了很多人未来的购买目标。

007 系列电影里有一部《皇家赌场》，也是丹尼尔·克雷格担任主人公的第一部电影，导演为欧米茄的广告植入专门设计了一个非常巧妙的情节。在一列飞驰在欧洲大地的高速列车上，西服革履的邦德坐在豪华餐车的座位等待与他接头的财政部官员。他后面的任务是由财政部拨款给他与反派进行一场针锋相对的赌博，在赢光对方的所有钱之后，他的债主将逼得他无路可逃，最终选择跟英国情报部门合作。这个任务多少显得有点荒谬，它源于一切的目标都建立在邦德可以赢光对方所有钱的基础上，这让财政部派过来的美丽女郎维斯普多少产生了一些不屑，他们第一次见面就这样针锋相对。

维斯普:“你的老板一定很有关系，我从未见过这么多的钱如此之迅速地拨下来。”

邦德:“或者说，是如此之时髦地拨下来。我能问你钱在哪里吗？”

维斯普:“一千万汇入你蒙特内哥罗的账户，等我确认投资够深后，会再汇入五百万。我想你已经很清楚，如果你输了，政府就等于直接资助了恐怖分子。”

双方对望一秒钟，开始用餐，结束后继续之前的言语交锋。

维斯普:“你觉得大牌是靠概率获胜还是靠诈牌？就是你们所谓的虚张声势？”

邦德:“看来你也听过这个术语，你得会读懂对方的想法。”

维斯普:“你很会察言观色吗？”

邦德:“是的，这也是我为什么会听得出你话中带刺。”

维斯普:“看来我们的钱是给对人了。”

邦德:“你不认为是个好计划，是吧？”

维斯普:“这么说是真有个计划？在我印象中，这就是拿着这么多钱和几百条人命去做一个碰运气的冒险游戏。还有什么其他的吗？邦德先生。”

邦德:“关于你吗？你的美貌就是个问题。你担心别人不会认真看待你，所以弥补得过度了，通过穿上中性化的服装，比其他同事都更有干劲，但反而在工作环境中显得格格不入。很多人会认为你是独生女，但根据我的推断，你应该是个孤儿。”

维斯普：“好吧，但根据你的西装革履来看，你上过牛津之类的大学，但实际上以为是个类似的人就应该穿成这样。看你脸上如此轻慢不屑的态度，我猜你并非出身富裕家庭，你学校的朋友也没有让你忘记这一点，所以你天性好斗。正如你猜我的第一感觉是孤儿，我猜你才是孤儿！”

邦德沉默，两人对视两秒。

维斯普：“看来我说对了，我还挺擅长这种游戏的。情报局一般找的都是心理失调的男性，为了保护女王和国家，他们不在乎牺牲别人的生命。你的脸上带有特种兵一样的微笑，手腕上还戴着高级手表，是劳力士吗？”

邦德：“欧米茄！”（插入广告终于来了）

维斯普：“哦，真漂亮……我们刚刚认识，我不能叫你冷血混蛋，不过也不难想象，女人在你眼里就是可以玩过就扔的玩偶，而不是有意义的追求对象。所以我的眼睛只会盯着政府给你的钱，而不是你那性感的屁股。”

邦德：“哦，你看到了？”

维斯普：“会计又不是没有想象力。晚餐的羊肉怎么样？”

邦德：“被戳烂了，非常难吃。”

维斯普：“那好吧，晚安，邦德先生！”

邦德：“晚安，林德小姐。”

整个这段对话持续了几分钟，符合电影对这两个人见面时的气氛需要，而在对话交锋里巧妙地插入了欧米茄腕表的广告，显得一点都不唐突，可以说是植入广告的经典之作。

我们也可以尝试使用类似的方法，比如自己身上佩戴一个本地的特产首饰，在你讲述个人生活故事的时候，讲到当你买了这件首饰后，跟你非常搭配，让你自信心提升，也使整个生活都出现了积极的变化。然后你再拿出你的首饰详细介绍它的美感和价值，这种插入稍微有点僵硬，需要你具备强大的自信心，而产品本身的质量也要足够过硬。

还有更好的方法，就把广告完全地植入到故事中，比如在讲 1919 年巴黎和会的时候，突出描述一下各国代表走进凡尔赛宫时所表现出的惊讶与震撼，切入一段详细描述宫殿的辉煌与精致的情节，比如知名的杰作，美轮美奂的壁画和穹顶画，晚间亮如白昼的中央镜厅等，在完全不损伤故事情节推进的情况下，完整地植入了自费项目的广告，让游客也对这个地方产生了浓厚的兴趣，为后面推荐该景点起到了非常好的铺垫作用。

▶▶▶ 广告不光是产品

个人认为，推销产品只是故事的植入广告中比较细枝末流的目的。作为导游，想要在未来的职业领域里有所成就，还需要一个强有力的个人IP，所以你自己才应该是最大的品牌，在你的故事之中把自己的优点和长处植入，把自己推销出去才是最好的广告。

还是打个比方吧，比如你和一个陌生姑娘第一次约会，两人都在试探对方，很难瞬间聊得火热，网络上有个热词叫“尬聊”，即使你家境富裕，品位高雅，又受过很好的教育，是一个女孩理想中的交往对象，但如果你交流水平差，这场约会很可能就在“是吗”“呵呵”等毫无营养的对话中无疾而终了。

当然你也不能直接就说我有车有房，工资多少，这样直来直去的对话，比较适合八九十年代的相亲，虽然坦诚但显得太过于直白，无助于你美好形象的展现。相亲节目《非诚勿扰》里面也没见过女孩如此直白地询问男方财富的，她们通常喜欢询问对方有什么爱好之类，如果你的答案是睡觉、上网、看电视，那不用说了，肯定是屌丝；如果你的答案是潜水、赛马、高尔夫这种听起来就需要花很多钱很多时间的爱好，那么女孩一定会脑补出你高大上的一面。

所以你需要的也是故事，利用故事解决尴尬的局面，引起对方对你交流内容的兴趣，把她拉入你设计的情境，跟着你的思维节奏前行，在里面适度地插入个人广告来包装自己、推销自己，让她感受到你最优秀的一面，那么这个带有植入广告的故事就成功了。

双方见面，先是简单的寒暄客气，然后坐下来吃饭，开始进入聊天正题。你可以先把准备好的故事放一放，利用一两句简单的交流来带动这个节奏。

比如你可以问女孩：“你喜欢什么花？”

女孩可能会回答："玫瑰花。"

你追问一句："为什么呢？能说说原因吗？"

女孩说："女孩都应该喜欢玫瑰花啊……"

这句话其实就已经不太好接了，眼看就要进入尬聊的局面，不过问题是你提的，故事你应该已经准备好了。

你很礼貌地笑一笑："那倒是，玫瑰象征爱情嘛。不过这并不是我最喜欢的，你知道我喜欢什么花吗？"

女孩会顺着你的思路问道："你喜欢什么花？"

你回答："我喜欢薰衣草，你知道为什么吗？"

薰衣草在国内并不算很特别的花，所以女孩会有些好奇，追问你原因。

"说来那可是一个很长的故事了，"你可以进入故事主题了，"有一年我去法国巴黎拜访朋友，顺便做一个私人旅行，塞纳河上美妙的夜色和铁塔的闪灯让我深切地感受到了这座城市的浪漫气息，白天看看博物馆和美术馆，晚上走到左岸的咖啡馆喝一杯，那样的生活简直别提多自在了。"

"不知不觉我在巴黎已经待了一周，眼看就要踏上返回国内的飞机了，时值6月，朋友说其实如果你还有时间的话，应该去法国南部的普罗旺斯看一看，现在正好是薰衣草的花期，运气好的话你可以看到大片大片的薰衣草田。听了这个消息，我一冲动就把机票退了，自己一个人坐着火车到了法南的阿维尼翁，途中我通过参考网上的游记和各种旅游信息，选出了我最期待的薰衣草田目的地，然后规划好看花的旅行日程，到达后在车站租了辆汽车，前往最著名的薰衣草之乡索村。路程不近，天色暗下来时我就在半路随便找了个小旅馆住了下来，虽说不是什么星级连锁店，但这家小旅馆却充满设计感，乡间的小院子里种满了各种鲜花，房间布置得温馨浪漫，还有一些很有品位的小装饰，睡觉之前喝上一杯酒店老板赠送的普罗旺斯红酒，在浅醉微醺的状态下看着满天星斗，这种感觉让我至今都印象深刻。"

"第二天我继续开车，没多久就来到了深山里的索村，和其他的薰衣草田相比，因为这里需要翻山越岭，所以游客要比桑南克修道院和瓦朗索勒少得多，而花田却要更大，当我驾车翻过最后一道山梁时，漫山遍野的深紫色刹那间就冲进了视野，我的心脏差点停跳。那一垄垄的薰衣草蜿蜒曲折不见终点，田野上不见任何游人，只有零星的花农在跟你亲切地打着招呼。棕色的土地，绿色的叶子，紫色的薰衣草和蓝天白云就这样静静地摆在你的面前，让你感觉仿佛走进了一幅油画世界。当时我就暗下决心，如此美好的景色，浪漫的味道，等我有了女朋友我一定也要带她来感受一下。我还记得十几年前台湾有部热播的电视剧就叫《薰衣草》，里面有一句台词让我至今印象深刻，‘每当风起的时候，薰衣草的味道总会飘近我身边，让我知道，你从来没有离开过我。’”

一个简单的小故事，有人物有情节，同时用广告植入的形式把自己的美好一面潜移默化地传递给了对方。比如你对美好真挚的爱情的向往，你的浪漫情怀，还有你是一个可以说走就走的爽快人，并且能够一个人在国内妥善地规划好自己的行程，会开车，而且讲故事时的那种轻松情绪让对方认为这次旅行的支出对你来讲也不值一提。

只要你的故事足够绘声绘色，具有感染力，就很容易摆脱尴尬的聊天局面，女孩都是感性动物，被你带到了一个浪漫的情境里，下面你们就可以继续聊一些关于旅行、艺术和星座等更加深入的话题了。

如果这时候你拿出了一个跟薰衣草有关的小礼物，比如欧舒丹的薰衣草护手霜或者花宫娜的薰衣草精油送给对方，也许你的诚意和细心将会直击姑娘的内心，成就一段美好缘分。

再说一个带团的例子，欧洲的旅游永远伴随着长距离的车程，三四个小时是经常的事儿，全程都讲历史讲人文，游客肯定会觉得乏味，所以我有时候就会讲一点儿自己去旅行的故事。

我本来就是旅游爱好者，每当带团的间歇或者旅游淡季，我总是会和家人或者朋友策划一个有意思的国际旅行方案，不论是背包游、自驾游还是邮轮旅行、海岛度假都玩过很多次，所以我的旅行故事是完全真实的。

一般我会描述一个跟我当时带的旅游团完全不一样的行程，也许是欧洲地区，也许是其他的地方，我如何来策划，当地有什么美食，有什么好吃的，旅游经费应该如何分配，买了什么东西，什么交通方式是最合理的，在路上遇到了什么困难，又遇到了什么人，发生了什么故事。

每次讲这种故事的时候我都发现，游客听得特别认真，旅游本来就是一段故事，当你卸下导游的外衣，变成了与游客同样的身份时，你们的心理距离也就拉近了好多，再加上你策划旅行时的各种权衡，面对挑战时的无助和彷徨，买到称心东西时的兴奋和喜悦，都可以让他们感同身受。

这里面还有一个重要的广告植入，就是你自己，在这个故事里，游客能够真实地感知到你是一个真正热爱旅游的人，而不仅仅只是把带团当做挣钱的工具。热爱自己工作的人才会更加用心，而并不仅仅以利润最大化为目的，这样的人总是魅力十足。同时，也正因为他的专业性，以及对旅游行业的了解和领悟，他信心饱满地推荐出来的景点和特产，才能使人信服，让人愿意接受。

相信这种自我营销的方式，很多导游同行在工作和生活中已经大量地使用过，你不做自己的推销，对方就可能感知不到你身上众多的优点，游客也无法对你达成更为深度的信任，没有主体人物的故事也只能算是简单叙述，内容流于平淡、不够有趣。

在故事中植入广告有很多优点，经常会收到意想不到的良好效果。但要特别注意的是，你需要把握一个植入的度，广告的长度不能一闪而过，让人毫无印象，也不能太过冗长，使听众反感。在内容上更要切合实际，适度的夸张可以，太过离谱的自我广告植入太多就会成了说大话或自我吹嘘，比如作为导游，你确切的工龄是 8 年，可以描述成从业近十年，但不能说成十多年；可以把你百度百科里查到的信息说成你查阅资料、翻看书籍得来的，但你不能说是你自己在大学带领一个课题小组研究出来的；你曾经带团的游客出现过某个领导干部，但你不能描述成带过世界各国的政要首脑……你植入的广告不能哗众取宠，一旦信息量超过了事件本身，事情也就本末倒置了。

是金子就一定会发光，但金子是不会每天叫卖自己有多值钱的。真正的情场高手从不会宣扬自己谈过多少女朋友，真正的剑客手中往往没有锋利的宝剑，真正的好导游，只是通过故事包装一下自己，但游客会通过你工作时展现出来的状态和能力来印证你的说法，如果让别人感觉到了你在竭力表现自己博得她的好感，别人自然会一开始就对你嗤之以鼻。

还需要注意的一点就是，注意故事里植入广告时机的合理性。你的广告一定要和你的故事气氛是一致的，它的出现并不显得唐突和碍眼。比如，你在描述自己背包旅行时，一路省吃俭用，甚至在火车站飞机场对付过几个晚上，结果利用省下来的钱给自己买了只金表；你在描述你家颇具西方设计风格的家居环境，包豪斯式的座椅，云智能的家用电器，欧洲宫廷式的枝形吊灯，还有新艺术运动风格的铁艺门窗，以及古董店里淘来的荷兰代尔夫特青花瓷，最后说写字台上还摆着一只玉貔貅……

所以讲故事的你不要忘了，推销自己要把握好分寸。

故事质量的分水岭（五）技术细节

除了讲故事需要避免的一些问题外，我们最后再聊聊具体技术环节。赛车再好，想在比赛中夺取名次也需要驾驶员具备过硬的技术。再完美的故事，也需要你把它娓娓道来，才能感染听众，达到讲述的目的。如果你磕磕巴巴，或者语气平淡无味，也同样会导致听故事的人丧失兴趣。

所以在如何讲好一个故事的技术上，也给大家提几条建议。

第一，掌握语言的魅力。

我当年在学习初级导游课程的时候，有一位导游前辈老师就曾经指出过，一段好的导游词是否具有打动人心的力量，其实内容所占比重很小，更多的在于导游的语言表达能力。

通顺的表达。这一条作为本书作者的我感到很惭愧，现在朗读一篇文章仍然不能做到很通顺。我在讲解时倒是比朗读文章要好很多，但只要思路稍微有点走神，立刻会磕磕巴巴。重复，或者长时间停顿。而且我几乎继承了北京人口语上的所有问题，吞音连音，各种不必要的话作料，这些其实都会给讲解减分。我曾经听过一些在国家级导游大赛获得名次的优秀导游同行们的讲解，如行云流水，一气呵成，讲起故事来，也会更加引人入胜。

合适的语速。通常公开的讲座或者演讲的语速基本是每分钟 150~200 字，这是一个大家都比较习惯的思维跟进速度。导游说话通常会比这个快，同行们的平均语速每分钟都超过了 200 字。但要讲好故事的话，就需要把语速降下来，毕竟游客只有跟上你的思路才会和你产生共鸣。再有就是不同的故事设定也需要不同的语速，描述我们本来生活的故事，大家都司空见惯，习以为常，可以把语速加快一些，尤其是可以飞速略过那些相对无趣的内容；遇到历史类、专业类的故事，由于和听众自身的工作生活可能会产生比较大的距离感，这时候就要把语速放得更慢一些，并且增加停顿次数，给听众一个充足的时间去整理思路，这样他们才能跟上你的故事进度。

美妙的用词。词汇和句子都是分辨一个人修养和文化程度的重要标志。导游讲解也好，讲故事也好，你的词语和句子都平淡得像白开水，缺乏包袱笑料、成语或者金句这种可以彰显个人品位的东西，也会让人感觉很乏味。这个问题很难马上解决，是个积累的过程，建议大家可以准备个笔记本，看到有好的词语、段子、金句、名人名言和诗歌就及时抄录下来。现在已经是电子时代了，很多人随身都不会带纸笔，不过没关系，现在手机里有各种软件，比如印象笔记、有道云笔记和锤子便签之类的 APP，简单实用，拿起手机每天记录一点，一年之后你再看看自己的遣词造句水平，一定大有进步。

第二，充分运用表情、眼神和肢体语言。

讲解和讲述故事都不仅仅是嘴上的工作，要让自己的讲话具备感染力，还需要把表情和眼神训练到位，它们是你心灵的窗口，也是你与听众沟通的桥梁。不能说你正在讲一个感人的故事，而脸上恰恰露出了那种无动于衷的冷漠；你在讲一个忧伤的故事，结果嘴角不自觉地微微上扬；你正讲一个恐怖的故事，但眼神平和，神态轻松……这些都是巨大的失败，如何控制好自己的表情，这也需要相应的练习，对着镜子每天给自己讲一个故事，看看脸上的表情和眼神在讲述的过程有没有什么问题。如果总是控制不好的话，建议你去看看斯坦尼斯拉夫斯基写的《演员的自我修养》，在那里应该能找到答案。

第三，具备充分的自信心。

上面提到过，你讲的故事一定要是真实的，这样你就会对你讲的内容有充足的自信心。如果你的故事是自己编的，而且过于生搬硬套，牵强附会，或者带有太过急功近利的目的，你讲述的时候必然会患得患失，瞻前顾后，忧心忡忡，这种状态也很容易会被你的听众感知到，那样的话你的可信度就会直线下降。大家可以看一些电视辩论类的节目，比如《奇葩说》，里面很多的优胜者身上都有一个共性，就是具备强烈的自信心，不管观众是否对他们已经有所了解，还是一无所知，他们上来都可以通过自己的语气和动作传达出超强的自信心，瞬间征服观众。我们有时候把这种感觉形容为“气场”，这个词有点像古董里常说的“包浆”，经历了岁月，自然而然地就体现出来了。但我认为，这种所谓的“气场”，里面有很大一部分的能量来自自信心，很多老导游也是自带气场，在机场开说明会的时候没用太多的话就征服了游客，把一个团队完整地捏合到了一起，说白了，这就是有足够的自信，对目的地足够熟悉，游客也见得多，不怯场，敢于表达自己的主见和态度。

第四，调动听众的其他感官。

好的故事不仅仅是要影响听众的听觉神经，还要把听众的注意力集中起来，进而影响他们的思维和情绪。除了让听众能够明确地听到以外，还要让他们看到、摸到、闻到、尝到故事。比如，讲到了瑞士的奶酪火锅，“这种瑞士特有的美食，非常讲究，先用蒜片擦拭火锅内壁，把来自埃蒙塔尔的奶酪切成碎屑，打开火去加热，然后一点一点地倒入来自拉沃产区的沙斯拉白葡萄酒，让酒与奶酪逐渐融合变得浓香扑鼻，最后再加一点点樱桃酒，奶酪火锅就做出来了，当地人最喜欢拿全麦面包作为美食载体，用叉子叉起面包，放入奶酪火锅中滚动，让浓稠的汁液完全包裹住面包，拿起来稍微冷却一下，放入口中，嗯，松软的面包夹杂着蒜香、奶酪、白葡萄酒和樱桃酒的味道，一刹那让你舌头上的味蕾跳动起来，原来奶酪还可以这样吃。”虽然听众未必真的吃过奶酪火锅，但大蒜、奶酪和白葡萄酒的味道肯定都有印象，你这样一讲，勾起了他们的味觉、视觉和嗅觉记忆，甚至让一些人产生了生理反应，听得满口生津直咽唾沫，就好像刚刚才吃过一样。

第五，互动最重要。

我们讲故事时通常是在车里，大巴行进在高速公路上，车内空间封闭，麦克风和音响把我们的声音传到游客的耳中。但这毕竟不是演讲会场，没有聚光灯照着，而且窗外的风景还时常变换，游客们各种心态都有，未必是抱着学习和交流的目的来的，所以你的场景气氛并不足以让所有游客的注意力完全集中，总是会有一些走神的人。所以我们要更多地运用好互动这个武器，在讲到某个时刻时，抛出一个非常简单的问题，比如说我们到了法国，当我正讲法国的故事时，我会突然提个问题，“说到了巴黎，大家首先想到的是什么建筑呀？”下面大部分人一定会说“埃菲尔铁塔”！我说，“没错，埃菲尔铁塔就是巴黎最具知名度的符号，但我要讲的故事的时代稍微有点久远，那时候埃菲尔铁塔还不存在呢。”只要游客跟着回答了一下你的问题，那么他的思路就会被带到你的情境中，即使有些人走神了，还没来得及回答，但由于他旁边的人张嘴回应了，也会影响到他，把他的注意力拉回到你这里。另外，通过互动来重复一些你需要的印象也很重要，我就遇到过一个一日游的导游，每次上车来他拿话筒第一句话问的都是“大家刚才开不开心啊？”大家一般都会礼貌性地顺着他的话茬喊一句开心。他一天下来问了不下五六次这个问题，游客从客气的回复，到机械性地重复，到最后很多人脑子就留下了一个很深刻的印象，就是那一天玩得很开心。

第六，打造属于你的个人风格。

这是最后一步，导游讲解和讲故事从技术上来说，跟说相声很类似，你学习别人的优点，取长补短，但不能照搬。我见过一位相声演员模仿马三立的相声惟妙惟肖，从语气到神态，声情并茂，但观众看完就是不乐。想让观众喜欢，每个相声演员都得磨炼出自己的台风来，德云社最近有不少年轻演员火了起来，无论是早期的岳云鹏、烧饼，还是后来的张云雷、孟鹤堂、张鹤伦，他们没有一个在风格上和郭德纲相似的，都是各有各的特色。导游也一样，知识和技术可以学，但风格是学不来的。这个需要你自己在工作中揣摩、实践、训练，可以参考单田芳、赵本山、高晓松、张召忠、周立波、梁宏达、袁腾飞等人的风格，不管南腔北调，吐字是否清晰，语言是否连贯，内容是否合理，他们都有大量观众买账支持，市场是唯一的检验标准。当有一天你讲个故事，无论你的问题有多大，但听众都被你感染和折服，那就说明你的个人风格已经树立起来了。这时候可以恭喜你了，你作为导游本身已经可以是个 IP 了。

他山之石——学习与搜集（一）三分钟小故事

前面说了不少讲故事的原理和技术问题，如果你天赋极高，看这些可能一点就透，人设搭建得有肉有血，创作出的情节精彩纷呈，设计的线索草蛇灰线，伏脉于千里之外。但就像之前提到过的，我们小时候没有经历过系统的逻辑学的学习，导致我们在做事的时候缺乏逻辑，而创作故事的时候更是如此，文艺圈都是这样，更别提导游圈了。

他山之石，可以攻玉。我们没必要闭门造车，平地建起空中楼阁。现成的故事那么多，你自己身上发生的，你周围亲戚朋友间出现的，无论用笔还是用手机，把它们记录下来，有时间了再归纳整理，艺术加工再创作，站在大家的肩膀上看风景，总是比自己造梯子要简单得多。

还有，你要尽量创造一些催生故事的条件，比如游客在某个城市都解散拍照去了，原来的你可能就找个咖啡厅，舒适地坐下玩手机了。想找到好故事的话，现在的你就得管住嘴、迈开腿，去之前从来没去过的博物馆、美术馆看看，参观一下许久未进去过的教堂，找当地人交谈，或者体验一些未知的餐厅或商店；长途行车的时候也别低头玩手机或者闭目养神了，多跟司机聊聊天，聊聊他的生活，聊聊他的家庭，收集故事，增进感情，同时也能增加行车的安全系数；有机会的话多去拜访一下当地的朋友，能有机会去到人家里最好，这些过程都是最新鲜出炉的好故事，亲身经历，原汁原味；导游同行们坐在一起，也别光炫耀和抱怨，别光探讨如何增加收入，多聊聊各自的工作生活，带团或旅游时发生过什么比较特别的事情，大家互相取取经，很多好故事就是这样聊出来的。

再有，现在这个时代，各种网站、公众号、长微博，还有电视剧、电影、小说、戏剧等艺术形式都在生产着不同类型的故事，那些故事或许距离我们的需求比较远，但不妨碍你去深度剖析一下好故事的结构，看看人家是如何讲好一个故事的。

下面我分别列举一些例子，跟大家一起分享一些还不错的好故事。

很多时候，导游未必有时间和机会去长篇大论地讲一个格局宏大的故事，游客来到这个地方也是想了解一下实际信息的，加上我们讲解经常会有一些不确定性存在，停顿中断在所难免，所以格局小，时间短，比较精练的三分钟小故事是非常好的，我这里收集了一些，跟大家分享一下。这些小故事其实很多，网上很容易找到，只要你有心就会发现，别偷懒，把它们都记录下来吧。

秀才

有位秀才第三次进京赶考，住在一家经常住的店里。考试前两天他做了三个梦，第一个梦是梦到自己在墙上种白菜，第二个梦是下雨天，他戴了斗笠还打伞，第三个梦是梦到跟心爱的表妹脱光了衣服躺在一起，但是背靠背。这三个梦似乎有些深意，秀才第二天就赶紧去找算命先生解梦。算命先生一听，连拍大腿说："你还是回家吧。你想想，高墙上种菜不是白费劲吗？戴斗笠打雨伞不是多此一举吗？跟表妹都脱光了躺在一张床上了，却背靠背，不是没戏吗？"

秀才一听，心灰意冷，回店收拾包袱准备回家。店老板非常奇怪，问："不是明天才考试吗，今天你怎么就回乡了？"秀才如此这般说了一番，店老板乐了："哟，我也会解梦的。我倒觉得，你这次一定要留下来。你想想，墙上种菜不是高种吗？戴斗笠打伞不是说明你这次有备无患吗？跟你表妹脱光了背靠背躺在床上，不是说明你翻身的时候就要到了吗？"

秀才一听，觉得更有道理，于是精神振奋地参加考试，居然中了个探花。

宙斯点评

思考问题都是从不同角度出发的，最简单也是有正反两个方向，即黑与白，里与外，正义与邪恶，积极与消极。乐观积极的人，就像太阳，照到哪里哪里亮，消极的人，像月亮，初一十五不一样。思考角度决定我们的生活，面对出现的问题，觉得它是困难还是挑战，是危险还是机遇，有什么样的想法，就有什么样的未来。

对着大山喊话的孩子

有一个孩子跑到山上，无意间对着山谷喊了一声："喂……"声音刚落，从四面八方传来了阵阵"喂……"的回声。大山答应了。孩子很惊讶，又喊了一声："你是谁？"大山也回音："你是谁？"孩子喊："为什么不告诉我？"大山也说："为什么不告诉我？"

孩子忍不住生气了，喊道："我恨你。"他哪里知道这一喊不得了，整个世界传来的声音都是："我恨你，我恨你……"

孩子哭着跑回家，告诉了妈妈，妈妈对孩子说："孩子，你回去对着大山喊'我爱你'，试试看结果会怎样，好吗？"

孩子又跑到山上。果然这次孩子被包围在"我——爱——你，我——爱——你……"的回声中。

孩子笑了，群山笑了。

男孩不解地、迷惑地摇摇头。

宙斯点评

在这个人际关系复杂的社会里，别人的态度有时候和大山很相似，从你嘴里吐出什么情绪和语言，对方也会像大山一样反馈回来。我们总是在抱怨别人的态度太冷漠，情绪不好，却不知你自己是对方一面最好的镜子。如遇到这样类似的情况，不妨问问自己做了什么，想让别人爱你，你得先去爱别人。就像我们在酒店电梯里看到的很多老外一样，即使互不认识，不巧对视下也不忘给对方一个微笑，每天给别人一点正能量，你的生活也会充满阳光。

天堂与地狱

约翰为了聪明地选择死后的归宿，他分别参观了天堂和地狱。

他首先来到了地狱，看到所有的人都坐在餐桌旁，桌上摆满了各种美味。奇怪的是，他们全都面黄肌瘦，一个个无精打采。约翰仔细一瞧才发现，原来餐桌上的人左臂都捆着一把叉，右臂捆着一把刀，刀和叉的把手长达 2 米，掌握刀叉的人根本吃不到桌上的东西，因此他们只能眼睁睁看着食物挨饿。

约翰又来到了天堂，发现所有的餐具和用餐的方式跟地狱都一模一样。但这儿的人却面色红润，而且到处都充满了欢声笑语。约翰感到非常奇怪，他们为什么不会饥饿呢？约翰很快就找到了答案，原来天堂的人从不把手上的食物喂给自己，而是愉快地递给他人吃，这样，谁都可以吃上美味佳肴；而地狱的人只想自己吃，所以只能挨饿。

宙斯点评

跟前一个故事有类似的核心诉求，就是团体中彼此的影响是相互的。天堂和地狱原本就只有一步之遥，只是因为多了温情和人与人之间的关爱，天堂才成了欢声笑语的场所，地狱才成了满是抱怨和饥饿的地方。如果我们带团时游客都互相礼让、互相关照，彼此善待对方，那么整个行程一定会让所有人心情更加愉悦。

马拉松运动员

山田本一是日本著名的马拉松运动员。他曾在1984年和1987年的国际马拉松比赛中，两次夺得世界冠军。记者问他凭什么取得如此惊人的成绩，山田本一总是回答：“凭智慧战胜对手！”

大家都知道，马拉松比赛主要是运动员体力和耐力的较量，爆发力、速度和技巧都还在其次。因此对于山田本一的回答，许多人觉得他是在故弄玄虚。

10年之后，这个谜底被揭开了。山田本一在自传中这样写道：“每次比赛之前，我都要乘车把比赛的路线仔细地看一遍，并把沿途比较醒目的标志画下来，比如第一标志是银行；第二标志是一棵古怪的大树；第三标志是一座高楼……这样一直画到赛程的结束。比赛开始后，我就以百米的速度奋力地向第一个目标冲去，到达第一个目标后，我又以同样的速度向第二个目标冲去。40多公里的赛程，被我分解成几个小目标，跑起来就轻松多了。开始我把我的目标定在终点线的旗帜上，结果当我跑到十几公里的时候就疲惫不堪了，因为我被前面那段遥远的路吓倒了。”

宙斯点评

导游工作也要有目标，无论是收入预期还是要成为什么级别的导游，制订一个更高的目标没有错，但更为重要的，是要把超大的目标分解成一个个的小目标，这样你每达成一个之后，就可以激励自己一直向着最终的目标奔跑下去。

永远的坐票

有一个人经常出差，却总是买不到对号入座的车票。可无论长途短途，无论车上多挤，他总能找到座位。

他的办法其实很简单，就是耐心地一节车厢一节车厢找过去。这个办法听上去似乎并不高明，但却很管用。每次，他都做好了从第一节车厢走到最后一节车厢的准备，可是每次他都用不着走到最后就会发现空位。他说，这是因为像他这样锲而不舍找座位的乘客实在不多。经常是在他落座的车厢里尚余若干座位，而在其他车厢的过道和车厢接头处，居然人满为患。

他说，大多数乘客轻易就被一两节车厢拥挤的表面现象迷惑了，不大细想经过数十次停靠，在火车十几个车门上上下下的流动中蕴藏着多少提供座位的机遇；即使想到了，他们也没有那一份寻找的耐心。眼前一方小小立足之地很容易让大多数人满足，为了一两个座位背负着行囊挤来挤去有些人觉得不值。他们还担心万一找不到座位，回头连个好好站着的地方也没有了。与生活中一些安于现状不思进取害怕失败的人，永远只能滞留在没有成功的起点上一样，这些不愿主动找座位的乘客大多只能在上车时最初的落脚之处一直站到下车。

宙斯点评

生活其实很有趣，如果你只接受最好的，你经常会得到最好的。自信、执着、富有远见、勤于实践，会让你握有一张人生之旅永远的坐票。

心中的顽石

阻碍我们去发现、去创造的，仅仅是我们心理上的障碍和思想中的顽石。

从前，有一户人家的菜园里横着一块大石头，宽度大约有40厘米，高度有10厘米。到菜园的人，不小心就会踢到那块大石头，不是跌倒就是擦伤。

儿子问："爸爸，那块讨厌的石头，为什么不把它挖走？"

爸爸这么回答："你说那块石头吗？从你爷爷那会儿起它就一直在那儿了，它那么大，挖的话不知道要挖到什么时候，没事无聊挖石头，不如走路小心一点儿，还可以训练你的反应能力。"

过了几年，这块大石头留到下一代，当时的儿子娶了媳妇，当了爸爸。

有一天媳妇气愤地说："爸爸，菜园那块大石头，我越看越不顺眼，改天请人把它搬走好了。"

爸爸回答说："算了吧！那块大石头很重的，可以搬走的话我小时候就搬走了，哪会让它留到现在啊？"

媳妇心里非常不是滋味，那块大石头不知道让她跌倒多少次了。

有一天早上，媳妇带着锄头和一桶水，将整桶水倒在了大石头的四周。

十几分钟以后，媳妇用锄头把大石头四周的泥土搅松。她早有心理准备，可能要挖一天吧，谁都没想到几分钟就把石头挖了起来，看看大小，这颗石头没有想象得那么大，人们都被它巨大的外表蒙骗了。

宙斯点评

很多同行经常问我一些问题，我说你只要稍微在网上查一查就知道了，不用这么满心虔诚地请教我，因为它真的不是很复杂。这其实就是面对一个困难的心态问题，当你抱着下坡的想法爬山，便无从爬上山去。如果你的世界沉闷而无望，那是因为你自己沉闷无望。想改变你的世界，必须先改变自己的心态。

糖果售货员

糖果售货员艾丽莎出身低微，但善于研究顾客心理，无论男女老幼顾客，都宁愿耐心等待忙得不亦乐乎的艾丽莎，也不愿去找空闲的售货员。为此老板和其他售货员都怀疑艾丽莎多给顾客糖果而进行了暗中观察。

后来大家才注意到艾丽莎是先装不多的糖果，然后几块几块地往袋子里添加，从而很受顾客欢迎和信任；其他售货员却在称糖果时总是先装上一大袋，然后几块几块地往出拿！艾丽莎后来被拥有30亿美元资产的美国好乐公司看中，聘为营销副总裁。

宙斯点评

这个小故事清晰地阐述了一个消费心理学的概念，叫损失厌恶理论。艾丽莎活学活用，把它反向应用，在同等支出的情况下，给客人带来了完全不一样的消费感受，获得了极好的效果。我们在带团过程中不妨再反向尝试一下，比如推荐自费项目时，不要一个一个给客人增加，而是一股脑地把所有自费项目都给他们，然后再一个一个往回拿，这个不行，那个来不及，这个大家要没兴趣也不去了……这就会给游客一种很痛苦的感觉，就好像吃饭的时候服务员问这空盘撤了，上面还有一只大虾，没人吃我就拿走了，这时一定会有人把它夹走。

卖粥小店的盈利秘诀

有两家卖粥的小店，左边这个和右边那个每天的顾客相差不多，都是川流不息，人进人出的。然而晚上结算的时候，左边这个总是比右边那个多出百十元来。天天如此，于是，我走进了右边那家粥店。服务小姐微笑着把我迎进去，给我盛好一碗粥。问我："加不加鸡蛋？"我说加。于是她给我加了一个鸡蛋。每进来一个顾客，服务员都要问一句："加不加鸡蛋？"也有说加的，也有说不加的，大概各占一半。

我又走进左边那个小店。服务小姐同样微笑着把我迎进去，给我盛好一碗粥。问我："加一个鸡蛋，还是加两个鸡蛋？"我笑了，说："加一个。"再进来一个顾客，服务员又问一句："加一个鸡蛋还是加两个鸡蛋？"爱吃鸡蛋的就要求加两个，不爱吃的就要求加一个。也有要求不加的，但是很少。一天下来，左边这个小店就要比右边那个多卖出很多个鸡蛋。

宙斯点评

这也是一个销售心理学的小故事，叫作锚定效应。当你打算做出销售询问时，就需要时刻注意自己的用词，一个简单的引导，可以让你产生完全不一样的收益。比如你要推荐一个自费项目，问游客“去还是不去”，换成问“只去这个，还是和后面比较贵的都去？”你也会收获和第二个卖粥小店相同的效果。当然不光可以锚定选择，也可以锚定价格，就是“现在有三种套餐，基础款是200，你去高端款300的还是顶级款400的”。销售不仅仅是方法问题，更多的是对消费心理的理解。

他山之石——学习与搜集（二）小说与电影

不光是小说与电影，好的故事存在于所有的艺术形式中，如戏剧、小品、诗歌、广告、漫画、卡通、电视剧……但这里只是找一些样板，我还是从最常见的两种形式里推荐吧。

我推荐的基本都是最经典的爆款，很多朋友本来就看过，没看过的也可以随时上网去查询它们的故事梗概，这里就不赘述那些故事细节了，但如果只是把名字堆砌在这里又显得很没诚意，所以我就按前面的故事骨架来分析一下每一个我介绍过的作品。

《基度山伯爵》

核心诉求：复仇。

主角人设：埃德蒙·唐泰斯，年轻的海员，法老号货轮大副。

故事背景设定：1815年年初，当时拿破仑准备从厄尔巴岛返回法国。

故事逻辑线索

1. 船长途中去世，埃德蒙·唐泰斯成为代理船长返回马赛，半路替拿破仑稍回了一封信给同党。（故事开场）

2. 却被三个小人联合陷害。（开场小高潮）

3. 被关在基度山岛14年。（困境）

4. 遇到神父，学习知识，了解了宝藏的秘密。（转机）

5. 神父去世，假扮神父尸体逃出监狱。（突破）

6. 找到宝藏。（最后铺垫）

7. 返回法国，报恩与复仇。（主线故事和最后高潮）

8. 成功复仇，远走高飞。（故事收尾）

宙斯点评

大仲马可能是世界上最早会写“爽文”的作家，这篇小说和《三个火枪手》一起被认为是他最成功的两部作品。故事主角唐泰斯坚忍不拔、爱憎分明、知恩图报，塑造得非常合理且符合情感需求，所以他前期被陷害会让读者感同身受，而后期的复仇又会让你感觉爽翻天。整个故事用了四分之一的内容叙述唐泰斯的被陷害的过程，后面四分之三讲如何复仇，符合逻辑，脉络清楚，复仇的三条线索相互交叉但不凌乱，保持一定的独立性之后才汇合在一起，是复仇类故事创作的教科书版本。

《达·芬奇密码》

核心诉求：破解圣杯秘密。

主角人设：罗伯特·兰登，美国哈佛大学符号学家；苏菲·奈芙，法国警署密码破译专家。

故事背景设定：现代，巴黎与伦敦。

故事逻辑线索

1. 罗伯特·兰登教授应邀来到巴黎大学讲学，随后被法国警官带走，协助调查卢浮宫馆长被杀案件，并被定为最大犯罪嫌疑人。（故事开场）

2. 遇到苏菲，协助他摆脱警方的控制，快速在卢浮宫找到线索钥匙。（开场小高潮）

3. 银行里发现达·芬奇密码筒，并继续逃亡。（剧情推进）

4. 进入提恩的庄园，通过研究，最终乘飞机前往伦敦。（介绍故事背景设定）

5. 圣殿教堂，提恩黑化，夺走密码筒，但最终由兰登教授在西敏寺解密。（第二个高潮）

6. 提恩被抓，兰登教授和苏菲前往圣杯收藏地罗瑟琳教堂，发现石棺已被

搬走，但通过文档发现苏菲就是圣杯。（故事结尾）

7. 兰登教授在巴黎发现玫瑰线，一直找到卢浮宫，推测圣杯石棺就藏在玻璃金字塔下面。（彩蛋）

宙斯点评

丹·布朗是近些年唯一能与《哈利·波特》作者 JK. 罗琳并列的全球畅销书作家。他的作品包裹着神秘学和宗教的外衣，但故事的核心还是推理和破案，面对着一个个的困境与难题，兰登教授开动大脑，利用知识和逻辑去解决问题，最终破解了真相。他的另外两部作品《天使与魔鬼》和《地狱》同样值得推荐。

《神雕侠侣》

核心诉求：冲破封建礼教的爱情。

故事人设：杨过，杨康之子，从小与母亲相依为命，性格叛逆，天赋极高。

故事背景设定：南宋末年的武林江湖，面对蒙古入侵的抗争。

故事逻辑线索

1. 少年杨过被大侠郭靖收养，却导致郭靖家庭不和，无奈将少年杨过送至全真教学习武功。（故事开场）

2. 由于天性叛逆，在全真教吃尽苦头，逃跑时误入古墓，拜小龙女为师，学成开始闯荡江湖。（开场小高潮）

3. 路上遇到了很多女子，渐渐明白自己对小龙女的感情。（故事推进）

4. 击退金轮法王扬名江湖，想娶小龙女但因礼教大防问题被黄蓉拆散。（人物冲突）

5. 杨过误入绝情谷，与小龙女重逢，但一场激战后双双中毒，最终小龙女不知所踪。（第一个高潮）

6. 十六年后，杨过成名，与黄药师交谈得知自己上当，回到绝情谷，依然跳崖自尽，结果遇到谷底的小龙女。（第二个高潮）

7. 襄阳被围，杨过小龙女现身，打败金轮法王，击杀蒙古大汗，迫使蒙古

退兵。(第三个高潮)

8. 重回华山论剑。(彩蛋)

宙斯点评

金庸的每一部小说都可以说是经典，但由于篇幅问题，长篇小说通常要设置好几个高潮以推进故事向前走，所以试图创作一个整体各个元素都很平衡的故事，还是中篇小说比较合适。

《卡门》

核心诉求：自由与忠诚的矛盾。

故事人设：卡门，热情奔放的吉卜赛美女，塞维利亚烟厂女工。

故事背景设定：19 世纪的西班牙。

故事逻辑线索

1. 凯米拉从家乡来到塞维利亚，找到了当骑兵军官的未婚夫唐何塞。(故事开场)

2. 烟厂女工冲突，卡门被捕，但她勾引唐何塞把她私自放走，唐何塞被解职。(开场小高潮)

3. 唐何塞与卡门热恋，并跟随卡门过起了吉卜赛人的漂泊生活。(故事推进)

4. 他们走私时，遇到斗牛士埃斯卡米罗，引起冲突。(第一个高潮)

5. 唐何塞重遇凯米拉，得知母亲病重，不得不返回家乡。(面临挑战)

6. 唐何塞穷困潦倒，但发现卡门已经移情别恋，与斗牛士埃斯卡米罗打得火热。(第二个高潮)

7. 愤怒的唐何塞拿起匕首刺入了卡门的胸膛。(故事结尾)

宙斯点评

西班牙是个盛产故事的地方，欧洲流传最广的两个民间故事应该就是来自西班牙的《卡门》与《唐璜》了，它们被小说家和戏剧家多次改编，形成了不同形式的经典作品。与各个大作家改编《唐璜》出现很多完全不同的人物性格相比，《卡门》的故事则一致性更高，其中以梅里美的版本最为经典。

《风声》

核心诉求：掩护与牺牲。

故事人设：几个身份完全不同的人物被放入了密室进行推理。

故事背景设定：汪伪政府统治下的1942年。

故事逻辑线索

1. 为了找出代号为“老鬼”的共产党员，日军和伪军对顾晓梦、李宁玉、吴志国、白小年及金生火五人进行了审问。（故事开场）

2. 白小年由于笔迹原因被活活打死，但嫌疑也被排除。（开场小高潮）

3. 李宁玉被极变态的手段折磨，但最终被排除。（故事推进）

4. 金生水因情绪失控自杀，随后被排除。（第一个高潮）

5. 顾晓梦和吴志国都是卧底，在危机中都决定要牺牲自我，保全对方。（面临挑战）

6. 最终顾晓梦牺牲，通过尸体把情报送出，吴志国也在医院通过戏曲把情报送出。（第二个高潮）

7. 后来吴志国通过顾晓梦的旗袍告诉了李宁玉真相，同时伪装杀死了当时的审讯者武田。（故事结尾）

宙斯点评

谍战小说大师麦家，可以说是国内谍战故事写得最好的当代作家。《风声》的时间线很短促，但在谍战故事中加入了密室推理的因素，就让整个故事显得非常紧凑，里面的逻辑线索其实远远超过我上面总结的七步，大家有兴趣的话，可以按照故事的结构重新看一次，相信一定会有不少的收获。

《肖生克的救赎》

核心诉求：希望与自由。

故事人设：银行家安迪，被怀疑杀害了偷情的妻子和情人，被判终身监禁，服刑于肖申克监狱。

故事背景设定：20 世纪 30 年代的美国。

故事逻辑线索

1. 安迪被法庭误判，走入肖申克监狱。（故事开场）

2. 老辣的典狱长，凶狠的看守长，构成了肖申克监狱的黑暗世界，当晚就有个胖子被打爆了头。（开场小高潮）

3. 认识了在监狱混迹 20 年的瑞德，了解生存规则，还搞来了一把锤子。（故事推进）

4. 劳动期间，安迪通过自己的财务知识让典狱长逃避了各种缴税，并被委托做账，成为心腹。（第一个高潮）

5. 安迪被调到图书馆，并争取到了经费，开始购买书籍，教育狱友。（故事推进）

6. 安迪从小偷吉米那里得知当年凶杀案真相，他找典狱长，但不久吉米被杀，让安迪明白能救他的只有他自己。（面对困境）

7. 安迪利用玛丽莲·梦露海报作掩护，用锤子在多年的努力下终于挖通了一条隧道，带着典狱长的账簿和转账支票成功越狱，并举报了典狱长的罪行。（第二个高潮）

8. 瑞德出狱后，收到了安迪的留言，在海边找到了他。（故事结尾）

宙斯点评

这部电影在中国的豆瓣和美国的 IMDB 中都被列为最佳推荐影片第一名，虽然未能获得当年的奥斯卡奖，但依然是无可争议的经典影片。这部电影没有炫目特技，没有感官刺激，没有男欢女爱，没有激烈对打，但故事的完成度和演员的高超表演，足以震撼所有观众的心灵。

《角斗士》

核心诉求：真理与正义。

故事人设：马克西里奥斯，罗马将军。

故事背景设定：罗马帝国五贤帝时代。

故事逻辑线索

1. 马克西里奥斯带领罗马军队在一场战役中获得胜利。（故事开场）

2. 年老的罗马皇帝马克·奥勒留想把皇位传给他，但却遭到了亲生儿子康茂德的妒忌，康茂德弑父篡位，并杀害马克西里奥斯全家。（开场小高潮）

3. 马克西里奥斯逃亡中沦为奴隶，后来成了一名角斗士。（面临困境）

4. 他带领一群奴隶组成的队伍战胜各路强敌，成为明星角斗士。（第一个高潮）

5. 角斗士队伍重回罗马，继续战胜来自各地的传奇角斗士。（第二个高潮）

6. 马克西里奥斯尝试逃亡，但失败。（再次面临困境）

7. 康茂德为了成就自己的威望，安排跟他决斗，虽然动了手脚，但最终还是被马克西里奥斯杀掉。（第三个高潮）

8. 复仇完成，真理与正义重返罗马，马克西里奥斯也伤重而亡。（故事收尾）

宙斯点评

标准的古典型英雄悲情主义的故事，电影结果虽然是复仇成功，但并没有《基度山伯爵》那种快感，而是给人以温暖。故事从最开始遭遇意外，后面的情节都是由一场一场的角斗来推进的，一直到最终的决战，表现手法很直观，观众看着也过瘾。

《罗马假日》

核心诉求：跨越阶级的纯粹之爱。

故事人设：安妮，某大国公主；乔·布莱德利，美国新闻社记者。

故事背景设定：20 世纪 50 年代的意大利罗马。

故事逻辑线索

1. 安妮公主访问欧洲各大城市引起轰动，最后一站来到罗马。（故事开场）

2. 在社交舞会中公主产生叛逆情绪，回到住处最终爆发，被注射了镇静剂，但最终逃了出来。（开场小高潮）

3. 安妮公主镇静剂发作，昏睡在路边，被美国记者乔捡回了家。（故事推进）

4. 乔在报纸上发现家中的就是公主，计划写篇独家报道，并找了同事帮忙。（面对挑战）

5. 乔和同事假装在街头偶遇安妮公主，并成为导游带她一起畅游罗马，期间拍摄了很多私密照片。（第一个高潮）

6. 在水上舞厅逃避便衣警察，两人最终擦出爱情火花。（第二个高潮）

7. 乔放弃了公布照片，恢复记者身份，与安妮公主道别。（故事结尾）

宙斯点评

这应该是最经典的一部黑白电影了，也是电影史上最经典的爱情片之一，虽然它没有热烈的爱恨情仇，也没有激烈的打斗，但一切都那么温馨浪漫，浅尝辄止，回味无穷。好的故事就有如此的魅力，让观众在半个多世纪以后的今天再去欣赏它，依然可以找到共鸣。

《国王的演讲》

核心诉求：励志，战胜口吃，战胜自我。

故事人设：艾伯特，“二战”时期英国国王乔治六世，有很严重的口吃。

故事背景设定：“二战”前的英国。

故事逻辑线索

1. 1925 年，老国王让艾伯特在会场致辞，但由于严重的口吃，艾伯特当众出丑。（故事开场）

2. 1934 年，战争阴霾已经到来，但艾伯特的口吃依然不见好，老国王心急如焚。（开场小高潮）

3. 艾伯特开始接受医生罗格的物理治疗，反复训练。（故事推进）

4. 哥哥一心要跟辛普森夫人结婚，艾伯特很可能要继承王位。（面临挑战）

5. 艾伯特继位，罗格利用激将法让他的口吃治疗效果进步明显。（第一个高潮）

6. 1939 年德国进攻波兰，艾伯特成功向全国人民发表演讲，激励了全英国人民的士气。（第二个高潮）

7. 1944 年罗格被授勋。（故事结尾）

宙斯点评

这是一个典型的励志故事，开场面对难题，然后开始挑战自我，期间不断地失败和不断地重来，推进了故事发展也塑造了故事人物的性格和品质，最终在关键时刻战胜自我，赢回自尊。这里比较特别的地方在于人设是英国国王，不过这并不唐突，因为它本就是一次基于真实的历史故事改编而来。

《我不是药神》

核心诉求：面对疾病时的人性选择。

故事人设：程勇，交不起房租的印度神油保健品商贩。

故事背景设定：当代中国。

故事逻辑线索

1. 程勇开着一家快倒闭的保健品店，与妻子离婚，父亲老年痴呆，生活现状窘迫。（故事开场）

2. 前妻想把孩子带到国外，引起双方冲突。（开场小高潮）

3. 经人介绍与白血病人搭上线，了解了印度仿制药的内幕。（故事推进）

4. 去印度进货，回国大卖，签下代理权，大赚一笔。（第一个高潮）

5. 逃避风险，把代理权转给了其他商人，他则彻底转行，但几年后原来的合作者自杀。（面对挑战）

6. 程勇返回圈子，重新进货，赔钱进口了大量的仿制药，最终被抓。（第二个高潮）

7. 由于其救人举动被提前释放，也促使政府对这类药品的进口进行了政策调整。（故事结尾）

宙斯点评

这是近些年来国内难得一见的高质量现实题材电影，也是基于一个真实故事改编而成，所以人物的塑造和故事逻辑都有原型可以借鉴。不同的只是要让原型人物从病人的身份改成局外人，但在前后的背景设定上补充了丰富的信息，让人物依然站得住脚，而且更富有剧情冲突，是一个非常不错的改编案例。

他山之石——学习与搜集（三）品牌故事

我们都知道，奢侈品精致华丽，很多都由大师设计而成，加上手工制作，于繁华都市的核心区域开设专卖店，豪华的装修与耐心的服务，以及各种媒体层面的广告推广，构成了它的售价是同类低档产品的几十倍甚至几百倍。

上面说的那些都是成本，但大家也能猜得到，即使算上了这些成本，奢侈品的利润比还是要远远高于其他产品。之所以还有这么多人心甘情愿去买单，说明这些品牌的硬实力足够强大，不过光有上面提到的硬实力还不够，奢侈品还需要软实力去营销自己的品牌，来取悦它的目标客户群。

除了悠久的历史外，奢侈品的软实力中很大的一个组成部分就是品牌故事。

每一个品牌在公司创建发展期间都不可能一帆风顺，也不可能洁白无瑕，但他们在做宣传推广时一定会忽略差的部分，加强好的部分，这其实和我们在微信上发朋友圈没什么两样。正因为很多的品牌早已成立超过百年，在如此悠远漫长的时光中，总会与某些名人或者某些事件发生联系，或者公司自身有什么变化或影响，都是很好的故事元素，好的品牌善于收集、整理、加工、润色这些支离破碎的素材，通过一系列手段使之变得积极阳光、充满美感和希望，成为可以感染他人的好故事。

而这些品牌故事，就是最值得我们学习的，当然，有些甚至可以直接拿来就用。

▶▶▶ 酒瓶上的小标记

这是一个关于世界上最著名的葡萄酒品牌拉菲·罗斯柴尔德庄园的品牌故事。

不过我并不想讲那个宏大的有关拥有者家族的历史，或者他们如何收购这家葡萄酒庄园的过程，我下面讲的只是一个小细节，是有关拉菲葡萄酒酒瓶上一个并不太引人注意的小标记的故事。

葡萄酒瓶子相信大家都很熟悉，一般都是750毫升的直筒玻璃瓶，把制作好的葡萄酒灌入瓶中后，用软木塞堵住瓶口。除了瓶口的包装外，一定还有一张印刷精美的酒标，我们经常能看到一幅颇具美感的绘画，有人物也有风景，最多的还是酒庄本身的建筑，酒标上还会有一些文字来标明酒庄的名字、产区、级别、容量、酒精含量等信息，都是大同小异。有些酒庄还喜欢在酒瓶上再做一些装饰性的小标记，不过那都不是专业顾客在意的细节。拉菲红酒在某些年份真的会在酒瓶上做一点小标记，不仔细看的人可能会忽略，不过每一个标记的背后都有一个当年拉菲酒庄认为值得特别记录的事件，所以就让这批酒瓶变得有那么一点点的不一样。

这种酒瓶小标记一共在拉菲酒庄的历史上出现过五次，分别是1985年的彗星，1999年的全日食，2005年的天平，2008年的中国汉字“八”和2016年的沙漏。每一个特殊年份的符号背后都有一个很有意思的小故事，下面我们就来一一了解一下。

彗星图案：1985年年底哈雷彗星回归地球，这是每76年一次的回归，大部分人一辈子只能看到一次。人们可以在夜空中看到神秘无比的哈雷彗星，观测位置好的话，甚至都可以用肉眼看到这颗拖着长长尾巴的扫帚星。那段时间，全世界的很多电视台和报纸都纷纷报道了这个天文事件，有些国家还专门制作了邮票和硬币来纪念它。拉菲酒庄也希望用一个特别的方式来纪念一下这件事，顺便致敬那些曾经为观察宇宙而一代代探索的天文学家们。

全日食图案：1999年8月11日，这是20世纪最后一次全日食发生的日子，欧亚大陆上的很多个观测点都可以清晰地看到这次天文景象，它从大西洋开始，跨过英国的海岸，一路走上欧洲大陆，一直横穿到中亚，最终结束在印度洋，日食带超过10 000公里，宽度却只有100多公里。近百年来，欧洲能见到全日食的机会其实并不多，这吸引了很多媒体报道，有些旅行社甚至专门组织观看全日食的行程，而这次全日食的路径也正好距离波尔多不远。也许是受到了上一次天文热潮的启发，拉菲酒庄又在这一年出产的红酒瓶身上画出了一个全日食的图案，以纪念这次世纪末的天文盛况。

天平图案：2005 年的波尔多地区遇到了一次不寻常的旱季，降雨量很小，从 5 月开始，一直持续到 8 月，不过这也客观促使了葡萄藤主动地调整了自己的生长状态，酷热的夏季刚刚结束，气温骤降，凉爽的夏夜又让葡萄的果实保存了足够的酸度，使其成熟得缓慢而稳定。正是由于这一年极度特殊的气候状态，葡萄的发育过程接近完美，果实健康饱满，新鲜度高，酿造出来的酒也香气持久，口感浓郁，回味绵长。在各种葡萄酒评比中，这一年份的酒出人意料地夺得了超高的分数。为了纪念这一特殊年份，拉菲酒庄当年出产的酒，瓶子上都会出现天平的图案，象征着均衡，即阳光和雨水的均衡，成就了这个伟大的年份。

中国汉字“八”：这是拉菲酒庄的红酒瓶子上第一次出现中国汉字。2008 年，拉菲集团与中国的中信公司在山东蓬莱合资兴建了一座酒庄，命名为蓬莱酒庄，这个被业界公认是继六大红酒产区之后的世界又一著名产区，终于有了拉菲酒庄的身影，这也是拉菲在亚洲的第一次投资尝试。为了纪念这次合作，当年的酒瓶上都画上了中国的汉字“八”。数字八除了在中国代表着吉祥、发财等美好含义外，八的文字形态还很像一座山峰，让人看到后会有对葡萄生长地美好风土的想象。另外，2008 年 8 月 8 日晚上 8 时也是北京奥运会的开幕时间，所以这个汉字在那一年可以代表很多寓意。

沙漏图案：2016 年又是很奇特的一年，这一年的波尔多天气诡异，变化无常，对于葡萄的种植者来说，这种年份最让人担惊受怕，一个不小心就会演变成一个灾年，但如果把握得好，能做到及时调整，也有可能收获一个好年。所以沙漏就象征了艰难的时间，庄园的种植者们跟老天博弈，看着时间缓慢地流逝，就像眼睛一直盯在沙漏上一样。不过最终他们还是收获了一个好年景，这一年比其他年份要更为来之不易，所以他们的沙漏代表了一个让他们经历了惊涛骇浪，但最终化险为夷的神奇之年。

拉菲酒瓶的故事就讲到这里，每一个都是很短小精悍的故事，但内容丰富，信息量也充足，同时蕴含着酿酒者对于葡萄的情感和对时间的眷恋。

▶▶▶ Prada的尼龙包

如今的许多女人都希望拥有一个Prada的尼龙包，而这尼龙包背后的故事，却鲜为人知了。看似普通的一个包，其实代表着设计者当年那场永远错过的爱情，与爱人的生命……下面就来看看普拉达尼龙包的故事！

Prada是一个时装设计世家，Miuccia Prada出生在这个家族里，她注定要和时尚结一辈子的缘。

她的小名叫Miumiu。20岁的时候，Miumiu邂逅了一个街头画家，这个画家长得非常英俊，也很有才气，他们俩一见钟情。

Miumiu的家世注定她不可能嫁给这个画家，但Miumiu十分叛逆，决定和爱人私奔。他们租了一架飞机，准备逃到希腊去结婚。

但是，他们仿佛中了罗密欧朱丽叶的爱情没有好结局的魔咒一样，飞行途中，飞机出了故障。飞行员背了一个降落伞，抢先跳下去了，画家给Miumiu背上一个降落伞，然后才发现，降落伞居然只有两个。

Miumiu决定和男友同生共死，但男友把她推出了机舱。她获救了，回到了家，但从此与男友生死两隔，再也没有见过他。

后来，Miumiu成了著名的时尚设计师，嫁给了一位很有经商头脑的名门之后，她的创意和他的逻辑思维珠联璧合，把Prada的家族事业经营得非常出色。

Miumiu也创立了属于自己的品牌，就叫Miumiu，是Prada的支线品牌。

就这样，20年过去了。

某天，Miumiu收到了一封信，信里夹着一张非常美丽的画。

信竟是他写来的！原来那天飞机降落在海上，他得以生还。

他在信中说：我只是想让你知道，我还好好地活着。但是我不会告诉你我在哪里，也请你不要再找我。因为，我已面目全非，而且还失去了右手。这些年来，我一直在练习用左手画画，为的是有一天把美丽的画再次呈现在你的面前。

Miumiu 顿时泪如雨下。

Miumiu 又寻找了很多年，但最终也没能找到他

于是，Miumiu 用珍藏了多年的，那顶她最初的爱人用生命换来的降落伞设计了一个包，这就是 Prada 著名的尼龙包系列……

▶▶▶ 香奈儿 5 号的诞生

香奈儿 NO.5 是历史上第一瓶以设计师命名的香水，而“双 c”标志赋予了此款香水一种跨越时间与流行的力量，更远远超越了稍纵即逝的流行。

这是一款在 20 世纪初创造的香氛品位，依然在引领今天的时尚。至今在香奈儿的官方网站，这款香水仍旧是重点推荐的产品。大明星妮可·基德曼和奥黛丽·塔图相继成为香奈儿 5 号香水的代言人，为她们拍摄的广告大片至今仍被人们传为经典。

20 世纪上半叶的化妆品行业，在屈指可数的几大品牌中，女性拥有者占据了半壁江山。巧合的是，这几位女人不仅拥有令人艳羡的美貌，更有着让人嫉妒的商业头脑。比如香奈儿、伊丽莎白·雅顿、雅诗兰黛等。对于香奈儿 5 号香水，玛丽莲·梦露也情有独钟。有一次，这位好莱坞影星被问及晚上都穿什么样的内衣入睡时，她用充满性感的声音说：“在夜里睡觉时，我只穿香奈儿 5 号。并且有一滴就够了，我想让哪儿迷人，就滴在哪里。”这无疑起到了推波助澜的作用。香奈儿 5 号香水背后，究竟有什么样的魔力，让梦露如此着迷？诗人瓦雷里说：“不洒香水的女人不会有未来。”香奈儿十分笃信这位比自己年长 12 岁诗人说的这句话。瓦雷里出生在法国南部海滨城市塞特，23 岁时他移居巴黎，成为后期象征派诗歌的领袖，并被称为诗人哲学家。对于香水的认识，香奈儿也有一个过程。她在告别少女期以后，对女人的体味开始敏感起来，在咖啡厅当歌手时，别人涂脂抹粉满身喷香，她只能用点廉价的香水。在皇家跑马场时，她开始体会到了高档香水的妙处——大美人达朗松即使大汗淋漓，别人也闻不到她身上的汗味，因为香水替她遮掩了一切。达朗松给香奈儿试过几次她所用的香水，喷了以后会让人感到神清气爽，而不像劣质香水让人昏昏欲睡。从此以后，香奈儿开始关注起香水来。不过香奈儿很快就厌倦了市

面上销售的香水，因为它们就那几种味道。几个女人走过来，一阵风吹过，她们身上散发的味道不外乎玫瑰、丁香，或者铃兰、薰衣草，没有什么特别之处。“一个衣着优雅的女人，同时也应该是个气息迷人的女人，香水会增添她无穷的魅力。”

自 1920 年开始，香奈儿开始提倡女性注重整体形象，这当然包含配饰、化妆品、香水，时尚的服装应有前卫的香水搭配。香水是女性整体装扮中最具画龙点睛效果的一步。香奈儿一直设想，有没有一种不同于以往任何花香的香水呢？比如采取人工合成方式，让香气更稳定、更持久、更受女性欢迎。

当她提出自己制作一款香水时，遭到了小姑阿德里安娜的反对。服装生意做得好好的，赚的钱完全够花了，有必要去做根本就不熟悉的香水吗？这些年来，从开帽店，到推出服装，比她大两岁的小姑一直是她的好帮手。

“开香水工厂，一旦失败，我们这几年辛苦做衣服赚的钱就都要赔进去了，”阿德里安娜说，“这可是一次充满未知的冒险啊……”

“冒险？人生下来哪有不冒险的？孤儿院的日子都挺过来了，还能有比这更糟糕的吗？”香奈儿分析道，“做服装，每一季都要推出新的款式。稍有迟缓，就会被淘汰。我们一旦研究出不同于市场上任何香水的新品，就找到了一个赚钱的机器，香奈儿品牌就会更加壮大，我们将最终过上更独立的生活。香水对于女人，就像爱情对于女人一样不可缺少，其前景肯定会更好。”

“那就按你说的做吧。不过，我得留一点钱，万一真的做不成，我们还可以从裁缝店重新开始。”阿德里安娜最终还是投了赞成票，“那该从哪里起步呢？这可不是缝几顶帽子那么简单。”

“当然不会那么简单，我们要做就做最好的！”香奈儿陷入了莫名的兴奋。

当一个人决定要出人头地，而不是做籍籍无名之辈，他会增加很多的忧愁。香奈儿只是一名服装设计师，香水制作的确要求专业程度非常高，何况要制作出市场上没有的产品。这里面涉及化学、医学和制造等多种专业知识，对香奈儿来说，如果靠自己几乎是不可能完成的任务。在市场打拼多年的香奈儿，没有让自己受困于此，她决定把香水研发的任务交给专业人士来做，自己只提供资金，并最后敲定香水的味道。

做出决定后，她立刻启程前往法国南部的香水诞生地格拉斯，寻找当地最知名的香水专家，最终他重金邀请到了这位经验丰富的大师博兹。

“它会持久吗？”“香水一般会挥发过快，有的人为了香气持续，就使用香气过浓的香水，由于味道很冲，刚喷上去时，往往让人很不适应。这种香水加了少量的乙醛，有较强的稳定性，香气持续的时间较长，也不会因为出汗而变味。”“就定这个品种。”香奈儿挥动着手中的闻香条。

“这是5号香水。”

“好，就要5号！”

巧合的是，“5”是香奈儿的幸运数字，她生于8月5日。

“作为这项投资，我需要在朋友间试用，才能大规模生产，并且你要把所有的配方和流程都告诉我。”

香奈儿在格拉斯逗留了很久，博兹为她制作了一大箱子样品，每一个都编好了号码，但当她闻到第五号的时候，她敏锐的嗅觉和同样敏锐的商业嗅觉同时帮她做出了决定，她几乎都没有再去体验后面的样品。

香奈儿带着这个秘密武器赶回巴黎，在回程的火车上，香奈儿就想好了如何将香水推广出去——先将顾客们撩拨得火热，然后再趁热打铁，就可以取得事半功倍的效果。从做帽子到卖服装，香奈儿已经非常擅长吊起顾客的胃口，特别是女性顾客的消费习惯和心理需求，都被她摸得一清二楚。

回到别墅后，香奈儿对香水未做声张，连她的情人俄国音乐家斯特拉文斯基拥抱她时，她也没有提及此事。吃过晚饭，香奈儿沐浴更衣，将一滴5号香水滴在自己的衣服上，然后来到斯特拉文斯基的琴房。

“这是什么味道啊？”斯特拉文斯基反应过敏，打了个喷嚏。“你再仔细闻一闻，是什么感觉？”香奈儿满怀期待地说。“比舞池里的气味明显要好。”斯特拉文斯基靠近香奈儿轻轻呼吸了一下，他发现香奈儿到南方去了几天，脸竟晒成了蜜柚色，越发迷人起来。两人对望着，斯特拉文斯基的呼吸渐渐粗重起来。两人拥抱在一起。小别胜新婚，相思难耐。多日积累的思念，在一片弥漫的香气中，陡地释放开来……

回到日常工作中，香奈儿不动声色地将这款香水洒在时装店的试衣间内，然后悄悄地观察顾客的反应。女人们对香水天生敏感，很快就有人来打听：“这是什么牌子的香水？以前从未闻过。”“这是朋友送给我的‘私房香水’，我以前也没用过。”香奈儿故意很随意地说。对于要好的朋友，她就送上一小瓶。香奈儿的时装店本来就是时尚的传播地，现在又出现了一种从未闻过的香水，女人们纷纷私下传播着这个消息。每天都有顾客到店中打听这款香水的出处。见这款香水的推出时机已经成熟，香奈儿就发电报给博兹，请他火速批量生产。当香水量足够上市时，香奈儿向光顾时装店的女人们放出话来：“我托朋友找来一些货源，一个月之后，就有这款香水出售，不过数量可不多。”女人们闻讯纷纷排队预订，有的人甚至愿意交双倍的预付款。连她的竞争对手也十分好奇，这个做服装的女人怎么玩起了香水？

一切都在掌握之中。香奈儿亲自设计了香水的包装，她舍弃了市场上通用的刻花玻璃瓶和细颈瓶，而是采用了颇具装饰艺术味道的方形玻璃瓶，再配上白色的标签，简洁中透着时尚。她不喜欢过分渲染。

新款香水需要一个响亮的名字，用什么名字才能体现出创新呢？朋友替她想出了几十个，什么夜玫瑰、晚来香、女人之爱……但香奈儿一个也没看中。

“我们做的是完全不一样的香水，在香水名称上也要完全不一样，简洁，内涵深刻而有力量。”香奈儿说，“香奈儿服装已经有一定的知名度了，干脆搞出一个香奈儿家族出来，我选中的是第 5 号，那这款香水就叫作香奈儿 5 号吧。”

“今后，香奈儿作为商标飞到家家户户的梳妆台上，肯定不会再有人把它拼错了。”小姑阿德里安娜说。

香奈儿 5 号小方瓶正式诞生。

一切准备就绪，香奈儿 5 号香水全面推向市场。这一年是 1921 年。第一批客户的反应，不仅自己喜欢，她们的丈夫或者情人也喜欢这款香水，暗香浮动，夜色生辉。这款香水完全独立于高档香水之林，打破了以往香水只能由一种鲜花调配的传统，并且以它的简洁发出自己强烈耀眼而桀骜不驯的光芒。

这是一场由时尚服装设计师引领的香水革命，香奈儿在时尚领域里又打开了一扇全新的门。香奈儿时尚王国正式建立起来了，此时的香奈尔 38 岁，不再年轻也不算老，全身散发着优雅迷人的气质。

1925 年，香奈儿又开始尝试生产腮红、口红和保健品，供自己和客人使用。这些商品都打上了香奈儿的标记，逐渐扩大了香奈儿在时尚领域的版图。

▶▶▶ 卡地亚的旷世绝恋

1919年春天，对于44岁的约瑟夫·卡地亚来说是个非同寻常的季节。

那时，创立于1847年的家族珠宝品牌卡地亚已从祖父弗兰科斯·卡地亚的手里传到了他这一代。在所有人眼中，约瑟夫才华横溢，更有着精明的商业头脑，其父艾夫特早就将他看成是卡地亚家族不可代替的接班人。唯一美中不足的是，约瑟夫的婚姻属于纯粹的商业联姻，他和妻子之间感情淡漠。

这年4月，约瑟夫参加了巴黎上流社会的一个聚会，著名的可可·香奈儿也在其中。一个装扮时尚靓丽、气质脱俗的年轻女孩朝着他们走了过来。她是香奈儿的朋友珍妮·杜桑小姐。当香奈儿向珍妮介绍约瑟夫时，约瑟夫倨傲地微笑着，以他的经验，接下来一定会听到溢美之词。然而。珍妮开口就是一瓢冷水："约瑟夫先生，卡地亚的珠宝什么时候能打破一成不变的老套路呢？"所有的人都目瞪口呆，约瑟夫更是尴尬无比。可内心里，他不得不承认她说中了自己的心事。此时的卡地亚的确陷入了设计枯竭期，他正为无法突破自己品牌陈旧的风格而苦恼。

香奈儿告诉约瑟夫，珍妮刚刚24岁，虽然不是从专业学校毕业的设计师，但具有极高的设计天赋。带着一种恶作剧的报复心理，约瑟夫向香奈儿提出，想邀请珍妮参加卡地亚正在举行的设计大赛，如果通过就直接进入他们公司工作。这对珍妮来说是一个发展的好机会，她不知道，约瑟夫的本意是想让珍妮在众多参赛者面前出丑。然而，当约瑟夫给比赛的获奖者颁奖时，他惊得半天都没有回过神来，冠军获得者竟是珍妮·杜桑。

珍妮就这样进入了卡地亚公司工作。个性鲜明的她带给了卡地亚源源不断的生机和灵感。为了获得艺术源泉，这个爱冒险的女子竟然申请前往美洲丛林考察，并鼓动约瑟夫也随他们的考察队一起去，约瑟夫竟然鬼使神差地答应了。

这一天，考察队的大多数人员都在营地休憩，珍妮和约瑟夫决定开车去四周看看。在一片并不茂盛的草地上，一种美丽的美洲兰草正开得如火如荼，他们停车游玩。

就在这时，意外发生了，一只美洲豹悄无声息地慢慢靠近约瑟夫。珍妮发现了这一可怕的情况，大喊约瑟夫快逃。

约瑟夫扭过头来，意识到自己的危险处境，惊恐之间残存的一丝理智告诉他，如果立即奔跑，美洲豹必将扑过来咬住他。于是他猛地掉转那架硕大的蔡司相机，对着美洲豹“咔”地一按，闪光灯把美洲豹吓住了。

就在这生死对峙的时刻，珍妮脱下上衣，用随身携带的打火机点燃，向美洲豹投掷过去。那家伙被一团火焰吓住，逃进了丛林。

约瑟夫立即和珍妮飞奔到十几米外的吉普车上，当车子开到了安全地带后，劫后余生的两人紧紧地拥抱在一起。珍妮和约瑟夫就这样迅速地坠入了爱河，回到巴黎后，珍妮满怀甜蜜和快乐，设计出了一系列与大自然有关的珠宝饰品，被顾客抢购一空。

1920 年，约瑟夫宣布珍妮担任卡地亚珠宝王国的艺术总监，他的弟弟雅克和皮埃尔觉得哥哥简直疯了。

雅克敏感地察觉到约瑟夫与珍妮之间的情愫，于是派人跟踪调查，发现了约瑟夫和珍妮的情人关系。雅克告诉了父亲艾夫特，艾夫特勃然大怒，打算把珍妮赶出卡地亚。可当艾夫特得知珍妮很有设计天赋，为卡地亚带来了源源不断的客户以后，他私下里会见了珍妮。

他给了珍妮两个选择，要么离开卡地亚，要么留在卡地亚当艺术总监，但必须与约瑟夫划清界限。为了能和心爱的人朝夕相处，珍妮选择了后者。约瑟夫不忍心让珍妮受委屈，意欲抗争，可珍妮却哭着对约瑟夫说：“只要让我留在你的身边，能让我天天看到你，这样就足够了。”

1936 年 12 月，继位不到一年的英国国王爱德华八世为了跟离异两次的美国平民女子辛普森夫人结婚，毅然宣布退位。为了表达自己的爱情，成为温莎公爵的他特地请卡地亚公司为公爵夫人设计首饰。

这个重大任务落到了珍妮身上，温莎公爵“不爱江山爱美人”的爱情故事深深地感动了她，也让她想到了自己与约瑟夫之间绝望的爱。

她绞尽脑汁，想用一种全新的风格来诠释这种爱。终于，和约瑟夫在美洲丛林遇险的情景浮现在珍妮的脑海，她将自己全部的感情都融入设计之中。随即设计出“猎豹”胸针等一系列珠宝饰品，让温莎公爵夫人爱不释手。

“猎豹”从此成为卡地亚的经典标志，珍妮也因此一举成名，被珠宝界称为“美洲豹一样的女人”。

就在此时约瑟夫的妻子终于发现了丈夫和珍妮之间的隐秘情感，也弄清了卡地亚家族和她之间达成的协议。她立即向丈夫和卡地亚家族发出警告，如果继续让珍妮留下，她就把卡地亚继承人和艺术总监之间的丑事公之于众。

眼看约瑟夫因饱受煎熬而憔悴，珍妮决定退出。

1942 年夏天，在一个星光点点的夜晚，珍妮把约瑟夫约至塞纳河边，准备作最后的告别。没想到约瑟夫拿出一个红色的盒子，里面静卧着一枚精致的梨形钻戒。约瑟夫说，他决定放弃卡地亚家族的一切，与心爱的女人厮守一生。当他为珍妮戴上戒指时，她潸然泪下。

可她万万没想到，这戒指不是今生的承诺，而是来世的约定。回去的路上，珍妮的车出了车祸，而那天约瑟夫为了跟心爱的女人多待一会儿，并没有开自己的车，也在她的车上。他因为伤势严重，再也没有醒过来。

珍妮昏迷了一周之后才清醒过来。当得知约瑟夫的死讯后，她痛不欲生。几个月后，又传来雅克在伦敦突然去世的消息，据说是因哥哥约瑟夫的死酗酒过量。接连发生的噩耗使卡地亚家族蒙上了悲剧的阴影，珍妮成了众人眼里的灾星。

这时，卡地亚剩下的唯一继承人皮埃尔却站了出来，他希望珍妮留下来，只说了一句话：“我并不是宽恕你，而是让你有机会宽恕自己。”

此后的 30 年里，珍妮将这句话镌刻在自己的心上，她拼命地工作，只为替约瑟夫完成他未竟的事业。

他山之石——学习与搜集（四）司机是个聚宝盆

作为一个出境领队，我们出团工作时，在国外会遇到很多形形色色的人，他们每个人身上都有我们需要的故事，尤其是当地人，也是游客最想了解的。

但很多当地人跟我们的接触其实很短暂，比如酒店的前台、机场的地勤或者商店的销售，有的仅仅几分钟，多一点儿的也不过数小时，而且你们的交流很大比例都在工作业务上，很难能找出什么时间来单独聊聊生活。

不过千万不要忽略你身边最重要的“聚宝盆”，那就是司机。在很多国家的旅游线路上，司机通常分为城市游司机和长距离行车司机，短距离的就不说了，长距离司机有时要跟你一起共事很多天，比如欧洲线旅游，长距离司机大多要与我们合作 10 天左右，每天除了一起在车上的时间，我们还会在一起用餐、住同一家酒店。

想想看，这些司机其实非常孤独。导游虽然也是在单打独斗，但至少还有一个团的游客相陪，有些热心游客甚至对导游关心备至，所以大家可能无法体会司机的心情。

我观察过很多司机，其中相当一部分是话痨，他们戴着耳机，一路开车一路打电话。有些仔细听了会发现，其实都是一些很无聊的废话，连家长里短都算不上，但他们需要通过语言的交流与沟通来排解工作上的孤独感。晚上，很多司机会在酒店大堂的酒吧拿着酒杯到处找人聊天。有一次，我的团里游客大多是年轻人，都从事的是涉外工作，英语不错，司机好像终于找到了倾诉的对象，每天晚上都抓着游客聊天。后来我问游客都聊什么了，说聊得五花八门，有自己的生活，有对政府的抱怨，有体育有音乐，总感觉就是司机想多说说话。

我刚结束的一个团的司机就是如此，即时正好是英国游，我跟司机完全可以无障碍交流，我记得他叫 Richard，按英国人的习惯应该翻译成理查，他每天就是以话痨的形象出现在我的面前，车上我正讲解时他也会插嘴，晚上看到我就拉着我一起喝酒聊天，他说得还挺有内容，信息丰富，还带着自己的思考，所以我也很乐于跟他多交流。

当你在英国和一个不太熟的当地人见面时，除了聊天气，一般说得多的话题都是足球，What’s your team？你是哪个队的？我也这么问理查，他的答案是博尔顿队。这支球队我回忆了老半天，因为有一支球队叫查尔顿，中国球星郑智曾经效力过，但博尔顿队只是有点耳熟，似乎是在英超联赛出现过，不过起起伏伏的，不是一个什么强队。博尔顿是位于英格兰西北部的一座不太大的城市，离曼彻斯特和利物浦不算远，我问他你是博尔顿人吗？他说他年轻的时候在那里生活过，不过现在住在威尔士，我说那你怎么还支持这个球队？已经不能算是家乡球队了。理查的回答很有意思，他说在英国，你可以更换工作，可以更换房子，可以更换老婆，甚至可以更换性别，但是却不能更换你喜欢的球队！

早就知道英国球迷文化有百年的传统，没想到影响这么深刻，当你喜欢的是一个弱队的时候，难免会看到更多的输球，所以他们这个队的球迷心态都特别好。理查追随球队去过英国大大小小的很多客场比赛，赢了大家一起欢庆胜利，输了就三五好友凑在一起喝酒聊天。这让我了解到，足球在英国不仅仅是竞技体育项目，更多的还是生活的一部分。

他还说过他的过往，以前他是曼彻斯特北部区域的一个警察，而且是出现场的那种刑事警察。接到报警电话往往要第一时间赶到现场，有时候会直接面对歹徒与黑恶势力现场搏斗。十年前的一次搏斗中，他被持刀歹徒刺中了手和后背，伤势很重，着实在医院里躺了一阵儿。出院后，他的身体状况已经不适合一线刑警的工作了，只能回到警局内部做一个文职人员。跟导游的情况差不多，像这种长期工作在一种不确定状态下的人，是无法忍受两点一线、朝九晚五的办公室生活的，他坚持了一年，最终还是无法忍受，只能向上司提出了离职申请。他受的是工伤，在英国这种社会保障体系很健全的地方，处理这种事都比较人道，警察局给他保留了职位，还给了他一大笔钱，让他可以在生活无忧的情况下暂时去做其他工作。于是他就找了司机这份工作，每天都行驶在英国不同的地方，遇到来自世界不同地区的人，每天都有不一样的生活，所以跟很多职业司机不一样，他很喜欢这个工作。

他还是一个很风趣的人，有着那种英国人独特的冷幽默，当我们行驶到苏格兰的时候，大家总是提到苏格兰独立之类的话题，理查特意戴了一条英格兰图案的领带。而当我们走到北爱尔兰的时候，他又换了条英国国旗的领带。

当然，在英国带团你肯定要给游客介绍一下英国脱欧的问题，在我看来除了经济原因外，最主要的原因肯定还是英国持续了几百年的大陆孤立政策了。但司机还给了我一个让我有点意想不到的理由，那就是他们这一代还记得“二战”时的烽烟战火，他们不希望下一代忘记这段历史，所以用这样一种方式去提醒他们。他说跟你们中国人对日本的情感很像，英国人对待德国和意大利也有类似的感觉，很多年龄大的英国人对此事很敏感，尤其在欧洲一体化，国与国之间越来越紧密的时期，他们多少是存在抗拒心理的。

理查也说过他的家庭，他的父亲就是“二战”时期英国驻印度的士兵，参加过与中国远征军合作抗击日本的缅甸战争，所以不光是对德国，他对日本同样没有什么好印象。而他的孩子对这些国际问题就没什么明确的概念，他对此非常不安，所以在投票时毫不犹豫地投了赞成脱欧。

这些都是我跟他一路上随意聊天内容的节选，还有很多关于当地独特风情、城市特点、英国人的生活习惯之类的话题，我学到了不少有用的知识，也记下了很多有意思的故事。

跟你们的司机聊聊吧，不出意外的话，没多久你就会搭建起一个丰富的故事宝库。

第三章 和弦——聊聊我的故事

好了，前面已经洋洋洒洒深邃博大地讲了很多概念和原理，本书毕竟不是教科书，也不是什么应付考试的官方教材，所以真正接地气儿的，还是讲究虚实结合，雅俗共赏，理论联系实际，内功对应招式，光说不练那是嘴把式，光练不说那是傻把式……下面我就结合之前讲到的原理给大家聊聊我兜里装的故事。但各位看官，尤其是各位同行，真不希望你们直接拿来就用，故事毕竟不是知识，还是需要大家消化吸收，参考自己的生活习惯和思维方式来创作属于你们的故事。

作为一个欧洲领队，每次带团来欧洲必不可少地要涉及历史知识，所以我在团队长途行车中，都或多或少地会给每一个团队讲一段欧洲的历史。诚然，单纯的历史实在是枯燥乏味，有很多次我自己正讲得慷慨激昂、绘声绘色，结果发现后面坐着的游客已经横躺竖卧，睡得昏天黑地。后来，甚至有客人在旅行结束时，不仅感慨，以后车上没有你讲历史的声音，我可如何睡得着觉啊……

我后来痛定思痛，觉得如果能把历史知识讲到游客都睡不着，那么其他讲解不管是故事还是介绍，能够吸引游客都不在话下了。

按照我们之前的准备，先定核心诉求，这一点对于一个超长的历史时期来说很难，于是我就把我要说的历史按照结点分成了若干个故事，每一个故事就可以树立一个明确的核心诉求了。

下面是人设，既然聊历史，就没必要再给游客从历史堆里强行拉出一个人来让大家熟悉，所以我的历史故事人设简单粗暴，就是我，和我们。我就相当于时间行者，穿越到了我要说的历史年代，参与了当时历史的变化，成为历史变迁中的芸芸众生之一。而我们，则是全车的游客，我们以一个上帝视角目睹了大时代中人的思想剧变，人的颠沛流离，人的悲欢离合，所以当我讲完这些故事的时候，我们都成了历史的见证者之一。我们其实并没有给大家上历史课，而且让所有人与我一起经历了一下欧洲曾经最重要的时代而已。

历史篇

▶▶▶ 阿卡迪亚的逃亡者

一切都准备就绪了，我们准备穿越到我要讲的第一个时代，那是一个孕育了欧洲古代文明的东地中海地区。而这里正好是地球上最古老的两大文明即古埃及文明和古巴比伦文明的交汇点，在这两大文明的撞击下，新的文明像火花一样洒落在了东地中海到爱琴海的这一大片群岛中，从这里走出了欧洲最古老也是最光辉的古希腊文明。

我穿越到了希腊伯罗奔尼撒半岛上的一个小城邦，由于毗邻大海，这里时常有商人驾船前来，于是我就组织货物和别人交换，最终成了这个小城邦里最富裕的商人。这个城邦隶属于一个遥远的山顶之城阿卡迪亚，那里气候宜人，水草丰美，牛羊成群，人们亲热善良，城邦的管理也非常宽松自由，被誉为天下最美好的地方。

和爱琴海其他地区都有自己的女神崇拜一样，我们这里都崇拜守护这片美好山林的山岳女神迈亚，传说她是擎天巨神阿特拉斯的长女，这里的人都视自己的女神为荣耀。

不知什么时候，整个爱琴海沿岸兴起了一拨儿新的崇拜，那是以宙斯和波塞冬为主的男神崇拜，可能是现在的城邦国王里面男性统治者越来越多，女王已经所剩无几的缘故吧。很多王国也跟风开始崇拜宙斯，但阿卡迪亚的国王不愿意屈从，他机智地想了个变通的办法，编了一个宙斯的艳遇故事。当宙斯巡游到阿卡迪亚时，遇到了保护这里的女神迈亚，两位神一见钟情，从此迈亚也就跟宙斯挂上了钩，后来还生下了一个小男神，叫赫尔墨斯，身上有很多翅膀，飞行速度极快，可以为后来分离的父母传递充满爱意的情书。

我们的小城邦就顺应潮流，在原来的迈亚女神庙旁边增建了一座赫尔墨斯神庙，成了第一个以赫尔墨斯为祭祀对象的地方。当地人非常喜欢这个小孩形象的赫尔墨斯，而且他的神性似乎也保佑着这里，神庙建成没多久，这里就新造出了一种尖头快船，据说在整个地中海都没有能追得上它的船，人们都叫它赫尔墨斯快船。

快船可以让商人在遇到危险时迅速逃离，起到最大程度保护自己的目的。不过对于城防却没有多大助益，我们的城邦就建在海边，万一敌人从海上而来，船再快也没有用，重要的是要有足够的军队守卫城邦。这里隶属于阿卡迪亚，首都虽然有很强大的军队，但山地间的距离成倍拉长了驰援时间，常常使这里处于不受保护的状态。因为常常来访的外地人中，不光有寻求贸易机会的商人，也有以抢掠为目的的恶徒。好吧，有些时候，他们其实就是同一群人。

被阿卡迪亚委派过来的城主也意识到了这一点，他请求让这个城邦自行招募军队，然后进行训练，不为开疆扩土，至少可以起到震慑作用，让那些强盗再改回商人的本来面目。

城主选择了我们这里最勇敢强壮的阿布罗斯作为民兵队长，他是这里公认的勇士，上山赶过狼，下海驱过鲨，一身的肌肉虬结，大家都称他为阿卡迪亚的阿瑞斯。他接过任务后，从平民中挑选了 200 人作为普通士兵，并给他们分发了武器，进行训练，没多久就让这支队伍有了军队的模样。而我因为家产富裕，又竭力支持本城建军，就被委任为军需官，负责军队的粮食供给等后勤事宜。我们配合得很默契，也在平时的训练中结下了深厚的友谊。

几年时间过去了，生活平静而真实，有了军队的保护，这里的安全就有了保障，商业也繁荣起来，阿卡迪亚的牛羊成了最走俏的商品，大量的各国商人来到这里，拿着葡萄酒、橄榄油和粮食进行交换。

只是热爱和平的老国王意外去世了，而新国王则热衷名利，希望以征伐来抬升自己的地位，东征西讨，着实打了不少胜仗。但敌人也在成长，突然性的优势没有了，慢慢地战争陷入胶着状态，阿卡迪亚就显得有点准备不足了，粮草还好，但兵力着实有些捉襟见肘。

这时国王想到了在海边的城邦还有一支用于自卫的民兵部队，于是没多久调兵的命令就来到了这座城邦的城主手里，他也是被调派到这里的，所以没有本地乡土意识，他把民兵队长叫来后下达了命令。

我和队长一起去见城主，听到命令后一惊，对我们来说这可太意外了。

“这怎么行？组建这支民兵队伍是为了保护我们的城邦，怎么能出去征战？”阿布罗斯抗议道，“我们的城邦安全怎么保证？”

“现在风平浪静，海上来的小毛贼又不是天天有，哪有那么巧你们刚走这里就有危险了？”城主听出了他的不愿意，但还是耐心劝导着。

“这些孩子都刚刚加入军队不久，训练不足，而且从来没打过仗，让他们上战场岂不是送死？我不能同意！”阿布罗斯依然坚持。

“这是命令！”城主已经不耐烦了，朝我们挥了挥手，“军队首先要服从指挥，去吧，通知大家准备一下，明天就出发！”

“请恕我不能服从这种命令！”阿布罗斯不是职业军人，丝毫没有服从命令的习惯。

“这种行为是不能得到宽恕的！”城主的言辞越加严厉，已经完全没有了商量的口吻。

我在后面拽了拽阿布罗斯，不过他似乎没有察觉，反而上前了一步。

“这是一场由我们发起的不义战争，我们不能支持国王的这种侵略行为！”阿布罗斯已经彻底放下了包袱，把心底的话说了出来。

“放肆，国王的决定也是你可以评论的吗？”城主的怒气也被点燃，“我最后再说一遍，你们明天整装出发，如有延迟，一律用刑！”

“这些民兵都是我们城邦里乡亲们的孩子，是我们的亲人、邻居，我不能看着他们去送死！”阿布罗斯摊牌了，与其前去送死，不如在这里拼命。

“侍卫，把阿布罗斯押下去，明天行刑！”城主不耐烦地挥了挥手，向两旁呼喊道。

两侧侍卫刚要动手，我和阿布罗斯就像说好的一样，眼神一对，各出一剑，城主的两个侍卫就倒在了血泊中，下一个瞬间，城主的头颅已经被拿在了阿布罗斯手中，脖颈处还流着鲜血，眼睛还凝固在惊讶错愕的那一刻。

我从后门出去，叫来了民兵队，迅速控制了城主府，然后又找到阿布罗斯，商量之后的对策。

“下面该怎么办？”我单刀直入地问道，“这几天暂时还安全，但城主被杀这种事肯定瞒不了多久，过些日子国王就得知道，我们可挡不住阿卡迪亚的大军。”

现场已经清理干净，城主的头颅还放在桌上，只是已经不再流血不止。阿布罗斯此时正拿着城主的黄金杯，一口一口地喝着他这几年珍藏的葡萄酒。

“没关系，你别忘了，阿卡迪亚正在打仗，”阿布罗斯放下酒杯，不知道是不是美酒的作用，他的眼睛格外明亮，语气也很坚定，“那边肯定兵力不够，想清算我们，那也要等到战争结束，所以我们还有的是时间！”

“无论时间长短，我们总得有个对策吧，”我两手一摊，“难道还真要打仗吗？那些孩子可不是正规军的对手，这点毋庸置疑，我向迈亚女神发誓。”

“我当然明白，”阿布罗斯凝视着手里的黄金杯，另一只手托着腮，像在回答我，又像在自言自语，“打不过可以逃啊，可是城邦里的其他人怎么办呢？是也跟着逃吗？还是向国王投降？投降的话，以后的身份肯定不是平民了，一定会成为阿卡迪亚最底层的奴隶……”

“我也是这么想，不过城主已经被杀，这不是你一个人认罪就可以了事的，”我看着阿布罗斯的眼睛，希望他能够不再迟疑，“除非我们依然去战场，戴罪立功，没准还有一线生机。”

“不可能的，我们已经没有立功的机会了，”阿布罗斯摇摇头，“与其自投罗网，我宁愿带着这些孩子守卫家乡，哪怕最后战死，也好过等待那个无知的小国王去裁决。”

“看来我们面临的是必死的绝境啊，难道没有别的办法了吗？”我灰心丧气地走到大门口，重重地踢了一脚大门，门被踹开后，对面的大海映入眼帘，压抑的心情也稍稍得到缓解，城主府的风景还是没的说的。

“就像前方的大海一样，”阿布罗斯也看到了外面的风景，感叹道，“当黑夜到来，汹涌的巨浪就将会把这里彻底淹没，我们都会成为鱼虾的晚餐……”

凝望着大海，我忽然眼前一亮，好像抓到了什么信息，我看到一艘驶出港口的快船，不觉间已消失在了天际，我想我已经找到解决的办法了。

“我们可以逃往大海啊！”我抓住阿布罗斯的双肩激动地说道，他的肩膀肌肉坚硬如石，我的手捏起来都有点发酸，“我们有这么多的船，可以把这里的平民还有物资都拉到大海的一个岛上去。”

“好主意，”阿布罗斯跳了起来，反过来抓住我的双肩，五指一用力，我感觉我的肩膀都快被捏碎了，“阿卡迪亚根本就没有海军，只要转移得快，到了海上他们就永远别想抓到我们了。”

“嗯，不过后面怎么办？”我不经意间挣脱了他的控制，退后一步揉了揉肩膀，“拉着平民投奔克里特的米诺斯吗？”

“当然不，米诺斯那么强大，我们到了那里也不会有什么好处，”阿布罗斯主意已定，“我们可以找个没有被占领的岛屿，建立我们自己的王国，一个崇拜赫尔墨斯的王国！”

确定了目标，其他的就好办了，接下来马上要解决的是两个问题——找到合适的岛屿和说服居民迁移并安排人员和物资的运输。我们两人分工合作，勇敢的阿布罗斯自然是出海了，寻找大小位置都合适的荒蛮岛屿；而我的工作则是劝说城邦里的居民，让更多的人跟着我们逃亡。

阿布罗斯带领一个小分队出发后，我便召集了城邦中尽可能多的人来到城主府的空地上，在详细叙述了事情的过程后，我把我们的结论也公布了出来，不过还是希望所有的平民都能自己来选择，那就是到海外建国，或留下来等待国王的判决。

不出意外，绝大多数的平民都支持跟我们一起走，只有少数人还在犹豫，由此可见新国王的口碑已经差到了何等地步。做好了决定，我们便开动起来，建造装载量更大的快船，大家把城中的物资都运到码头附近的仓库中。除了自己的家私外，更多的还是城邦里的公用物资，成千上万的阿卡迪亚牛羊让我吃了一惊，这可是建立新王国的重要资产啊，还有城主府的奢侈品，连大家深爱的赫尔墨斯神像，也被从神庙中搬出来准备打包带走……

整个城邦都进入了紧急状态，许进不许出，大家放下手头的工作，全力建造大船。由于城主没有给出任何回复，国王便起了疑心，接连又派出了两拨儿信使，但还是有去无回，结果已经很明显了，这里肯定发生了叛乱之类的事情。当我再一次在城墙上看到阿卡迪亚人时，他们已经不是信使了，而是一个巡逻兵小队，他们的人数还不够多，只是谨慎地沿着城邦的外围布置哨岗，明摆着是为后面即将到来的军队做准备工作。我焦急地看了一眼沙漏，阿布罗斯离开已经有二十几次日落了，我需要他的消息。

当日深夜，我们在城墙上逮到了一个巡逻兵，看样子他是想趁着夜黑风高，直接攀墙过来看看这里发生了什么，好在我们没有松懈，日夜值守，才化解了这次危机。从巡逻兵的叙述中我们得到了可怕的消息，国王已经暂时停止了北方的战争，转而把目光集中到了我们这里，巡逻兵只是第一步，一旦没有发回好消息，那么大军将从战场直接开赴这里，最多再有 15 个日夜，城外就会汇集 3000 左右的大军，这是我们城邦远远无法抵御的数字。

正在人心惶惶之时，阿布罗斯带着岛屿的位置回来了，他找到了一个荒蛮的小岛，就在米洛斯岛的东北不远，方圆 500 步，叫波利艾戈斯，岛上有数百居民，都是没什么文化的渔民，对我们上岸建国并不反感，我已经让士兵留在那里建造定居点和码头了，我们这边也该出发了。

“就是那个崇拜阿芙洛狄忒的阿达曼达王国吗？”我似乎对那里有点印象，“是不是离他们太近了？”

“他们已经改信太阳神阿波罗了，连城邦的名字都改叫阿波罗尼亚了，我亲眼看到那么美轮美奂的一尊阿芙洛狄忒雕塑在国王的命令之下被推倒，连手臂都断掉了……”阿布罗斯略有惋惜地回答道，“我见到了他们的国王，跟他交流了一下，他说如果我们把信仰从迈亚换成赫尔墨斯他就允许我们在那个岛屿上建国，因为阿波罗和赫尔墨斯就是兄弟嘛，不过他不会给我们更多的援助了，一切还得靠我们自己！”

“有安全的保证就已经很难得了，”我喜出望外，“让我们安排船只吧，城里的居民几乎都会跟我们走，结合这些天造出来的新船，我把迁徙分成了两批，第一批船队明日就可以出发，带上赫尔墨斯的神像，让他们看看我们的诚意！”

迁徙比想象中要顺利，那些犹豫的平民也都纷纷选择了跟随我们离开，剩下的只有一座空城，以及关在监狱里的十几个城主侍卫。第一批前往的大多是工匠家庭，他们到了那里就要开始紧张的营造工作，而等船队返回后，第二批人员和物资也都准备就绪了。

当我站在城墙已经依稀看到大军的滚滚烟尘时，这边的船队已经返回，我组织人手迅速装船，扬帆起航，临走时，还把码头与造船厂烧了个精光，想到国王站在废墟上目眦尽裂的愤怒表情，我站在船上开怀大笑起来。

船程并不算长，白日航行，晚上随便找个浅滩停泊一下，第二天继续航行，在傍晚时就已经远远地看到了我们的目的地，阿布罗斯正在码头上指挥着大家搬运上一批的物资。跟随迁徙的平民大致有两千人，加上这个岛上的几百原住民，新的王国刚刚超过 3000 人……名字也取好了，就跟着隔壁邻居阿波罗尼亚的节奏，叫赫尔墨西亚，也就是赫尔墨斯之国。

阿布罗斯自然是新王国的国王兼军队领袖，而我则成了统管全局的大臣，所谓的王国大会开会了，但其实还是我们两人。

“一切顺利，现在我们总算安全了，真没想到有一天我也成了国王。”阿布罗斯拿着那个用城主府顺来的黄金酒杯熔炼了重新打造的王冠感慨道，“下一步要做什么？我是不是该选王后了？”

“别着急，”我拦住了他的浮想联翩，“新王国的生存才是最重要的问题！”

“什么？”阿布罗斯善于征战，但对管理国家其实一窍不通，他有点困惑地抬起头看着我，“难道从阿卡迪亚运来的那么多牛羊还不够吗？在岛上放牧，就像之前那样不就挺好？”

“这个方法是简单，但我们办不到，”我深吸了一口气，把目前面临的新问题提了出来，“岛上的水草不够丰茂，稍微高一点的地方风速很大，像家乡那样放牧很难实现，牛羊只会越来越少。”

“那种植呢？我们不是带了很多葡萄和小麦的种子吗？”阿布罗斯追问道。

“还是一样的问题，小麦根本不适合在这个岛上种，葡萄倒是可以在背风的山坡上试试，但几年内不能酿酒，所以短期也指望不上。”

“我的工匠呢？你看我这王冠就是工匠们的杰作，”阿布罗斯不死心，拿着王冠追问我，“你看这工艺，比之前的黄金杯好多了吧？我从城主府里发现了好多黄金，我们可以做点什么东西来卖。”

“问题是这些不是必需品，需求量太小，我们 3000 人总不能靠这点黄金来养活吧，”我皱着眉头，也想不出什么太好的办法，“出海打鱼是目前唯一能做的，但这也只能养活一部分人，其他人还是需要想办法，这个该死的海岛，怪不得阿达曼达人坐视我们在这里建国，原来早就预见到我们撑不了多久。”

“别担心了，我的朋友，”阿布罗斯是个乐天派，“明天的事，明天再去烦恼，总会有办法的！”

“我先处理一下多余的牛羊吧，带来的太多了，这样下去山坡上的草迟早都没了。”我告别了阿布罗斯，径直前往码头，查看物资情况。

码头一片热火朝天的工作景象，新王国的平民们并不关心未来路在何方，堆积如山的物资足够他们畅想的了。码头旁边就是赫尔墨斯神庙，巨大的雕塑后面的房间里散落着一地的金锭，还有一些黄金打制的餐具和饰品，现在由神庙的大祭司代为保管。

“居然有这么多黄金？”我有点惊愕于如此的数量，转头问向大祭司。

“是的，”大祭司跟着我，不紧不慢地回答道，“城主在我们的城邦统治了这么多年，除了上缴一点点供奉给国王，剩下的都被他私吞了，可能是为自己退休后打算吧。”

神庙外的喧嚣引起了我的注意，我信步走了出来，看到了两条陌生的船只停泊在码头，没多久两位船主就来到了我面前，他们一个来自克里特岛，一个来自更远的罗德岛。

“抱歉，大人，我们是游走在大海里的商人。听说这里出现了一个新的王国，我们来看看是否有机会能够交换货物。”两位商人来自爱琴海的大国，但态度却非常谦恭，一边客套着，一边询问道，“我看到山坡上的牛羊，姿态优美，不知是哪里所产？”

“欢迎你们的到来，”我正为牛羊太多而发愁，所以很客气地回答道，“它们的家乡正是闻名天下的阿卡迪亚山林。”

“那太好了，我们愿意用我们的全部货物交换尽可能多的牛羊。”两位商人得到贸易允许后，开始把各自的特产搬下了船，他们带来克里特岛盛产的小麦粉和罗德岛的葡萄酒。物资交割清楚后，两位商人又缴纳了一定量的交易税，然后约好了下次再来交易的大致时间，就带着足量的牛羊乘兴而归。他们留下的货物则在我的主持下分配了出去，其中的一大部分发给了目前急需生活用品的新迁徙到的平民。

正在忙碌之际，我们的邻居阿波罗尼亚也派了商船过来，他们的商人带来了岛上急需的布料与木材，但他们对阿卡迪亚的牛羊兴趣一般，对罗德岛运来的葡萄酒倒是打算全盘接收。不过我刚刚把大部分的货物分了，总不能立刻再让大家把东西交回来吧，现场剩下的货物不足以交换那些布匹，而对方又不愿意拿牛羊充数，大家正处在为是否把无法交易的布匹木材再拉回去的争议中而苦恼，我回头看了一眼赫尔墨斯神庙，忽然有了主意。

“这样吧，你们先休息一晚，明天我会给你们一个满意的方案。”说罢，我转身返回了神庙。

“把工匠们都召集过来，”我对大祭司吩咐道，“今晚有的忙了……”

第二天一早，我拿着忙活一晚的作品又找到阿波罗尼亚的商人。

“这是什么东西？”对方看着手中的金饼状的东西，反复端详，“这就是你给的答案？”

“没错，这是黄金打制的，我把它叫作金币，”我回答道，“正面是我们供奉的主神赫尔墨斯，而背面的图案是一头牛，所以你可以把它叫作赫尔墨斯金牛币。”

“我承认打造得很精致，”商人困惑地看着我，“但我们并不需要啊，再说这东西也没有什么实用价值……”

“先听我说完，亲爱的朋友，看看这背后牛的图案，”我拿起一枚金币，很自信地说道，“我把这枚金币的价值就定在和一头牛等值上，按照我们之前交易的情况来推算，一头牛＝六只羊＝八桶葡萄酒＝十二桶橄榄油＝二十袋小麦粉＝二十五捆布匹＝七根十米长的原木，当然也可以换算成其他商品。”

“……”商人进入了我给的逻辑世界，正在尝试完整地理解我表达的意思。

“你看，这次我们没有足够让你感兴趣的货物，但你带来的东西却是我们急需的，而且你要是原封不动地运回去的话，也是一种损失。但你下一次来，万一拿的东西我们不需要，可能还是会白来一次。所以我建议你不妨拿着这些金币回去，”我尽量把想法解释得更清晰一些，“它们不像其他货物一样，有期限，有风险，比如牛会生病、葡萄酒会变质、纺织品和木材也会生虫，金币既不会腐败，也不会被虫咬，它们会一直价值一头牛或者八桶葡萄酒，你随时可以拿来交换想要的东西。”

“我怎么能确定你说的价值在我下一次来时还可以兑现？”商人似乎跟上了我的思路，提出了他的疑问。

“看看正面的图案，”我指着金币说道，“我们王国以守护神赫尔墨斯的名义起誓，每一枚金币都将可以兑换一头牛或者等值的物品！”

阿波罗尼亚的商人还是被我说服了，拿着足额的金币和半船的货物返回了。

我则快速找到了阿布罗斯，把刚才的事情描述了一下，顺便说了一下我的王国发展设想。

“即使我们没有自己的特产可供交易也没关系，只要能够经营好市场，同时保证金币的价值稳定，我们就可以凭空获得需要的物资，”我兴奋地说道，“不过我们这里的安全必须要有保证，一个危险的市场是没有商人愿意常来的。”

“这个你放心，我完全可以保证，”阿布罗斯拍拍自己的胸口，“海岛的好处就在这里，四周的大海就是天然的城墙，我们并不需要多少士兵就可以保证安全，就像当初我们只要组织民兵就可以抵抗海上的盗匪一样。”

“那就好，我查看了一下从阿波罗尼亚商人那里得到的海图，我们的岛屿正处于大海的正中央，从这里去东南西北各方向的大王国距离都差不多，从位置上讲可以说是中心点，那么我们就可以经营一个海上贸易的中转站。除了可以抽取交易税外，还可以把我们的金币流通起来，不管别的商人找我们交易还是他们拿金币互相交易，我们都合适，因为金币就是我们的特产！”

“好吧，听起来不错，就让我们大干一场吧。”阿布罗斯从谏如流，果断地响应了我的建议。

新王国在建造城邦时专门辟出了一片空地，在神庙与码头的中间，用于各国的商人交易货物，在码头外建起了防御用的海上围墙与哨卡，还招募了一些士兵驾驶着快船游弋在更远的水域防御盗贼。

由于这里有阿卡迪亚的牛羊和可以稳定保值的金币，加上地理位置的先天优势，各路商人都习惯汇集于此交易他们的商品，来自罗德岛的葡萄酒、雅典的陶器、克里特的小麦、小亚细亚的矿盐、阿波罗尼斯的纺织品、特洛伊的兵器、阿卡迪亚的牛羊、塞浦路斯的橄榄油，甚至是埃及的战俘奴隶，都源源不断地汇集到这里，有时商人们直接以物易物，缴纳一点商品作为税款走人；也有时候商人没遇到合适的东西，也可以从这里直接兑换成金币带回去，下次来的时候可以直接购买想要的商品。

当然，我们有时候也要充当仲裁者的角色，无论你是来自强大的克里特王国还是弱小的某个小岛，只要不遵守规矩，用不良手段欺诈其他商人，都将受到王国的制裁，从没收商品到驱逐出境再断手砍头都有，虽然有时候有些商人是贵族，我们将面对某些强大的压力，但阿布罗斯不愧是勇士出身，毅然决然地使用了最强硬的手段维护了市场的公平与自由，这也让赫尔墨西亚市场的口碑越来越好，成了这片海域中最值得信任的交易地。

这个岛屿的人们除了少数工匠打造金币以外，几乎不再从事其他工作，只要一心维护好市场的公平与安全就可以，凭着市场带来的各种收入，以及品类多样的各国特产，他们轻松地过上丰衣足食的生活。大家感谢国王阿布罗斯和我的努力，也更加感谢赫尔墨斯给王国带来的好运，崇拜之风也被带到了很多其他地方。逐渐地，赫尔墨斯已经不光是象征速度的信使，他更成为了古希腊地区的商业保护神。

大量的物资交换让爱琴海的各个国家的经济都实现了飞速发展，文明也随着商业的流动而激烈地相互融合着，形成了独具特色的爱琴海文明圈。

好了，这个故事就讲完了。

我们在里面能看到什么呢？没错，欧洲古代的文明源头就是古希腊，而这里的文明和古代中国非常不同。中国有两条大河，是典型的农耕文明，又因为地形多样，幅员辽阔，最终通过农业耕种，慢慢地实现了自给自足。所以农耕文明下的人最重要的品格是传承、孝顺和协作。因为我们能收获多少，完全取决于上一代给我们的经验和教训，我们更重视向老一辈的学习和对他们的照顾，以此实现知识的传递，以及文明的传承。当然，还有协作，大家分工合作，你耕田来我织布，才能实现更远大的生活目标。这种文明，只要保证在可见范围内，足够安全，没有天灾人祸就可以，物质的丰富无法激励人们更多地向外迁徙或开拓，人们对外面的世界会趋于保守，这就是典型的陆地文明。

而古希腊不一样，它由一个个岛屿组成，陆地并不连接，每个岛屿只能形成一个很小的城邦制国家。地形单一，耕种面积也狭小，很难实现自己岛内的自给自足。这就逼迫他们要拿自己的物资到别人的岛上去交换，在没有货币的情况下通常是以物易物。就像故事里提到的一样，这样的贸易行为里不需要什么传承和协作，这里推崇的是自由、平等和诚实。这也成了欧洲人最早确定的社会品格基础，后来又变成了整个西方社会的群体追求。

而为了得到更为多样化的交易，这些贸易者不得不操控着不太先进的小船去各地探索，有时候贸易、有时候拓荒、有时候殖民，当然也有时候会有战争。探索新世界最需要的是勇气，而这种富有勇气的开拓精神，慢慢就形成了爱琴海地区独特的拓展型海洋文明。

这个讲述欧洲历史的第一个故事告诉了我们什么？

很简单，就是让大家理解，欧洲文明在起源的时候，就跟我们中华文明有着很明显的区别，从思维方式到行为方式都不一样。我们在这里旅行，首先要理解的就是当地人是如何生活的，如何工作的，如何思考的……感受与各位平时完全不一样的行为方式，当你遇到什么交流障碍时，当你在旅行中碰到什么误会时，别着急，想想我说的第一个故事，你对当地的服务人员是不是做到了平等相处？而没有那种高人一等的优越感。你回答别人问题时，尤其是签证、边检、海关等政府公务人员的时候是不是做到了百分之百的诚信？而没有虚报或者瞒报你的真实情况。

当你完全理解了欧洲人如何评判一个人品格的优劣后，可能就不会问到诸如“导游，欧洲的商店卖不卖假货？”“我家小孩虽然到年龄了，但可不可以混进去？”这类问题了。

好了，我们可以开始讲关于欧洲历史的第二个故事了。

▶▶▶ 雅典学院的旁听生

我，不能说穿越吧，也可以说是转世，从遥远的东地中海文明摇篮时代，一下跳跃了上千年，当海洋文明已经走上了巴尔干半岛，在现在的希腊地区生根发芽，开花结果。穿越了阿伽门农攻打特洛伊的史诗年代，也经历了波希战争的浴血奋战，直到伯罗奔尼撒战争把整个古典希腊文明几乎摧毁。

这是一个古希腊走到了重大转折的年代，这种时候通常大师们就会扎堆出现。文艺复兴时的大画家拉斐尔，曾经在梵蒂冈的西斯廷走廊画了旷世巨作《雅典学院》，里面描绘了几十位著名的古希腊大学者汇聚一堂，讨论学术的场景。但其中的人物其实并不完全生活在同一个时代，比如亚里士多德出生时，苏格拉底已经去世了，还有像远在波斯的琐罗亚斯德也不可能跑到雅典来参加辩论。不过里面的人物却都是真实存在的，而且柏拉图也确实建立过一个可以称为学院的学术场所，供所有的思考者和观察者学习和交流。

我就是一个学习者，初次踏入这个世界上最古老的学术殿堂，让我如临深渊，如履薄冰。在场的每一位大师，都是曾经教科书里的大神，他们的每一次演讲和辩论都好像能碰撞出历史的火花。

走在学院中庭的走廊里，两侧都是以各位大师命名的教室，有的正在开讲，有的则已经去世，但他们的后继者们依然在孜孜不倦地传播着他们的学问。

院长柏拉图慢慢地走到我的面前："欢迎你，挚爱知识的年轻人，我们这里有截然不同的哲学体系，不知道你想学习哪一种？"

我向柏拉图深深地鞠了一躬，致以敬意。这就是传说中的选专业吧？不用选院帽吗？哦，对不起，那好像是《哈利波特》里的……

"尊敬的院长，我能有什么选择吗？"

"那在于你对什么知识更感兴趣，亲爱的年轻人。"柏拉图笑容可掬，什么人站在他面前都会有一种如沐春风的感觉。

"我希望能立刻学以致用的！"

对我们的思维方式来讲，学什么，自己喜欢不喜欢都没太大关系，其实最重要的都是在毕业后能不能跟上时代发展的需求，说白了就是好不好找工作，找到的工作有没有足够的前途，或者说能不能快速致富。

"年轻人，知识的魅力就在于能够让我们更清晰地去认识我们生活的世界，让我们有更辽阔的心胸去接纳新生事物，让我们有更平和的心态去面对挫折与挑战，让我们从容面对无法逆转的生老病死。所以什么类型的知识都是可以学以致用的。"

其实我是想说，这些都是废话，您得给我介绍一个学完就能挣到更多金币的专业啊，不过真这么说怕是要得罪柏拉图。别看是大宗师，这样的名人要整你，可能到死你都不知道是怎么死的，还是算了吧。别看笑得温暖，暖男多人渣啊……

“尊敬的院长，由于我对学院的知识体系了解较少，我现在暂时无法确定我喜欢什么，可不可以允许我作为旁听生先去各个老师那里听一听呢？”

“亲爱的年轻人，你的提议很好，知人者智，知己者明，学习之前先清楚地了解自己才是最重要的。我允许你到每个课堂去旁听一天，然后你再来告诉我你的选择。”

“好吧，感谢院长的宽容与理解，那我就从院长的课程开始吧。”我再次深深地鞠躬致意。

第二天，我就战战兢兢地走入了柏拉图的课堂。这可是大神啊，谈恋爱的都知道什么柏拉图恋爱嘛……雅典这边的学院课堂跟我们现代的学校似乎区别很大，没有讲台，也没有课桌椅，大家在一个不规则的空间里松散自由地坐着，讲师站在一个相对比较明显的位置，不拿底稿，不用PPT，想到什么就说什么，而且欢迎讨论，与其说是个课堂，倒不如说是个有主题的茶话会。不过亲自听了柏拉图的讲课，感觉深入浅出，他的思想倒不像我们在书本里看到的那么晦涩难懂。

“我认为，我们生活的这个世界是分为两部分的。一部分是流动的表象，一部分则是永恒的内在。我们看到的通常就是流动的外表，比如一只黄牛，它在远处的草坪上吃草，它在原野上奔跑，在牛舍里交配……这些都是你能看到的流动的表扬，而它的内在只是一个固定的牛，当它有一天死了，埋葬后慢慢化为尘土，剩下的只有我们对牛的定义，这个在我们心中是一成不变的。”

“我们现在看到的事情未必就是事情的本来面目，就好像我们世世代代都生活在洞穴里，只能背对着洞口，洞口有光照进来，另外还有动物飞鸟路过洞口时被光照射到，形成阴影投射到了洞内的石壁上，这些人就一直认为这些影子就是他们生活的世界。哪怕是有些人摆脱了束缚，跑出洞口，看到了美妙的大千世界。他们忽然具备了更强的分辨力，能够区别出哪些是真实的，哪些只是光影投射出来的阴影。山是四季变化的，水是川流不息的，动物和人都有生老病死，但当他们抬头仰望天空时，发现这一切有可能只是太阳给世界的一个个流动的投影而已，真正不变的只是太阳。”

“为了看清这个流动的世界和人生，我们的心中也应该有个不变的太阳，我把它叫作理念。理念即我们自己通过研究和观察所得出的自己的结论，从一个可感世界，变成一个可知世界。我们可以凭借自己的理念去和人谈恋爱，也可以凭借自己的理念去建立一个理想国。无论你遇到任何困难与挫折，你都可以坚信你自己的理念，去面对挑战，并做出正确的选择。”

“怎么样？年轻人，我的课你能接受吗？”柏拉图下课后微笑着问。

听倒是听懂了，可是没什么实际作用啊。当然，这话只能在心里说，“我还是听听别的大师的课再做最后的选择吧，能够有这样的机会聆听每一位大师的课，对我也是一次百年不遇的机会。”我虚伪地客气道。

“那倒也是，我赞成你的说法，年轻人，下面你打算听谁的课呢？”柏拉图问道。

“您有什么建议吗？”

“我建议你从我的老师苏格拉底开始，虽然他已经去世，但他的思想依然在这里被广泛传播。”

“很遗憾听到这个消息，他刚刚去世？是生病了吗？”我关心地问道。

“哦，不，他是被雅典公民大会投票定为死罪，最终服毒自杀的，”柏拉图遗憾地说，“虽然他有大量的机会逃跑或者脱罪，但他坚持服毒，是因为尊重法律本身的权威。”

“……被大家投票搞死的？难道他是独裁者吗？”听到这个结果忽然有点儿无奈。

“哦，不，他是反对独裁统治的。”

“反对独裁的人却被民主投票给判了死刑？怎么听着这么讽刺啊？”我百般疑惑。

“后来他又反对民主，其实也不是反民主，而是反对那种简单的少数服从多数的制度，因为多数大众并不一定是站在真理一方的，很容易形成庸众的错误。”柏拉图试图解说得更细致一点，“很遗憾，悲剧最终出现，他真的被庸众迫害致死了。”

“那我决定一定要听听他的课程！”我坚定地说。

“呵呵，年轻人，你的选择是无比正确的。”柏拉图鼓励道。

是啊，否则死都不知道怎么死的。我心底里自嘲道。

苏格拉底的学说是由他的一位弟子转述的。

“我并不太关心我们是从哪来的，宇宙啊世界啊自然啊，都太久远了，跟我们也未必息息相关。我更为关注的是，我们是谁？我们人类自身的问题，才是我要研究的主题。外界的事物都是客观存在的，是物质性的；而我们的心灵和思想，并不是什么实体，但却更加深刻地影响着我们的生活。你们可以把两者的区别叫作物质流和意识流。”

“我在研究人的伦理和道德，什么是正义的，什么是非正义的；什么是勇敢，什么是懦弱；什么是诚实，什么是虚伪；什么是智慧的，什么又是愚蠢的；如何能让有正义感和有智慧的人去治理一个国家，如何能让人更有智慧。”

“我坚信，人的内心深处，应该有一条真理，它是永恒不变的，无穷无尽的。在我追求真理的过程中，也要让更多人加入这个阵营中，去学习、去坚持、去发现，这就是我强调的教育的意义，生育就像人生来具有的能力，而我，则愿意当促进更好生育的助产士。”

好吧，我听着有点晕……我还是再听听旁边的毕达哥拉斯的课吧，毕竟数学貌似更有用一点。

“我认为这个世界可以说都是由数字组成的，每一个数字背后都有它自身的强大力量。用数字或者数字的组合我们可以干任何事，可以计算每天需要多少食物，贸易有多少利润，每年有多少天可以耕种，潮汐的变化，建筑神庙的工期都可以通过数字去体现。”

“毕达哥拉斯老师，我憎恨数学，我怎么从这些枯燥的数字中找不到任何美感呢？”可能是课听多了，我也开始大胆地提问了。

“你的问题很好，如果光是观察这些数字本身，你可能很难找到美感。但由数字运算而建成的辉煌的建筑，比如奥林匹亚的宙斯神殿，爱琴海的罗德岛巨像，古埃及的金字塔……它们矗立在那里无不显示着数字的魅力。另外，像我们这个教室，我做了一些布置，大家是否觉得它比别的教室要看着舒服一点呢？”毕达哥拉斯从容地回答道。

“您这么一说，我好像还真有这个感觉。”无疑，作为旁听生，这个问题我还是很有资格去回答的。

“那是你没发现我站立的位置，正好是处于整个教室的黄金分割点上。而这个点就是我通过数学的运算获取的。任何落到黄金分割线上的东西都会比不在这个位置上的同类要好很多，哪怕是你脸上的痦子也一样。”

别说，辛迪克劳馥的痦子好像就在她脸的黄金分割线上，我顺着思路联想到。

“最近，我还根据数学运算找到了美妙的声音规律。我把它命名为毕达哥拉斯音阶，一共七个音阶，五个全音加两个半音，按照这个音阶排序出来的音乐比我们之前的曲调要悦耳得多。”说着毕达哥拉斯找了几个杯子开始敲击起来……

我则顺着悠扬的曲调走出了教室，音乐虽然美妙，但这个时代音乐家都在唱诗，那跟街头卖艺没啥区别，我都大学生了，最后流落街头，实在是说不过去啊！

旁边的教室是芝诺的，也跟数学有点关系，溜进去听听在讲什么具体内容吧。

“我给大家讲一个数学的悖论，说白了就一个小玩笑。假设有一支射出去的箭，你认为它是运动的吗？”

“那当然了。”没等我回答，下面的其他学生就抢答道。

“但其实如果你在某一个极度短暂的时间点去看这支箭的话，它应该是静止的。而你们看到的一支飞行中的箭，也有可能是由无数个时间点上的静止的箭组成的一个连续的影像而已。”

听着怎么那么像照片和电影的理论？居然超前了几千年？我私下想着。

“刚才那个有点简单，我再说个复杂一点的。比如，大家都知道特洛伊战争里的阿喀琉斯速度奇快，几乎可以追上赫尔墨斯了，他如果和乌龟赛跑，让乌龟领先 100 米，那么谁会赢？不用抢答了，你们肯定会说阿喀琉斯。但我要说的并不是伊索那个奴隶讲的龟兔赛跑的故事，而是如果把他们赛跑的路程也切开呢？也就是当阿喀琉斯飞奔跑过一百米时，乌龟肯定也走了一米吧。他们两个还是存在差距的，那就是一米，而如果阿喀琉斯追上这一米，乌龟还是动了啊，可能是更微小的一分，他们之间还是存在差距，他们的差距就这样无限地缩小，缩到无穷小，但阿噶琉斯始终和乌龟是存在距离的。”

课堂上诡异地安静了，大家好像脑子有点转不过来。

“哈哈，说了只是个玩笑而已。阿噶琉斯可能只需要一两秒就把乌龟超过去了，因为我们的世界里，时间和距离都是绝对的，而不是相对的。不过这个玩笑也可以告诉大家，看待数学也好，还是看待别的事物也好，不光只有一个角度，多维的世界和人生是可以用很多个角度去看待和思考的。”

从芝诺的课堂出来，大脑似乎更混乱了，像一团糨糊一样，晕晕乎乎的。听着很有道理，但好像也没什么用。好吧，最后还是去看看新来的老师亚里士多德能讲点什么吧！

去课堂的路上正好碰到一个比我还年轻的少年，很面善，我们边走就边攀谈起来。路过庭院的时候，看到庭院中央正侧卧着一个人，衣衫褴褛，骨头好像被人抽走了一样，姿势俨然是标准的北京瘫。

他的旁边也有不少横躺竖卧的学生，有一个热情地跟我介绍，这位可是犬儒派大师第欧根尼，他的课基本不说话，主要教我们如何像狗一样快乐地活着。

……好吧，我大致能理解，类似庄子一样的逍遥吧，不过这个惨状还真没有庄子那股仙气儿。

同路的小年轻似乎不太理解这种行为，还以为真的是乞丐，一边走得近了些，一边问：“这位老师，我能帮您做些什么吗？”

“能，”第欧根尼回答道，“走远点儿，你挡到我的阳光了。”

我过去拉着垂头丧气的小年轻走进了亚里士多德的教室。

“我虽然师从柏拉图，但我并不认为什么东西都是一成不变的。我认为世界上的任何东西都是由物质组成的，你可以把它们理解为元素或者原子。物质通过某种反应或者动力会变化成另外一种物质，它们之间应该存在着互相转化的方式。”

“我把世界上的物质分成了四种元素，即水、火、土、气。水大家都知道，无论是大海还是大家喝的葡萄酒，都是由水元素组成的，是一种流动的液态物质；土呢，不光是我们脚下的土地和岩石，还包括了木材和金属，这些固态的物质都应该属于土元素；而气，大家看不到摸不着，但你能真实地感觉到它们的存在，比如风，在烧水时水壶盖被顶起来，甚至包括大家放的屁……这些气态的东西，都可以说是气元素；最后火呢，大家都了解，烧柴、炼金都离不开火，它并不能被称为什么形态，但它却是可以让那三种元素互相转化的最简单的方式。我认为地球万物就是由这四种元素，以及这四种元素的相互转化而形成的。当然，我并不排除可能有第五种元素的出现，那不应该在地球，我猜会在遥远的上空，我把那种未知的第五元素暂时命名为以太……”说罢，同样很年轻的亚里士多德得意地向天上指了指。

旁边的少年听得津津有味，我则已经听不下去了，悄悄地离开了教室，我也想就这样悄悄地离开雅典学院，但很不巧，我在学院大门前又碰到了院长柏拉图。

“年轻人，已经下课了吗？看来你已经旁听了不少老师的课程，可以告诉我你想学什么了吗？”柏拉图还是一如既往地微笑着。

“您这里就没有什么实用学科吗？”我还是有点不死心，“比如烹饪，比如理财，比如怎么开挖掘机……”

“你不喜欢老师们教的这些吗？”

“喜欢归喜欢，可这东西我得能用得上才行啊……我在学院学了好几年，别到最后跟第欧根尼一样，整天瘫到地上卖惨可就不好了。”

“年轻人，我觉得你可能对知识的理解有错误。”柏拉图这次没有再笑，而是很严肃地对我说，“对知识的学习首先源于兴趣，如果你根本就不喜欢，只是为了其他的目的而学习，就太过实用主义了，而实用主义不是不好，但过度地实用主义会使生活失去本来的色彩，变得功利而毫无质感，任何的工作加入过度的实用主义色彩最后都无法取得成功。”

“再有，就是学校到底是什么地方？学校不应该是教你如何去生活的地方，而是教你如何去面对生活的地方。在这里，你通过学习，获得知识，更获得了一颗坚定和真诚的心，你开始了解这个世界，热爱生活，尊重他人，自律自强，秉持信念，捍卫自己的原则与底线，达则兼济天下，穷则独善其身，让世界更加文明，让人民相信真理，无论世事变化万千，社会倒退与进步，都勇于站在时代的最前沿，珍视自我，不忘初心。这些才是你大学应该去学习的……”

我瞬间被这一大堆高级词汇给镇住了，跟人这么聊天格调也是蛮高的……正在回味间，这时学院是真的下课了。刚才跟我一起听课的小少年也走了出来，特地过来跟我打了个招呼。

“你好，今天是我最后一天在这里上学，我在这儿学了很久，学到的知识改变了我很多的想法和观念，我想我可以通过在这里的收获，把这些知识变成帮助我国今后发展得更好的武器。明天我就要回我的家乡马其顿了，不知道以后能否再会，今天很高兴认识你，我叫亚历山大，后会有期。”说罢，转身走了。

我恍然大悟，从他的背影，我恍惚看到了那个在不远的将来带领马其顿士兵吞并希腊并且横扫欧亚非大陆，建立不世功勋的亚历山大大帝的伟大光芒。

好了，我的第二个欧洲历史故事就讲完了，除了跟大家阐述了一下古希腊几个重要的哲学家的主要思想外，还有什么要表达的诉求吗？

没错，目前国人心态中的实用主义困扰。

当然，曾经的中国穷困落后，很多地区确实还在为生计而困扰，加上后来房价上涨，又给新一代人以新的压力。但现今中国，如果你欲望没有继续膨胀的话，你会发现，大家其实已经吃穿不愁了。为什么不能为我们自己真正的喜好而做点什么，学点什么呢？难道我们学钢琴，就一定是因为考试加分，或者以后做钢琴老师，难道就不能是因为我们被美妙的钢琴乐曲所感染，也希望通过学习和练习，让自己有一天能够弹奏出如此美妙的乐章吗？上足球学校就一定要当球星吗？难道不能仅仅是因为喜欢，通过深度和系统的学习让我们理解团队协作的重要性，同时通过专业性的训练来强身健体，得到一个健康的体魄吗？

实用主义在中国，可真的不仅仅体现在学业的选择上，它几乎渗透到了我们生活中的方方面面，让我们的生活逐渐地失去了美感。比如，我们买车，一开始都是从自己喜欢的角度去挑选的，结果挑着挑着就开始加入各种实用主义思想带来的条条框框，当最后交易的时候发现购买的结果往往和你的初衷相去甚远，甚至是面目全非。比如我，小时候曾经因为喜欢看变形金刚就梦想着买一辆大黄蜂，但当我真正准备换车的时候，钱都到位了，其他的想法却一直困扰着我，比如车体太宽了，保险费用太高了，双座车不适合有小孩儿的家庭之类的，甚至我居然因为看后备厢太小，能不能装进我出团时候带的那个 RIMOWA 而犹豫。最后我想到了这个实用主义思想，我就想通了，什么适合不适合，重要的是我喜欢不喜欢，是我买车，不是我的箱子买车，因为一个箱子而耽误了我的梦想实现，这完全就是本末倒置。我现在开的就是这辆大黄蜂，虽然也有这样那样的不方便，但我从来没有遗憾和后悔过，因为我喜欢。

你能不能只是单纯地为你喜欢而做一件事，去一个地方或者买一件东西？

我也遇到过很多这样的游客，一开始让我帮他看一个包，发自内心地喜欢，但拿到手里突然想到，哎呀，牌子有点小，而且不是招牌款，是不是别人会以为是杂牌包？另外每天上班要装很多的 A4 纸文件，这个包太小了，可能装不进去，这些想法跟我当初买车如出一辙。是不是名牌，是不是招牌款式，是希望别人能高看自己，这是精神上的实用主义需求；能不能装下 A4 纸的文件，是物质上的实用主义需求。大哥，你以为别人都那么不识货啊？是你买包还是 A4 纸买包啊？

我不买表是因为我手机上的表也走得很准……大哥，现在谁买表还是以看时间为第一目的啊？手表在英文中叫 watch，首先是看的，其实才是看时间，戴在手上不但是装饰，更是表达你对对方的尊重，对时间的尊重。况且，很多人买表，其实只是因为喜欢，我喜欢，这个理由已经足够了。

现在的中国已经没那么贫穷和危机了，让我们告别实用主义，告别塑料制品之类的缺乏质感的东西，让更多美更多艺术充满我们的生活吧！毕竟人的一生，只有一次，实用着，凑合着，是一次，讲究着，精细着，也是一次。

韩寒说过一句名言，“我所理解的生活，就是和我喜欢的一切在一起。”

▶▶▶ 恺撒的微博

时光再次穿梭，亚历山大大帝在巴格达英年早逝，连带着希腊地区也因为他的离世而分崩离析，战乱不止。就在希腊内战没有波及的偏僻的亚平宁半岛地区，崛起了新的罗马文明。

它先是现实了半岛的统一，然后远征迦太基，两次布匿战争胜利后成了地中海的霸主，再接着收服希腊和西班牙，镇压了境内日渐猖獗的斯巴达克斯起义军。在苏拉下台后，元老院实际控制着整个帝国。但远征在外的将军们不甘心受控，刚刚结束伊比利亚征战的罗马祭司长恺撒，与征东将军庞培，还有苏拉曾经的副手，也是罗马首富克拉苏组成了同盟，将元老院的权利重新拿了回来。

现今的罗马执政官是谁无所谓，但帝国的权力是属于这三个人的，他们的实力源于军队，也就是毛主席说的枪杆子里出政权。军队为什么能服从你呢？这得由实打实的功劳说的算。

我这次转世，来到了恺撒身边，主要的工作就是帮助恺撒处理一些日常事务。此刻，我正在高卢东南部（法国东南）陪着恺撒视察前线的军队。

“罗马那边怎么样？”恺撒边视察边询问着。

“刚得到的消息，庞培回来了，准备继任执政官，克拉苏摩拳擦掌，看来是想带着军队去东方闯闯。”我把刚刚得到的消息跟恺撒复述了一下。

“哼，克拉苏那个老家伙，他不好好在罗马搞建筑工程，瞎出去折腾什么？”恺撒听了很不屑。

“克拉苏执政官也做了两任，想再进一步就需要有点军功了，况且他是像样的军队也有，钱更有的人。”我试着解释道。

“他？金币多倒是真的。不过就他手下那帮人，镇压一下斯巴达克斯那些奴隶还凑合，真上战场打仗？别逗了。”虽然私人关系不错，但恺撒从来都瞧不起克拉苏的军事能力。

“克拉苏在出征前邀请您和庞培将军去卢卡见个面，可能是想向你们讨教一下出征的经验吧。”

“好吧，反正现在也没仗打，见面劝劝他吧。不过又要看见庞培那张臭脸了，这家伙从东方回来估计又要炫耀一下战绩。”恺撒一想到庞培就很不爽。

小城卢卡的见面可以说是不欢而散，恺撒和庞培全程几乎零交流。但他还是很认真地希望劝克拉苏放弃带兵出战帕提亚的决定，认为那就是个坑。克拉苏明显主意已定，一意孤行地要出征，庞培则对此不置可否。恺撒觉得气氛很尴尬，就借口高卢战事提前离开，出城后回头看了看卢卡这座小城。

“这也许是我们三个人最后一次聚会了……”恺撒感慨道。

没想到他一语成谶。

次年，克拉苏带领着7个军团在东征帕提亚的卡莱战役中战败身亡，被敌人割下了头颅并在嘴中装满了黄金送回了罗马。而未来得及汇合的第一军团则在克拉苏长子普布利乌斯的带领下向东撤退，消失在了罗马人的视野里，据说是跑到了遥远的东方帝国。

“该死！早就说了，克拉苏根本不适合带兵作战。”恺撒听到消息后把拳头重重地砸到了桌子上。

“恐怕罗马现在暂时无法征集足够的士兵再次开向帕提亚战场，为克拉苏复仇。”我担心地说道。

“这还不是最要命的，要命的是我们也变得危险了。”恺撒的直觉没错，克拉苏的死，让本来还算稳定的三巨头同盟变成了双龙会。而在双雄的较量中，恺撒在外，庞培在内，恺撒在打仗，庞培在执政，恺撒的军功在荒蛮的高卢，而庞培的军功在艰苦的东方。无论从哪方面看，恺撒都处于绝对的劣势。

果不其然，没过多久，来自罗马的问责就到了，主要的意思是，你恺撒远征高卢到底有没有必要。

“我们需要想个办法来扭转一下局势了，”恺撒跟我商量道，“你有什么建议吗？”

我想了想，“还记得您之前当过罗马市的执政官吗？”我也在整理思路，“我记得那时候你为一件事情发愁过。”

“有吗？”恺撒貌似记不太清了，“我那时候好像只是主管罗马一些工程的营建啊，钱都是克拉苏给出的，有啥可发愁的？”

“看来您是真的忘了，我们那时候建了一个歌剧院，座席区域就是按照传统的希腊柱头来区别的。但中间建了一个专门供贵族们坐的核心座席，那里宽大舒服，视野也好。是您当时为了取悦罗马贵族们专门设计的。”

“哦，我想起来了，”恺撒恍然大悟，“当时最大的问题是，总有平民走进核心区，看门引导却无法识别，又没有相应的措施去阻止这些平民。不过后来我想到了一个办法巧妙地解决了这个难题。”

“您想到了什么？”我进一步地引导恺撒的思路。

“当时我宣布了关于新建歌剧院的一条新规定，为了表示对表演歌剧的演员和工作人员足够的尊重，要求所有观看表演的人，无论贵族还是平民，都必须穿着最正式的服装才能入场。平民再正式能穿什么啊，无非是干净一点的粗麻布衣服，而贵族们，即使不穿丝绸华服，平时的大白袍也非常明显。这样门卫只需要看衣着，就可以清晰地把贵族们领入指定区域了。”恺撒说着不禁有点自得。

“对啊，这就是我要说的，目前的态势，您就是衣着朴素的贵族。我们现在需要想个办法，让远在罗马的人民也能看到您在高卢的华服！”我振奋地说道，就像广告文案终于定稿一样兴奋。

“如何才能让大家知道我穿什么衣服呢？”恺撒有点迷惑。

“故事啊！”我已经找到了重点，“要让平民都了解您的故事，您在高卢的征伐，我们面对着什么样的敌人，我们为什么打这场仗。我们可以把这些故事都写下来，组成书卷，一卷卷地送回罗马，让贵族们了解您的苦衷，让人民传颂您的功劳！”

“好吧，那我就把我要写的东西定名为《高卢战记》！”恺撒是行动派，想到了办法就刻不容缓，马上拿起硬尖笔，在涂满蜂蜡的木板上快速地书写。

第二天，恺撒把蜡板拿给了我，“你看下，这段写得怎么样？”

“哦，不！”我看完后，微微摇了摇头，善意地提醒道，“尊敬的恺撒大人，您现在写的不是给元老院的军事报告，我们最大的读者是普通的平民大众，他们知识有限，很可能听不懂您写下的优美的修辞，我们需要更直白平实一些。另外，在文体上也不能以说明的方式来表达，最好还是讲故事，这样才更有吸引力，大家才更加爱听。”

“哦，这样啊……”恺撒挠挠头，顺手把蜡板丢到了一边，“不修改了，我还是重新写一个吧。”

恺撒是一个非常有才华的人，他不仅在军事方面具有超人的天赋，在文学和艺术方面更是少年成名的天才。他从小酷爱古希腊文学，十几岁时就曾写过戏剧剧本，还曾经拜师于罗德岛的雄辩大师阿波罗尼奥斯门下，比其他的军事将领拥有更为卓越的口才和写作能力。

他写的《高卢战记》以自身为故事，讲述他在罗马帝国北部边界遭遇高卢当地土著人的侵略，以及整个罗马帝国受到的这些蛮族的挑衅。甚至还生动地描述了一个普通士兵勇敢地抗击敌人，最终牺牲了的悲壮故事。有宏观有细节，过程曲折而有始有终，堪比一出经典戏剧。文章送回到罗马立刻引起轰动，尤其是普通人，极大地关注了这位远在北方征战的将军，就连有些元老院的贵族也在私下送信来，询问战争的状况，是否需要罗马提供什么支持。

“我们成功了！”恺撒得知结果也非常振奋，“罗马那边的舆论压力越来越小，我们可以继续征兵来攻略整个高卢了！”

“您的文章可千万不要停啊，我发现了它另外的一个好处，”我也鼓励道，“就是让您在平民和元老院中都恢复了当年在罗马执政时的好人气！”

“我觉得罗马人其实并不了解高卢这个地方，在他们眼里，可能这里除了荒蛮的土著部落外，就是穷山恶水。所以我建议除了更多地描述战争故事外，您应该多写一写您在高卢的所见所闻，这些美丽的山川与河流，富饶的田野，森林中丰富的动物，还有当地人的土著文化等等，这些内容大家应该也是感兴趣的。”我给恺撒又进一步拓宽了思路，“等大家都了解了这里以后，也许再决定征战高卢时，他们并不会觉得是因为他们冒犯了我们，而是罗马人都认为这里本来就应该成为伟大的罗马帝国的领土！”

后来，《高卢战记》陆陆续续成文了八卷，里面除了记录了恺撒在高卢及日耳曼和不列颠的各种战争收获，以及可歌可泣的战争故事外，还生动地描述了高卢和不列颠地区的地理、生物、人文等各种信息，恺撒对这些地方的观感和思考。

所有罗马人就好像看到了远在天边的恺撒随时拿手机发布的微博，是不是刷出一条，又是个新鲜的故事，又到了一个什么神奇的地方，又捕捉到一只奇怪的猎物……人们传颂这些故事的同时，也让恺撒的人气值经久不衰，甚至远远地超过了正在罗马执政的庞培。为后来恺撒击败庞培，成为终身执政官奠定了雄厚的舆论基础，也使他成了整个罗马帝国历史上最伟大的元首。他的名字甚至成了一个头衔，之后不论是罗马帝国还是再往后很长时间的欧洲，国家的元首永远叫国王，但国王之上还有个级别更高的称号，类似于中国的皇帝，在这里，叫恺撒。

《高卢战记》也为后来的博物学家塔西佗写作《历史》时提供了很多的信息和资料，也为现代历史学留下了宝贵的古罗马早期的法国地区各方面民情的文字记录。

Veni，vidi，vici！我来到，我看见，我征服！——恺撒

好了，恺撒的故事讲完了，古罗马这段我也就说到这里。

除了感受到恺撒的睿智外，我们是不是也明白了一个道理。从2000年前的古罗马时代，剧院入场就开始以貌取人了，到现在不是一样吗？有时候游客在外旅游时忽然内急，而附近又没有公共厕所，欧洲当地麦当劳星巴克的厕所又都需要密码才能入内，那么哪里最合适啊？当然是酒店了，别去那种特别小的酒店，有的连大堂都没有，更不会有洗手间了。去就去高档的、五星级的酒店，大堂不但有洗手间，而且设施豪华，卫生程度也特别好，还免费。不过您如何进去呢？要让门童认为您就是酒店住客，或者是住客的朋友，坦然地走进去，直接走到角落的洗手间就把问题解决了。但您要是穿着极其朴素，门童有时候就会礼貌地问您要找谁或者住几号房，这个场面就太尴尬了。但是如果您的穿着十分得体，整洁而时尚，伸手一推门，不经意间还露出了藏在袖子里的欧米茄大金表，相信门童只会向您礼貌致意，甚至您坦然地问出厕所在哪里的问题，他也会热情地引领您过去。这叫什么？这不叫狗眼看人低，这个实际上就是阶层的外在表现。

人类社会自有文明起，从来就没有平等过，阶级无处不在，一切美好的东西，都是为更高阶级的人去服务的。那些辉煌的宫殿、登峰造极的艺术品、光鲜亮丽的细雪长袍，精工细酿的葡萄酒都价值不菲，它们不光昂贵，同时还凝聚着工匠在制造时专注的灵魂，是为了达到更高价值的体现，是为了人类更高阶层的工作与生活服务的。

人类社会有了阶层，大家才会去努力奋斗。任何一个良性发展的国家都不会堵死这个社会上升的通道，在古罗马是军功，在古代中国是科举，而高阶层的人如果不够努力依然很有可能衰败下去，这在国内外的历史发展中也屡见不鲜。

你可能不算幸运，没有降生在一个贵族家庭，但没有关系，只要你足够努力，通过不断的学习充实自己，通过不懈的运动锻炼身体，通过不停的旅行去增长阅历，抓住眼前一切的机遇，依然可以跻身上流。

有了财富，有了智慧，有了身份的认同，你当然可以理所当然地去享受这

一切。华贵的衣服，宽敞的房子，精致的钢笔，考究的皮鞋……这些都是你努力拼搏后应得的！我们要给时光以生命，而不是给生命以时光。

杨绛说过："人这一辈子，自私很容易，但爱自己却很难。"

王尔德说过，"爱自己，是终身浪漫的开始。"

▶▶▶ 加洛林宫相

恺撒执政的时代是伟大而辉煌的，然而这种辉煌只持续了几年时间，元老院的复仇之火就迅速地烧到了他的身上。公元前 44 年，恺撒遇刺，在元老院的大厅身中 33 刀而死。这使得他的继任者屋大维更有理由削弱这个名存实亡的组织，不久后罗马正式从共和国走向帝国。

一个帝国的成长总是波澜起伏的，从尼禄的昏庸到五贤帝时代的荣光，从塞维鲁的割据再到四帝共治时的平衡，君士坦丁大帝最终重塑了罗马帝国。但胜利者似乎不是这些走上王位的统治者，而是基督教，他们从非法走向合法，又从合法走向唯一，从贫瘠的约旦河附近一直走到了罗马帝国的每个角落。虽然随着东西罗马的分裂，基督教也不可避免地分裂成了天主教与东正教，但教皇的威信却与日俱增。

当罗马走向衰落的时候，北方的蛮族活动范围却越来越大，东北欧出现了从遥远的汉帝国迁徙而来的匈奴人，在阿提拉汗的带领下疯狂地向西欧中心进击，把原本在罗马帝国边境上活动的阿兰人、哥特人和日耳曼人都驱赶进了罗马本土。随着日耳曼人洗劫了繁荣近千年罗马城，西罗马帝国正式宣告灭亡。

蛮族的文明相比罗马要落后很多很多，他们可以凭借自己的铁蹄和勇武横扫西欧大陆，但却没有一个能长治久安地统治这个地区。在无尽的战火蹂躏中，平民们总是流离颠沛，此时宗教成了他们唯一的心灵慰藉。天主教虽然没有拯救世界，但在平民心目中，教皇已经成了他们新的恺撒。

天主教的救世机会还是来了，他们与法兰克部落的领袖达成协议，让曾经的蛮族法兰克人大头领克洛维皈依成为天主教徒。这是一个双赢的合作，从此得到教皇或主教的加冕成了一个国王是否合法继承王位的标准，而克洛维则带领法兰克人建立了一个庞大的法兰克帝国。

随着阿拉伯帝国的崛起，不但地中海南岸已经成了他们的跑马地，他们还跨过了直布罗陀海峡，攻掠伊比利亚（西班牙），下一步就是要翻越比利牛斯山来征服高卢了。危机感促使教皇全力支持抗击阿拉伯人侵略的查理马特，并最终选择了他的儿子，法兰克帝国的宫相丕平成了新的国王，墨洛温王朝落幕，加洛林王朝正式登场。

我的这次转世，在身份上比之前的富商、学子和秘书要高贵得多，我成了帝国的宫相，也就是咱们中国古代的宰相，可谓一人之下万人之上。但比较倒霉的是，曾经的宫相篡位成了国王，现在的宫相就成了首先被严防死守的对象，所以我的权力其实十分小，只能协助国王处理一些不太紧要的行政事务。

现在的国王已经不是那个被称为“矮子”的丕平了，而是他的儿子查理。查理并不是唯一的王位继承人，他还有弟弟卡洛曼，因此帝国一分为二。但我看到了他弟弟的昏庸与虚弱，便果断地站到了查理一边，上帝眷顾了我，也眷顾了这个危机四伏的国家。当内战还没有彻底爆发的时候，卡洛曼就病死了。查理以不到 30 岁的年龄成了整个法兰克王国唯一的国王。

他没有时间风光得意，内部卡洛曼的残余势力还在蠢蠢欲动，北面的撒克森人，东面的阿瓦尔人都在虎视眈眈，维京的海盗开始在北海像幽灵一样游弋，而最可怕不是这些配角，而是已经从阿拉伯的阿巴斯帝国脱离出来的科尔多巴伍麦叶帝国，他们占据了伊比利亚半岛的绝大部分，在比利牛斯山南只有零星几个小的城邦还在抵抗，一旦把这些钉子拔掉，他们将轻松翻越高山，出现在高卢平原，那将是查理最大的噩梦。

然而最大的困惑并不在政治层面，而是精神上的。查理的上台凭借的是一系列不太光彩的手段，而即将拉开大幕的南征北战又将让这个国家付出血流成河的代价。从小接受宗教教育的他产生了很大的困惑，是否是因为自己登上王位才引发的这一系列的惨剧。

为了解决这个旁人无法解开的心结，我便跟着查理一起随军队从帝国的首都亚琛南下前往罗马，去会见教皇阿德里安一世。当然，查理还是带着大军绕过阿尔卑斯山，扫灭了横在教皇国半路而且不太听话的伦巴第王国，带着胜利的消息去觐见教皇。迷茫归迷茫，天赋迥异的查理做事从来都是喜欢一举数得的。

由于解决了教皇的难题，同时也是欧洲大陆目前最强大的势力，教皇给予了我们足够的尊重，特别把查理国王和我邀请到了装饰华丽的宴会厅，一顿丰盛的凯旋宴后，比较私人的对话时间便开始了。

“查理陛下，再次感谢你扫平北方的伦巴第，他们最近确实太嚣张了。”教皇谦和地微笑着说，“我已经为他们发愁很久了。”

“伟大的圣父，这是我们虔诚的信徒应该做的，”查理依然很拘谨，毕竟第一次面对教皇，用词也不敢太随意，“我会把伦巴第战争中的战利品敬献给您的。”

“那不重要，重要的是我在战争过程中看到了你的战争天赋，你是个勇敢而且睿智的国王，虽然强敌环伺，但我坚信上帝一定会站在你这一边的。”教皇继续鼓励道。

“这也是我这次来觐见的另外一个目的，我对现在的形势及宗教上的困惑导致我做每一次决定时都十分痛苦。”查理并没有接受教皇的夸奖，而是把自己的苦恼说了出来。

“国王陛下，您还年轻，年轻人管理这么一大片土地，有些困惑是很正常的，”教皇倒不觉得这有什么问题，“可以具体说说都有哪些困惑吗？”

“具体的事情都是一些俗务，不想打扰您的清修，我能直接提几个关于宗教的问题吗？”查理还是有所保留，但他心中的困惑必须问出来。

“我的王国内有很多刚刚皈依上帝的人，我从圣经里读到，说所有的人，哪怕是在死前最后一刻才皈依的，都同样有资格前往天堂。但这是否对那些从小就接受洗礼，虔诚信仰一生的人不公平呢？”查理第一个问题其实是替他的士兵问的，“就像大家都在排队领面包，忽然来了几个人插队，同样也把面包领走了。”

“没想到你居然会这么想，年轻人，”教皇听到这个问题并不意外，“信仰是美好的东西，越早拥有信仰，人就越早变得平静安详，越有信念，越勇敢真诚，所以先皈依的人并没有失去什么，而是得到得更多。由此可见，你的比喻有点问题，不是大家在排队领面包，而是大家躺在舒适的靠椅上，一边喝着美酒欣赏这眼前的歌舞，一边在等面包。这时候，即使突然出现了几个人，把现有的面包拿走了，那又怎么样呢？再继续享受继续等待呗。”

“我可以给你讲一个发生在罗马的故事，”教皇继续说道，“就在前不久，罗马的一座教堂门口发生了一起抢劫案，一个歹徒在教堂门口抢劫一位贵妇人，而周围的人则迅速“出击”，没让歹徒得手，眼见卫兵马上赶到，歹徒恼羞成怒，一把抓起贵妇人的孩子，拿刀顶着小孩的脖子将其作为人质。卫兵包围了这个恶棍，但投鼠忌器，对他无可奈何。正当歹徒准备玉石俱焚，与小孩儿同归于尽的时候，一直跪在教堂门口的乞丐突然跳了出来，拉住了歹徒的手，与他滚到一起。小孩子得救了，但乞丐却被愤怒的歹徒用刀刺死，当然歹徒随后也被卫兵处决了。我要说的是，这个乞丐，他跪在教堂门口好几年了，但我从来不认为他是个有信仰的人。他只是聪明地认为进出教堂的信徒们都是善良人，他跪在这里，每天的收获要远远多于他的同行。但就在他跳起来拯救小孩子的那一刻，我保证他已经皈依了，上帝在他生命的最后一刻给予了他一生都不曾拥有的勇气与善良，他的生命虽然消逝了，但我认为，天堂的大门将永远为他敞开。这就是我常说的一念天堂，一念地狱。进不进天堂，其实并不是我或者上帝来决定，真正做出这个决定的，恰恰是每一个人自己。”

“我好像明白了，尊敬的圣父，还是您的话语一针见血，让我茅塞顿开，”查理对这个回答很满意，他似乎更有信心了，“但天堂真的存在吗？它在哪里？是在我们头顶的这片蓝天上还是别的什么地方？地狱难道也真的在我们脚下的这片大地的深处吗？”

“这个问题其实在宗教典籍中已经被多次提及，书上写的我就不重复了，”这个问题让教皇略有诧异，因为一般人很少敢于直面这个问题的核心，而教皇本人还活着，真的无法描述得多么具体，“还是让我来讲一个故事吧！”

“有一个小偷去世后，见到了上帝。上帝说你无法上天堂，因为你曾经偷窃过，虽然是为了给你的妻子治病。小偷说我愿意下地狱，但我想知道，我的妻子在天堂还好吗？上帝说她现在在地狱。小偷愤怒地说为什么？她可是个好人啊！上帝回答说，我知道，但她来的时候问我你死后会去哪里？当得知是地狱后，她便过去了。她说她会跟你永远在一起，她说有你的地方才是天堂！”

查理听完后眼眶略显湿润，他还在回味着这个短短的小故事。

“从这个故事里，我能体会到的就是你的问题——天堂的位置。”教皇这才开始回答查理的问题，“到底哪里是天堂？它在高高的云端吗？还是在某座遥不可及的山顶？不同的人，可能给出的答案都不一样，我倒觉得，天堂就在我们的心中。”

“这个世界物欲横流，战火纷飞，你身边的人贪婪可耻，笑里藏刀。每个人的地位不同，看到的东西也不同。一个升斗小民，每天奔波劳碌，他看到的只是他这个小村里的生老病死，看到远处的山，那仅仅是山而已。而你们这样的国王，是站在整个王国顶端的位置，虽然还是每日忙碌，但这里面充斥着阴谋、妥协、阳奉阴违、两面三刀等各种人性的阴暗面，你们再看到山的时候仿佛它已经不是山了。但是这个世界就是两面性的，人性的丑恶与善良，谎言与真相，残忍与博爱。看到了这些的你应该如何去面对？消极的人会选择厌世或者逃避，但伟大的人将勇敢地面对复杂的人生，接纳谎言，拥抱真相，接纳残酷，拥抱美好。世界并不完美，但你可以珍惜那些美好的部分，那就是你心中的天堂。而这时，当你再看那座山，它其实还是山，也许你已经站在了山巅。”

“好吧，现在的我可以听懂您的故事，但希望有一天我可以真正地理解它。”查理低下头，向教皇致敬道。

“你会的，年轻的国王陛下。”

“圣父，我还有一个具体的问题，”查理终于想有点实质地交流了，“伊比利亚的阿拉伯人已经蠢蠢欲动，我觉得和他们的决战就要来临。我正在组织骑兵军团，并刚刚晋封了十二位圣骑士与我一起战斗。但我始终觉得，我的实力有限，战斗的结果恐怕凶多吉少……”

“我再给你讲一个有关勇气的故事吧，”教皇似乎讲故事上瘾了，“就在伊比利亚北部，有一个小城，叫卡拉特拉华。有一次小城的军队照例外出巡逻，几天后才会返回。谁知阿拉伯军队突然到来，包围了毫无防范的小城，城里已经没有一兵一卒，眼见着阿拉伯军队就可以轻松将其占领，并且以逸待劳地阻击巡逻返回的军队。这时候，一个传教士和四个已经退役的老兵站了出来，号召大家不要投降，而是要依托城墙死战到底，四个老兵用四把宝剑组成了一个十字架的形状，成了这个小城的临时军旗，他们组织城里的青壮年保卫家乡，坚持好几天。直到军队返回，里应外合，把阿拉伯人赶跑了。这五个人在敌我悬殊的情况下依然坚定地站出来，给了所有人以莫大的勇气和信念，秉持着这种信念，他们最终也拯救了自己。他们的临时军旗后来一直飘扬在这座小城的上空，后来大家管这种十字架就叫作卡拉特拉华十字架。”

“好的，我从您的故事中获得了智慧与勇气，我觉得我现在已经有信心回国面对来自四面八方的敌人了！”查理听完后也热血沸腾，仿佛有一股力量注入到了他的体内。

“你一定会成功的，我坚信！”教皇微笑着，边说边从身上掏出一把黄金钥匙，“这就是我对你最大的支持！”

“天国的钥匙？”查理诧异道，教皇作为上帝在人间的代理人，一直被认为是圣彼得的转世，负责掌管天国大门的钥匙，所以你在任何地方看到圣彼得的雕像或绘画，他总是拿着金钥匙的，而教皇教廷的标志，也是这把天国的钥匙。“是为圣战而牺牲的士兵们开启天国的大门吗？”

“不仅如此，”教皇诡异地一笑，“更在于它的材质，我将为你提供最大的支持，就是黄金。”

“金币吗？”

“不要认为黄金世俗，你看看这个世界，任何一个文明开始有货币的时候，无论开始用的是什么，最终都会变成黄金。任何一个文明，他们最重要的‘演出’场所，不管是宫殿还是神庙，他们的领袖，不管是国王还是祭司，都会以黄金作为最重要的装饰。可见人类对黄金的重视，是不分宗教和民族的。黄金可以给人以勇气，黄金可以给人以保障，黄金可以给人以信心。另外，黄金是世界上唯一百毒不侵（不生锈）的金属，所以我们的宗教认为，黄金是通往天国的阶梯！”

“好的，我都明白了，”查理大声笑道，“感谢您赐予我的勇气与黄金，我将带领我的军队抗击侵略，保护人民，守卫宗教，建立功勋！”

“年轻的陛下，你会成为伟大的帝王，我期待着你恢复罗马帝国的荣光！”

查理国王走后，便带领军队南征北战，一手宝剑，一手宗教，战无不胜，攻无不克，并最终建立了称霸一时的查理帝国。成了继大卫、亚历山大、恺撒之后，欧洲历史上最伟大的帝王，史称“西欧之父”。

好了，这个故事其实很简单，只是一段查理大帝和教皇的私人对话，我呢，则只是作为一个旁观者，在旁边倾听，一句话都没插。

这个故事讲的是什么呢？其实就是想告诉大家，宗教在欧洲，尤其是中世纪的欧洲，是何等的重要，人们颠沛流离，朝不保夕，这时候唯有宗教能够给他们以生存下去的信念。

信仰给了人们勇气，给了人们善良，给了人们安宁，也给了人们希望。而希望，才是人类最需要的东西。

所以，我们可能也就理解了，为什么这里是个宗教的世界，因为真诚的信仰已经延续了上千年。

最后再提一句，那个卡拉特拉华十字架，大家也许见过，就是世界第一腕表品牌百达翡丽的官方 LOGO。

▶▶▶ 天启四骑士

这次的转世好像并不算好运，我成了一个年轻的骑士，上一世告诉我，欧洲骑士阶层来源于查理大帝创建的十二圣骑士，后来逐渐成了一种社会晋升阶梯，所以骑士，即使不是贵族也可以说是准贵族了。

但不幸的是，作为英勇的骑士家族，我的亲人都在历次的“十字军东征”的战斗中牺牲了。现在跟我在一起的，是整个家族唯一幸存的叔叔，他也是因伤才提前退出了战斗部队，但因为英勇表现，仍保留了骑士的头衔。

现在的世界，不再是兴旺进取的查理帝国了，他的孙子们瓜分了法兰克王国，使得欧洲大陆从此失去了大一统的可能性，西欧地区逐渐分裂成了多如牛毛的小国，所谓的大国如神圣罗马帝国、法兰西还有英吉利，国内也都是诸侯并立，互相制衡。每隔几年，各地就爆发出一场王位争夺战，或者某两国领土争夺，结果就是摆阵开打。战争结束，总需要有德高望重的人来做公证签停战协议吧，找谁呢？当然是教皇了。再加上各地的国王、诸侯，任何一个继承人上位，都需要得到教会的认证与加冕。这才导致了罗马教廷的权力和威望空前强大，全欧洲的财富疯狂地向各地的教会集中，教皇在某些时期可以说是呼风唤雨，随意对任何一个国家的内务指手画脚。

绝对的权力会导致绝对的腐败，这是人性的弱点，教皇也是人，教会也是由人组成的。所以整个中世纪，几乎可以看成是一个教会骑在欧洲各国头上骄奢淫逸的历史，在后来甚至已经到了肆无忌惮，无法无天的地步了。

有些有识之士已经开始注意到教廷的腐败了，准备有组织地与教会展开对立了。正在这个教皇急于挽回声望、解决内部矛盾的时候，一个天大的消息送到了罗马。

基督教的第一圣地，也就是耶稣被钉上十字架的圣城耶路撒冷被异教徒攻陷了。这个坏消息对已经焦头烂额的教皇来讲简直如获至宝，他立即号召全欧洲的有志之士，尤其是骑士阶层，杀向耶路撒冷，夺回圣城。而且许诺把占领地都册封给占领者，让他们可以在地中海东岸建立自己的天主教国家。

第一次“十字军东征”可以说卓有成效，四路大军汇合于君士坦丁堡，以雷霆之势迅速占领突厥人重镇尼凯亚，并于不久后在布永的戈弗雷带领下夺回了圣城耶路撒冷，建立了显赫欧洲的耶路撒冷王国。不过当初屠城杀戮实在是太重了，整整七万平民被无辜杀害，这激起了全体伊斯兰文明的仇恨。比起后来又抢占耶路撒冷的萨拉丁获胜时释放战俘，我们十字军才像是野蛮人。

如今跨越了两百年的九次东征均告失败，当叔叔得知全欧洲最虔诚的法王路易在东征半路上去世的消息，他就知道十字军再也不会到来了。随后不久，天主教在地中海东岸的最后一个堡垒阿卡城也被拔掉了。或许，基督教将彻底丧失耶路撒冷。剩下的战士们会撤退到塞浦路斯继续抵抗，父亲在防卫战中牺牲，而叔叔又带着刚出生的我从塞浦路斯撤退到了罗德岛。

我成长于罗德岛，它曾经是古希腊的一个重要文明据点，现在成了圣约翰医院骑士团的临时避难点。我就是跟着骑士团长大的，但门派不同，我们只能算是曾经的战友关系，大家虽住在一个岛上，但互敬互让，始终保持着不远不近的距离。

如今我终于成年，叔叔年纪也大了，始终认为在罗德岛生活并不是长久之计，他有强烈的思乡情结，不希望客死异乡。所以我们就与骑士团的部队友好分手，扬帆出海，踏上返回欧洲的归途。

“这可能是我这辈子最后再看一眼小亚细亚了。”叔叔扶着海船的栏杆，望着不远处的海对岸唏嘘道。

“您真的不看好罗德岛吗？”我也跟着骑士团学习了很多军事理论，“阿拉伯人海军不行，我们离海这么近，一旦有更多的军队到来，随时可以登陆作战；退一步讲，守住岛屿还是问题不大吧……”

“你别听他们骑士团的人说大话，”叔叔听了很不屑，撇撇嘴，“我跟他们大团长深入交流过，我们都认为之所以罗德岛暂时安全，并不是阿拉伯人不善海战，而是他们把全部精力都投入到攻占君士坦丁堡上面了。一旦那里失陷了，罗德岛这个弹丸小岛，几乎就是不设防的。大团长已经做好了一个后备预案，那时候有可能会后撤到拉古萨一带吧。”

“攻占君士坦丁堡？”我惊叹道，“那怎么可能？那是东方最坚固的堡垒，从来没被攻陷过！”

“什么没被攻陷过！”叔叔似乎想到了什么不好的记忆，皱了皱眉，“哼，那帮打着十字军旗号的流氓不是就洗劫了那里吗？自从那次浩劫之后，东边的罗马帝国就一蹶不振，再也没有查士丁尼大帝那样的雄心壮志了。”

“哎，不说这个了，叔叔，我们的船会先到西西里岛的锡拉库萨，然后下一站会去哪里？”我尝试找个新的话题，不提那些丧气的事了。

“我们先到锡拉库萨休整一下，然后从北面的墨西拿穿过海峡，”叔叔边说，边用手蘸水在地板上画地图以便说明地理位置，“北上罗马，去那里觐见教皇，我们东征这么多年，功劳虽然没什么，但为宗教奋战到底，相信教皇能给我们一个生存的地方的。”

“教皇真的可以吗？”我有点疑问。

“马丁那个家伙应该已经去世很久了，他太过油滑，一点儿也没有教皇的威严和公正，他还在世的话就不好说了，不过这个根本不可能，他活不了几十年，”叔叔显然对原来的某位教皇心怀不满，“就看继任者是什么态度了，如果不给我们土地的话，我们就去投靠某个势力，反正打了几十年仗，家乡那点小打小闹还是不在话下的。”

“就那一任教皇比较坏吗？”我进一步提出疑问，“听说他的前任名声也不算好啊。”

“别说前任了，最近三百年，哪有几个好教皇。自从格里高利搞了宗教至上的宣言后，教皇的权力越来越大，想要什么就有什么，这时候教皇变成了谁都想当的宝贝，这之后再上来的教皇，心里哪还有侍奉上帝、扶持弱者、守卫真理的信念？他们全想的是怎么捞钱，盖新的教堂，修缮华丽的宫殿，”叔叔越说越愤慨，“号召‘十字军东征’的乌尔班也不是什么好人！对内争权夺利，对外跟好几个国家互生嫌隙，他号召大家夺回耶路撒冷，哼，依我看啊，这纯属转移大家的注意力！我们在东方浴血奋战，他们这些宗教权贵在家乡搜刮财富，作威作福。”

“有那么夸张吗？”

“我这就说得够保守了，这些宗教权贵号称侍奉上帝终身不娶，可是据说好多人都包养了情妇，还有各种私生子。我们十字军作为夺回圣城的志愿武装，教皇乌尔班给每一个人都发了赎罪券，就是我们的原罪已经得到了赦免，死后一定会上天堂的，”叔叔的情绪已经有点失控，“可是你知道吗？我听很多人都说过，在一些根本就没去东征的贵族甚至是富人家里也出现了这种赎罪券！你稍微想想就知道为什么。这东西肯定是教廷私下卖的，连这个都能买卖，他们还有什么钱不敢拿？”

“叔叔您冷静点，也许我们回去时情况已经好一些了。”我劝道，虽然我的信心也不大。

“但愿吧，这样真的太危险了。一个国家，一个宗教，甚至一个人，都是一样的，权力越大其实越危险，财富越多也会越危险，盈满则亏，再好的东西只进不出，也是死路一条。因为有更多人会觊觎你，内部矛盾也会越来越多，即使你都能摆平，上帝也会看不过去的，天启四骑士就会降临，那时候就悔之晚矣了。”

“天启四骑士？那不就是《圣经》中提到的瘟疫、战争、饥荒和死亡？”我的信仰虽然没那么坚定，但也从小接受过宗教教育，“那是末日景象吧？目前应该没这么严重吧？”

“但愿是我瞎想吧……”叔叔无奈地感叹了下，结束了当天的交谈。

船在地中海漂泊了 20 天，终于在西西里岛东部的港口城市锡拉库萨靠岸。这里可以说是整个地中海的中心，南来北往的商船如织，城市也是一派欣欣向荣的景象。

“锡拉库萨可是好地方啊，我真想一直待在这儿。”叔叔沐浴着地中海的阳光说道。

“仅仅一个月的时间，就让我们的积蓄减少了一大部分。还是按计划先见见教皇吧。”我知道叔叔之所以感叹，是因为他也知道要离开的日子还是来临了。

当全体人员开赴墨西拿的时候，这个海峡城市却处于一片慌乱中。

“墨西拿城怎么了？”叔叔拦住了一个正在逃亡的人问道。

“城里暴发瘟疫了，死了好多人，你们也别进去了，赶紧跑吧！”那个有点慌不择言。

“好好的，怎么会有瘟疫？”叔叔还想进一步了解情况。

“前些日子，从黑海的卡法城那边过来了商船，据说他们的船到岸就发现好多船员已经死了。然后没多久，码头附近的人也开始有得瘟疫的。我们把那艘商船轰走了，但死人还在继续，这一定是上帝给的惩罚！”那人不再继续说话，而是匆匆地踏上了逃亡之路。

“看来情况有变，我们就别进城了，直接过海赶去罗马吧。我也有点害怕。”

“好吧，我觉得还是走陆路去罗马吧，城里的大船恐怕都用不了了。”叔叔本想进去看看，但恐慌的人们都纷纷外逃，估计用不了多久，墨西拿就会变成一座空城了。

我们全体人员找了条小船越过海峡，沿着海岸线一路走到了罗马。

刚到了罗马，他们就发现更坏的消息又出现了。

原来教皇已经不在罗马了。

“什么？这怎么可能？罗马城是天主教的中心所在，教皇不在这儿，还能去哪儿？”叔叔感觉这个消息莫名其妙。

“现在的教皇是法国国王拥立的，在这里他并不被认可，所以他就把教廷搬到了法国马赛北面的阿维尼翁去了。”回答叔叔的，是一个当地的贵族。

“怎么能这样？罗马居然连教皇都没有？”叔叔感觉这件事无比滑稽。

“对啊，我们也觉得这样不是事儿，”那个贵族接话道，“反正那是法国人扶持的傀儡，我们这边也计划再选一个教皇，反正罗马教廷的财富都在这里，不能便宜了法国佬。”

看着贵族那双贪婪的眼睛，叔叔摇了摇头，垂头丧气地离开了。

“走吧，罗马已经充斥着阴谋与铜臭气了，我多一刻都不想待了。”

“我们下一步要去哪儿？”我追问道。

“去阿维尼翁！”叔叔还是不死心，“总之，不见教皇一面我是不会甘心的。”

我们再上征程，继续沿着海岸线一路北上，途径佛罗伦萨、博洛尼亚和皮亚琴察，走到了中世纪最伟大的商业城市之一热那亚。

叔叔年岁已高，一路的舟车劳顿，再加上心情抑郁，积劳成疾，已经重病缠身。到了热那亚后，实在无法继续了，只得进城找大夫医治。

诡异的是，一座可以媲美威尼斯的商贸大城此刻人丁稀少，为数不多的人看着都神志不正常。我们抓了一个过路的，问医生住哪儿，差点把他吓死，匆匆指了一下方向就慌不择路地跑了。

而医生也显得很诡异，他不在房间里坐着，而是坐在空空的大院子里，头上戴了一个怪鸟的面具，长长的鸟喙不但挡住了嘴，连脖子也看不到。身上穿了一件超大的黑色袍子，彻底把身子都罩住了，要不是他说话了，我还以为是刚从地狱里爬出来的恶魔呢。

“站远一点！”医生虽然戴着面具，但吐字清晰，言辞听起来很警惕，“就在那里就可以了！有什么问题赶紧说！”

“医生，您这身装束好怪异啊，以前给人看病也是这个样子吗？”我不禁有点好奇。

“都什么时候了还这么多废话，病人是谁？”医生一副很不耐烦的语气，“让我看看死神打不打算收他！”

“这是我的叔叔，劳烦您给救治一下。”我也看出了医生的粗暴，不过人在屋檐下，措辞还是客气了一些。

“这么老了，还有什么救的必要吗？”医生藏在面具下的眼睛在闪动，看了看我的叔叔，他的外貌看起来的确比实际年龄大不少。

“医生，请您自重！”再好的脾气也经不住这样的话语，我已经决定要用骑士的方式解决他了，“您要再敢说下去，我将要求跟你决斗！”

“好吧，算我失言，”医生也觉得自己说得有点过火，稍微往前探了探身子，随即摘下了那个怪鸟的面具，“难道你叔叔不是得瘟疫了吗？”

“谁跟你说我叔叔得瘟疫了？”我依然有点恼怒。

“现在的热那亚，全城已经有接近一半的人得瘟疫死去了，最近这些天我看的病人全是马上要被死神带走的人，”医生仿佛刚刚缓过神，接着把那件罩满全身的大袍子也脱了，“我为我刚才的莽撞向你正式道歉。可算来了个普通病人，这套装备可是闷死我了！”

“瘟疫已经蔓延到了热那亚？”我惊讶地问道，“不久前还仅仅是在墨西拿而已。”

“岂止热那亚！”医生撇了一下嘴，“马赛、威尼斯甚至佛罗伦萨都被瘟疫吞没了，甚至北方的斯特拉斯堡、亚琛、慕尼黑都被波及了，只要城里有一个瘟疫病人，无论怎么预防或者救治，必然有三成以上的人会相继死亡。”

“速度太快了，这不是瘟疫，这简直就是死神降临！”我也本能地心生恐惧了，一年之内遍及欧洲大陆各地，它的杀伤力要远远大于一次战争或者一次天灾。

“情况很不好，”医生一边查看我叔叔的病情，一边皱着眉头对我说，“你叔叔虽然得的不是疫病，但由于他年老体弱，又是老伤复发，刚发作的时候他应该没说，能撑到我这里已经算是奇迹了，如今用不用药已经意义不大，他很难挺过今天晚上……”

“……”我的大脑忽然一片空白，不知道还能再说点什么。

“咯……咯……”叔叔这时候似乎清醒了一些，也听到了医生最后的诊断，“没关系的，我的身体我知道，我是见不到教皇了，不过现在看来见不见也无所谓，如今的世界，在哪里生活都是痛苦。”

“我再带你找别的医生试试看！”我还是不死心，也劝着叔叔。

“别折腾了，作为骑士，我不想死在床上。你带我到城里走走吧，我想最后再看一看这座城市。”叔叔很看得开，要我带着他再去城里看看。

辞别了医生，我便背着叔叔往市区中心走，一路看到很多携家带口离开城市的，他们应该是打算搬到乡下去避难。路边很多房子的外墙都涂着黑黑的瘆人的字母P，那是标志着这个家庭已经有人感染了瘟疫，提醒街坊们注意。有些街道甚至所有房子的外墙上都有这个字母，仿佛这个字母本身也会传染一样。街角处躺着很多人，应该是疫病已经无法救治的濒死之人，有些人全身溃烂，皮肤呈黑紫色，就连眼睛也变得通红，好似地狱的恶灵……他们有的在呼救，有些只是倚着墙咳嗽，已经没有人再去管他们，只是任他们在那个墙角自生自灭。

“哎，继续走吧。”叔叔已经不忍再看下去，便让我扶着他继续前行。

路过一个教堂，修道士们一字排开在教堂前面的广场上跪着，他们脱掉上衣，拿出一条鞭子，上面缠满铁钉，然后往自己的后背上疯狂地鞭挞。一边抽，一边念念有词，大致意思是上帝降下瘟疫惩罚人间，我们只能以鞭打自己来向上帝展示人类赎罪的决心。没多一会儿，广场上就血肉横飞，有几个修道士忍不住痛苦已经晕厥过去，躺倒在地上。而旁边围观的人，也有被这种虔诚的仪式所感染，跑过去脱了衣服跪在那里鞭打自己。

“这些人都疯了……就算上帝能看到，他们这样做是能为全世界赎罪还是只为自己赎罪？”我还保持着足够的理智。

走了几条街，路过的教堂无不在做同样的事，看来这种仪式也随着瘟疫一起蔓延到了各个地方。

“去市中心吧，”叔叔已经丧失了信心，“希望到了那里能看到点美好的东西，哪怕一丝也好。”

我们快步来到热那亚的中心广场，这里还是人很多，他们聚集在一起，好像有什么大事要发生。

我挤到前面去看了一下，几十个高大的十字架插满了整个广场，每个十字架上都钉着一位女性，有些已经奄奄一息，有些还在挣扎呼喊，但旁边围观的人却无比冷漠。上面有一个人衣着华丽，看不出是贵族还是主教，但他正在大声地宣布着这几十个女人的罪状。大致的意思就是，这些女性的思想都比较进步，不在家里安守家庭，却出去学习知识，我们怀疑她们就是撒旦派来的女巫。现在教廷新出了一本书，叫《女巫之锤》，我们就是按照书里的指导找到这些女巫的。今天我们就在这里公开审判她们，把这些撒旦的使者都烧死，瘟疫就会从我们的城市离开的！

说罢，他就把火把扔向了十字架下面的引火物，瞬间大火燃遍了每一个十字架。那些女人的身影渐渐地消失在火焰里，尖叫声也小了下来。而广场上的人却病态般地发出了欢呼，好像是在庆祝一次伟大的战争胜利一样。

“叔叔，我们还是离开热那亚吧……”我极度失望，已经彻底不想在这个城市停留哪怕一分钟了。

当我回头时，发现叔叔已经没有了气息，瘫软地贴在我的后背上，脸颊还留有绝望的泪水。

叔叔的灵魂逐渐上升，来到了整个城市的上空。他最后看了一眼这个让他无比失望的地方，到处都是死亡、饥荒、瘟疫和战争……他确认天启四骑士已经全部降临人间。

“我想我肯定会上天堂了，”叔叔的灵魂最后自嘲道，“因为此刻，地狱就在人间。”

哎，大家听完都会一声叹息，这个故事确实很压抑，从开场到结束好像就没有什么好事。如果你有了这种沉重窒息的感觉，那就对了。因为我们讲的这段历史发生在欧洲的中世纪，历史学家都称之为黑暗的中世纪。从加洛林王朝崩溃开始，一直到文艺复兴，将近一千年的时间里，就没发生什么积极向上的好事。各地诸侯分裂、教廷内斗、蒙古铁骑的侵略、维京海盗劫掠、“十字军东征”、叙利亚地震、天花与黑死病、宗教迫害……欧洲从古罗马时代领先世界的文明地区，一下退化到了暴虐、愚昧、贪婪的荒蛮时代，就连艺术、哲学、科学等也跟着衰退到了极致。

而这一切的罪魁祸首，就是教廷的权力过大，大到已经超越了国家的皇帝，不但在世俗世界影响欧洲，在精神上也控制了全体人民。财富和权力都汇入了教廷，教皇成了至高无上的王者，可以对其他国家的国王指手画脚，可以随意兴建辉煌奢侈的宫殿与教堂，可以随意征收各种苛捐杂税，这种权力既无人监督，也无人制衡，唯一的敌人就是内斗了。

世界上的道理就是如此，一个国家也好，一个组织也好，权力高度集中，财富只进不出，短时间可以是好事，但只要这种状态持续得时间一长，必然会迅速走向灭亡。一个公司也是，赶上年景好，大把的利润到手，如果这钱全让股东们私下分了，那往后也不会有什么前途。您得算好了，股东分一小部分，再拿出一部分来分给员工，剩余一大部分的钱要投入到广告宣传和研发上面去，这样才能实现良性发展，谋求长久收益。

这个道理放在人身上也讲得通，我现在每天早上起来除了吃早餐外，在酒店必须要完成的一件事就是大便。别笑，这是我 35 岁之后发现的一个健康秘诀。35 岁可以说是一个人身体机能全面达到顶峰的时候了，而一过这个年龄，您就可以明显地感觉到身体的变化，这也正是为什么我周边的很多同龄的朋友开始使用保养品，吃保健品，还恢复了锻炼身体，就是因为他们感知到身体出现危机感了。

人的身体循环，和财富管理也很像，35 岁之前，你的身体出了毛病，很大的可能是你没吃好，营养跟不上，需要多吃多摄入；而 35 岁以后，你再得病，很大的可能就是你没拉好，当然不只是大小便，还有你整个身体机能对体内各种垃圾和毒素的排出，内脏也好，血管也好，滞留的垃圾如果得不到有效的清理，必然积重难返。所以一定要想办法把它们都排出去，无论是吃保健品，还是坚持锻炼身体，抑或像我这种把新陈代谢生物钟调节准确点，都是十分必要的。财富管理也一样，35 岁以前的生活问题都是因为挣得不够多，之后再出问题，肯定是因为花得不够多……

好了，不说我了。我们还是回到欧洲历史的进程上来。最黑暗的时刻已经过去，欧洲人口锐减，宗教也变得不那么让人痴迷，跟黑死病一起传回欧洲的还有从东罗马及中东阿拉伯地区传入的大量知识书籍，里面翔实地记录了古希腊和古罗马时代欧洲文明的辉煌与伟大。

人们的思想开始活跃，追寻人本主义，追求自由的灵魂，希望让欧洲的文明和艺术能够虚心向过去学习，让知识与理性的智慧之花在这边大地上重新振兴起来。这就是我们说的文艺复兴，也是我下一个故事要讲述的背景。

好了，我们佛罗伦萨见！

▶▶▶ 小酒桶的饭局

“让预言的喇叭通过我的嘴巴，把昏睡的大地唤醒吧！哦，西风啊，如果冬天来了，春天还会远吗？”

这是英国与拜伦齐名的浪漫主义诗人雪莱的著名诗篇《西风颂》的最后一句，可以很准确地描述黑死病之后的欧洲。大乱之后必有大治，可怕的瘟疫夺走了欧洲三分之一以上的人口，但也留下了大量无主的土地和足够的生活空间，教廷的威信腰斩，人们除了生活上不再艰难外，思想也逐渐变得自由开放了，一切似乎就像雪莱的诗句一样，熬过了最冷的冬天，到处都像春天一样看起来生机勃勃。

大瘟疫之前就广泛流行的《马可·波罗游记》就已经勾起了人们对陌生世界的向往，而但丁的《神曲》则给了在最黑暗的天启时代惶恐不安的人们以精神慰藉。人们的眼光已经不再只停留在宗教上、艺术上、文学上，而是开始产生新的兴趣。加之古希腊和古罗马的各种书籍被翻译出来，有识之士不禁感叹，那时候的世界是多么美好。文学上率先发起了变革，继但丁之后，佛罗伦萨又有两位大师横空出世，一个是以回归古典诗歌的诗集著称的彼得拉特，还有一个则是创作现实小说的薄伽丘，他在《十日谈》中深刻剖析了人性而让欧洲读者感到眼前一亮。

啊，原来书还可以这样写。当时正是英法百年战争期间，英国派出了一位叫乔叟的外交官到欧洲各地拜访以获得更多的盟友，第一项任务就是觐见教皇，而在他路过佛罗伦萨的时候恰巧与彼得拉特、薄伽丘这两位大师相识，三人一见如故，之后乔叟就把人本主义的思想传播到了欧洲的其他地区并带回了英国，北方文艺复兴也因此而起。他在回国后，以薄伽丘的《十日谈》作为故事结构又创作了《坎特伯雷故事集》，从此声名鹊起，成为公认的英国文艺复兴之父。

宗教也有扳回一城的机会，大瘟疫过后，仍然有大部分欧洲人幸运地活了下来。教廷和当地贵族开始大肆兴建气势恢宏的大教堂，比如米兰大教堂、巴勒莫大教堂、圣母平安教堂（威尼斯）、圣母百花大教堂（佛罗伦萨）等，以感谢上帝对人们的垂青与守护。

不光是教堂，城市广场、图书馆等公共建筑也一同开工，教廷忽然明白了我之前说的道理——大肆撒钱，以彰显上帝的救世主地位。但这些大的工程实际实施起来可就不是宗教人士可以操持好的了，建筑材料的选择，穹顶弧度的计算，浮雕和绘画的创作，建筑内部的装饰……光有虔诚的心和大把的金币是远远不够的，这里最需要的是科学与艺术。

所以，乔托，这个本来把死板圣像画得生龙活虎的异类画家原本应该饿死的，结果却忽然成了佛罗伦萨最伟大的艺术鹊起奠基人。之后的马萨乔、布鲁内莱斯基、多纳泰罗、吉尔贝蒂等人迅速发迹，有的擅长绘画，有的擅长建筑，有的擅长雕刻，他们用天赋异禀的双手把佛罗伦萨装饰成了整个欧洲最美妙的城市，也带动了后来更多艺术大师的成长和成名。

当然，这里也离不开佛罗伦萨统治者的大力支持，那就是已经统治这里几代人的美第奇家族。

而我，这次转世间隔有点短，距离上一次只有一百多年，我这次的身份是美第奇家族的卫兵，确切地说，是有点地位的卫队队长。虽然从身份上讲还是比之前的什么宫相啊，骑士啊要差远了，但老话儿说得好，宁为太平犬，不做乱世人。投胎不但要挑身份，更要挑时候，现在的佛罗伦萨，甚至是欧洲，就像波利齐亚诺的诗歌一样，处处散发着寒冬过后的春意。

准确地说，这一年是耶稣诞生后的 1470 年，这一年的中国正处于大明朝的中期，在位的皇帝叫朱见深，年号成化，因为万贵妃的后宫阴谋，一直不得子嗣。这一年有个宫女偷偷生下了个小孩，又被太监秘密地送出了紫禁城，直到 6 岁才与父皇相认，他就是朱祐樘，后来继承皇位，励精图治，让大明朝的发展重回正轨，史称“弘治中兴”。同年，风靡亚洲的江南四大才子中的唐伯虎和文征明也先后降生在苏州城。

在欧洲，君士坦丁堡已经被攻陷十多年了，奥斯曼帝国把手伸向了希腊，正在巴尔干半岛南部攻城略地。伊比利亚半岛迎来了光复的曙光，卡斯蒂亚女王伊莎贝拉和阿拉贡的王子斐迪南刚刚成婚，双方正在商量着国家合并的问题，准备兵合一处，彻底将盘踞了近千年的阿拉伯人从半岛赶出去。旁边的葡萄牙已经开始探索新的商贸航线，热爱航海和探险的恩里克王子刚去世不久，他的追随者迪亚士正沿着王子曾经发现的象牙海岸继续向南探索，企图寻找绕过非洲大陆的办法。北边的英国匆匆结束了英法战争，却在国内因为王位继承问题，两个都以玫瑰作为徽标的家族激战正酣。

现在的佛罗伦萨已经是一座光荣之城和艺术之城，同时在商贸上也成了罗马以北最发达的地方，亚诺河两岸新开的商铺鳞次栉比，不说贵族，连普通的平民手里也有了富余的金币，也舍得在冬天给自己买件皮衣御寒了。平民开始消费，财富的流通性就更好了，城市也愈加欣欣向荣、蓬勃发展。

现在的统治者，是已经家传四代的洛伦佐·美第奇，由于一直在豪富之家长大，经过了传统而完善的贵族教育，家里时常有艺术大师出没，所以他从小就品位非凡，人称“豪华者洛伦佐”。

说起美第奇家族来，那可真是传奇的故事了。早年他家出身农民，后来因为亚平宁山脉和托斯卡纳地区盛产各种草药，他们就弃农从商，做起了草药生意。这个没什么不好意思的，商人嘛，卖什么都只是商品而已，欧洲的商人地位不低，他们又足够勤奋，没多久就住进了城里的豪宅，成了佛罗伦萨有名的富人。

十三世纪蔓延欧洲的黑死病夺去了很多人的生命，但也让药商美迪奇家族挣得盆满钵满，而且声名远扬。人有了钱，就有了危机感，必然会从政来保护自己。经过了萨尔维斯特罗·美第奇那一代的奋斗，这个家族终于走到了政治舞台的中心，为后来的连续统治打下了坚实的基础。

都说他们家就是靠放高利贷发家的，哼！这种话在我看来完全就是政敌的恶意中伤。美第奇家族在从事银行业之前就已经住上了全城最豪华的宫殿，那个时候黑死病还没过去多久，人们一得病就心有余悸地请医生或者吃药。瘟疫之后很多人都流离失所，身无分文，很多只得先从美第奇家里借药以治病，有时候门口的买药的人都排到了街口。管家怜惜大家等得辛苦，就找木匠打制了一些长条凳放在门外，供等候的人休息。美第奇家族心地善良，而且信誉卓著，他们向病人借出药物，往往只是开个借条，对方真的破产或者去世，这笔账也就算了，不再追究。这更使得活下来的人拼命挣钱也要坚守信用，把钱还给他们，我觉得这就是品格的力量，我坚信对别人好的人，也一定会有好报的。

果不其然，由于美第奇家族如金子般的品格和信用，他们开出的借条都具有了实际的价值，成了货真价实的有价证券。慢慢地门口的长凳子变成了大家交易这些有价证券的地方，拉丁语长板凳叫 Banco，英语叫 Bank，其实也就是后来银行的意思。

当然，现在美第奇家族的银行业务已经不仅仅是交易那些小的有价证券和放贷收利息了，他们为整个托斯卡纳甚至是热那亚和威尼斯的贵族和商人提供金融服务，听说最近还把业务做到了罗马，并与教廷有了金融往来。

人有了钱要干什么呢？要声望啊，同时也要追求美好的生活，这两点并不冲突，美第奇家族做的就是一件事，赞助艺术家。从大画家马萨乔开始，到后来为圣母百花大教堂的建设做出突出贡献的布鲁内莱斯基和吉尔贝蒂，再到柯西莫资助的多纳泰罗、安杰利科、菲利普·里皮和韦罗基奥，他们的无数作品一次次地震撼了整个欧洲，成就了艺术大师的美名，同时也成就了美第奇家族。

时至今日，曾经开创新时代的大师们纷纷故去，仅在世的乌切洛和韦罗基奥也已年老体衰，基本停止了艺术创作。他们家族一直资助着一个叫波提切利的年轻人，他和洛伦佐几乎同龄，也是很好的朋友，他的作品很有意思，人物生动活泼，而且色调非常明快，假以时日一定会成为与前辈比肩的大师。不过我似乎更关注韦罗基奥的一个叫莱昂纳多的关门弟子，在他还是学徒的时候，他的画作就已经不输他的老师，前途不可限量。不过这个家伙脾气很怪，我也不敢轻易地把他推荐给洛伦佐。

今天是白天值班，我就在大门前的广场巡逻一圈，没什么情况就换班回家了。每次经过市中心回家时，我都会在大市场附近的摊位买两个牛肚包，这东西是最近几年佛罗伦萨的新美味，它用新鲜的牛肚小火慢炖，加入一些香料，食客点了之后商家就把牛肚捞出来，切碎后再撒点盐，放入热腾腾的面包中，吃起来别提多香了。关键好吃不贵，一个第纳尔（面值最小的银币）可以买五六个，足够一家的晚餐了，别说有钱人，就是平民，隔三岔五地也可能开开荤，解解馋。

作为小有财富的我，天天吃这个都不成问题，我也确实是这样做的，而且最难得的是连续吃了几年，居然没吃腻。不过现在正值饭点，最好吃的那家的摊位前已经排起了长队，这里的规矩就是尊重秩序，虽然我小有势力，而且跟摊主很熟，我也得老老实实在后面排队，看起来今天要吃上，还是有的等了。

“不出所料，晚饭时间看不到你，就知道你跑这儿来了。”我似乎遇到了熟人，有人在后面大声叫我。

“桑德罗？”我回头一看，正是小画家波提切利，他的名字叫桑德罗，“这么晚找我有事？”

“我不是刚成立了一个绘画工作室吗？这些天有个皮货商订了幅画，刚刚完成，他要请我吃饭，地方还不错，我一想，这好事肯定得叫上你啊！”波提切利很兴奋。

“哦，亲爱的小酒桶（波提切利的绰号），感谢你的邀请，”我还真有点饿了，但本能地还是婉言谢绝，毕竟晚宴的主角不是我，“你没看我都已经排了半天队了吗？”

“牛肚包，牛肚包，你再吃就快变成牛肚包脑袋了！”由于我们很熟，波提切利无情地挖苦道，“听没听人家说过？在佛罗伦萨，穷人才吃牛肚呢，富人都吃牛排！”

说罢，他也不管我同不同意，也不顾及旁边排队的人们的不满，拉着我拨开人群就奔餐厅跑去。

餐厅就在市中心，靠近刚刚落成不久的圣十字教堂，内部空间不算大，但装修得十分奢华，墙壁画满古希腊风格的壁画，红色丝绒的桌布上摆着银质的餐具，连用餐的器皿都是从东方贩运过来的瓷器，这种餐厅即使是贵族，日常消费也负担不起，看来今天可真是有的吃了。

对面的富豪穿着得体考究，礼貌地从餐厅迎出来。

“很高兴见到你们，也很感谢你们能赏光来一起用餐。”他的用词同样很得体。

“十分抱歉，我值班刚结束，没来得及换正式点的衣服。”我为我自己比较随意的穿着而表示歉意。现在的欧洲，已经形成了一个习俗，无论你是去参加宴会还是观赏歌剧音乐会，都要穿着正装，这表示你对为你服务的人很尊重，同时也是一种自我尊重的表现。

“没关系，你们能来就已经很好了，”富豪倒是不介意，“何况我们这次也不是什么正式的宴会，桑德罗的父亲也是我的好友，我们只是认识一下聊聊天而已。”

“对了，桑德罗，还要感谢你的大作，我和我的家人都觉得你画得特别传神，有机会还要再请你给我的客厅来一幅。”富豪也对波提切利的画作表示了欣赏之情。

“别客气，我这边工作室刚开，我也得感谢您的支持啊。”波提切利也很客气，而且貌似他还是比较迫切地想证明自己，“这段时间，嘴上喊着支持我的人多了，但真拿出弗洛林（金币）来实际支持我的，除了洛伦佐就是您了，这点我铭记在心里。”

“对了，桑德罗，你刚才在大市场说全佛罗伦萨的人都说穷人吃牛肚，富人吃牛排，是挖苦我呢？还是真有人这么说？我怎么没有听过。”我还想着波提切利在大市场调侃我的话。

“我可没撒谎，不信你问他！”波提切利指了指对面的富豪，“他们天天吃牛排的肯定更有发言权。”

“这句话是真的，确实大家都这么说，”富豪接过了话茬，“不过这并不是挖苦人，而只是陈述了一个实情。你应该知道，牛肚包这种美食，只是近几年才出现的是吧？”

“对啊，刚出现那会儿我就很喜欢吃。”我记得我第一次吃的时候的美好感觉。

“在这之前，平民都吃什么呢？”

“当然是面包和小麦菜粥，最多还能喝点葡萄酒吧。”我回想着。

“能吃到肉吗？”富豪问道。

“肯定不能，不过逢年过节也许能吃到腌鱼干吧。”我也不能完全算平民，所以对他们的日常饮食还真是不那么了解。

“所以说我的结论就出来了，在世界上任何一个地方，当城市有了提供给平民的以动物内脏为原材料的美食时，就说明这里的富人已经普遍开始吃肉了。在佛罗伦萨，只有大量地宰杀牛，才会有如此多的食材做成牛肚包。”

“听着好像蛮有道理的。”我也顺着思路思考着。

“绝对有道理，我和桑德罗的父亲都是皮货商人，我们了解整个市场，所以在这个问题上是有发言权的。”富豪显得很自信。

波提切利的父亲是本地很著名的鞣皮匠人，后来自己也做皮货生意，似乎最近几年收入突飞猛进，一只脚已经踏入了富人的行列。他的孩子很多，做什么的都有，有继承鞣皮手艺的，有开当铺的，有在银行学徒的，只有桑德罗在学习绘画。以前他总是瞧不上这个又矮又胖的小儿子，还给他起了个绰号叫“小酒桶”，认为他不务正业，做画家的梦想也不切实际。直到桑德罗得到了美第奇家族的垂青，并且开始从他这里订购作品了，他爸爸才不再发牢骚，反而引以为荣。当得知桑德罗开设了个人画室后，他爸爸立刻为他拉来了第一张订单，就是眼前这位富豪。

我对这个话题很感兴趣，“您能具体说说吗？”

“没问题，年轻人，原谅我这样叫你，因为我比你们都大不少。”富豪准备开始他的演讲了，他好像很擅长这个，语气亲切，让人听了就很信服那种，“我看过马可波罗写的东西，他所记录的东方，和我们这里的很多地方有一个相同点，就是牛是不能随便杀的。”

“您尽可以这样叫我。”我端正地坐起来，准备听一听他的见解。

“为什么不能随便杀呢？”富豪停顿了一下，喝了一口葡萄酒，“因为牛在世界各地都被视为耕地的工具。那么为什么在佛罗伦萨，牛却可以随意屠宰，而不受管制呢？”

“因为这里没有耕地吗？不是！托斯卡纳可是整个亚平宁最好的粮食产区。这个问题，在我看来，应该有四种解释，而且它们相互关联。”

“第一，托斯卡纳阳光充足，水草丰美，这里几乎是撒什么种子不用太多的耕作就可以获得不错的收成，所以牛并不是很重要；第二，佛罗伦萨最大的行业是纺织业，除此之外就是我们的皮革行业。为什么皮革会在这些年逐渐成为我们这个城市重要的商品呢？主要是我们发现了一种来自亚平宁山脉里的草药，可以代替硝来鞣制皮革，而且比硝鞣制得要更软，还没有那种呛人的味道。慢慢地就受到了全欧洲贵族和富人的喜爱，订货量也一年比一年多。我们需要大量牛皮原料，这种需求也促使更多的牛被宰杀；第三，佛罗伦萨是去罗马教廷朝圣前经过的最后一个大城市，所以有点钱的人都喜欢在这里采购一些衣服或礼物，再有就是吃一顿好的，所以对牛肉的需求也不光来自本地的贵族；第四，这个城市的富人对牛皮和牛肉也有大量的需求，这就催生出了一批在城外专门养牛的农户，他们的收益又远远多于其他农民，所以这种农户越来越多，我们的原料供应也就越来越稳定。”

“您的思路真清晰，怪不得是远近闻名的大商人，”我也恍然大悟，不禁奉承道，“不过这跟穷人吃牛肚有什么关系吗？”

“当然有关系了，你想啊，大量的牛被宰杀，牛皮都被皮革商收购了，牛肉流到我们坐的这种餐厅供应给贵族和富人，毕竟牛肉还是很贵，平民消费不起。但牛被宰杀后，总有那么多的内脏需要处理啊，要知道牛有四个胃，这些内脏如果只是扔掉就太可惜了，所以一些聪明的厨师就利用这些几乎是免费的材料做出了牛肚包，物美价廉，路边随时随地都可以买到，才会变成穷人的美食呢。”

“嗯，好像还真是这个道理。”刚才的话，逻辑非常通顺，我也深表赞同。

“嘿，别聊了，牛排上来了，我们还是进入主题吧。”波提切利有点接不上话，正好大餐来了，就岔开话题道。

“对了，别光说，今天享受大餐才是重点，两位请！”富豪人情练达，立刻交出话语权。

牛肉在这个时代吃法不多，大多数时候，都是切成小块，与其他蔬菜一起炖，盛出来像喝汤一样，就着面包吃。佛罗伦萨有巨大的牛肉市场，贵族和富人又多，有些厨师就开始埋头研究如何能更好地烹调牛肉。后来他们发现，把牛肉切成厚片，然后用铁板煎出来味道要比牛肉汤好得多，所以牛排的吃法就流行开来，甚至吸引了威尼斯、费拉拉等地的富人专门过来品尝。富豪说很多人在觐见教皇之前，都会在佛罗伦萨吃顿好的，这也是有道理的。

端上来的牛排，肥瘦相间，油脂丰富，用刀切开，里面还能看到鲜红的血丝，既有烹调的厚重，又保留了新鲜的口感，再撒上一点从遥远的东方运来的胡椒和肉桂粉，那个味道，嗯……唇齿留香，我差点把舌头一起咬掉吞下。

“真是人间美味啊！”我由衷地赞叹，“我是该改一改习惯了，少吃牛肚多吃牛排。”

“你就希望我多接订单吧，这样我们就有更多的机会吃牛排了！”波提切利还想着多蹭点客户的饭局。

“你一定行，我认为你是继乌切洛和韦罗基奥之后最好的画家了，你一定能将他们的风格进一步发扬光大的。我看好你，小酒桶！”我的评价很中肯，并不是奉承。

“你发现了吗？韦罗基奥有个学生叫莱昂纳多，好像很特别。”提到韦罗基奥，波提切利有一点敏感。

“你也发现了吗？我看过他的素描和其他作品，我也认为这个家伙很特别，从风格到想法，说不出来的那种感觉。”莱昂纳多来自佛罗伦萨西边的芬奇小镇，性格有点沉闷，不善言辞，我跟他的交流也很少。

“哎，我有一种直觉。我认为如果我成了真正的大师，也许就是继菲利普·利比、乌切洛和韦罗基奥之后的这一代最后的大师了。那个家伙要是真成名的话，他有可能会开创一个全新的时代。”波提切利双手托着腮，凝神思考，凭借着他的艺术直觉坦言道。

“别提他了，你最近有什么新的大作计划吗？”我感受到了他的压力，就顺口把话题拉回到他身上。

“洛伦佐刚给我下了订单，想画一幅三博士朝圣题材的画作。”聊到自己的创作，他马上又容光焕发。

“为了感谢洛伦佐，这次我想把他们家族的全部重要成员都画进去。”波提切利说着嘴角微微上挑，诡异地一笑。“我还有个大胆的想法，我要把我自己也画进去，就在最边上，但你一定一眼就能看到我。”

“我支持你！这个想法太有意思了，”我听完大笑道，“还有什么其他的创作构思吗？”

“佛罗伦萨现在生机勃发，我想多画一点有关维纳斯的主题，比如春天啊，比如维纳斯诞生之类的，总之要体现朝气，体现美与爱。”

“我等着欣赏，”我忽然有点憧憬，“那一定都是旷世巨作！”

当天聊到很晚，不过还好我住在城市中心，虽然喝多了点酒，但佛罗伦萨很安全，我便婉拒了富豪马车的邀请，独自一人慢慢地走回家。

夜色中的佛罗伦萨格外迷人，我很享受这种微醺后一个人在清冷街道上散步的感觉，不经意间走到了圣母百花大教堂门前。看着高耸入云的乔托钟楼，后面是布鲁内莱斯基设计的大穹顶，教堂对面的洗礼堂大门上的黄铜浮雕则是吉尔贝蒂最伟大的作品，佛罗伦萨因为这些大师而变得举世闻名。

想想刚才波提切利的豪言壮语，再想想那个叫莱昂纳多的年轻人手里的草稿，我有一种强烈的预感，一个更加伟大的时代即将来临……

有关文艺复兴的故事就讲到这里，跟黑死病肆虐的那个时代相比，几十年发生了天翻地覆的变化。文艺复兴可以说打开了地球文明的加速器，之后的大航海时代、殖民扩张时期、资本主义革命时期再到两次工业革命，我们用短短的几百年时间实现了技术爆炸，这段时间所取得的成就，要远远大于之前所有岁月的总和，人类社会之所以有了现如今的发达而科幻的生活，一定要感谢文艺复兴最开始时的那批大师。

下一个故事时间跨度也很近，是有关大航海时代的，它只比文艺复兴晚一点点，后面重叠了很多的重要时刻，与艺术和科技的发展互相促进，逐渐使欧洲成了世界的文明中心。

▶▶▶ 起航，自由鸟号！

波提切利预言得没错，他的确是文艺复兴第二个时期最后一位大师，后面的时代由达·芬奇、米开朗琪罗和拉斐尔共同开创。

与文艺复兴几乎同时代的是伟大的地理大发现，也可以叫作大航海时代。葡萄牙的恩里克王子画出了蓝图，后面的追随者前赴后继，迪亚士绕过了好望角，达伽马开拓了东方新航线，哥伦布发现了美洲新大陆，麦哲伦的船队第一次完成了环球航行。西班牙和葡萄牙这两个刚刚从阿拉伯人手中光复不久的新兴国家，也是欧洲传统地理意义上的边陲小国，因为开拓了无数的殖民地，在领土的控制上远超英法那些传统大国。

美洲的三个辉煌的文明——阿兹特克、印加和玛雅，在西班牙人貌似忠厚，实则贪婪无耻的血腥手段中，以及他们携带的枪炮和病毒的双重打击下，几无还手之力，转瞬之间帝国灰飞烟灭，土著人也被屠戮一空，活下来的也成为奴隶被殖民者强迫去做矿山开采等苦工，生不如死。

美洲可以说是世界上最盛产黄金和白银的地方，西班牙人不仅掠夺了这些文明几千年来积累下来的财富，将其装船运回欧洲，而且探险者沿着地理痕迹还发现了一个个超大矿藏，随之而来的就是疯狂的欧洲淘金者，海量的黄金白银不断涌入，让此时的西班牙一夜暴富，它拥有的财富足以买下整个欧洲。

然而东面的奥斯曼土耳其也处于国家最鼎盛的郁金香时代，海洋航运方面具备了横跨地中海和印度洋的能力，还在西地中海扶持出了一批海盗专门骚扰西班牙甚至整个南欧天主教国家。其中最著名的就是猖獗了几十年的海雷丁兄弟，他们都出生在奥斯曼土耳其控制下的希腊地区，家族原先是“十字军东征”退到巴尔干地区的骑士阶层，但他们兄弟皈依了伊斯兰教，并接受苏丹的委任，一生都致力于在地中海阻击和劫掠欧洲的商船，时机合适的话也会对西班牙的舰队发起攻击，连称雄整个欧洲的西班牙国王查理五世都拿他们毫无办法。直到他们兄弟先后去世，西班牙才收回了西地中海的控制权。

这次转世的我，身份很奇怪，从国籍上说，应该是西班牙人，但我却生活在葡萄牙控制下的遥远的亚述尔群岛。我明明是个做中转贸易的小海商，但我的养父却一直对我进行很奇怪的教育，除了必需的文化学习外，还请来了一些退役士兵教我格斗技巧，而且还逼着我学习没什么用的英语、法语和阿拉伯语，并且老是偷偷私下告诉我，我应该去做个海盗。我今年刚刚把远洋商贸的玩法搞明白，并且做了几笔很成功的生意，却被养父派到葡萄牙新占领的北非小城安法（卡萨布兰卡）开一个商贸点。其实只是一个贸易点而已，但跟我说话时神秘兮兮的，弄得我莫名其妙……

这一年是1573年，中国还是大明王朝，继位刚刚六年的隆庆皇帝朱载垕头一年已经驾崩了，年仅十岁的朱翊钧仓促继位，由内阁首辅担任顾命大臣，所以这一年是万历元年，开启了大明朝历时最长的一个年号。在日本，战国第一大将武田信玄终因肺痨而死，他的死敌织田信长彻底一家独大，废掉室町幕府最后一个将军足利义昭，并封他门下的家臣羽柴秀吉（丰臣秀吉）于近江国，日本的按土桃山时代拉开大幕。同年的欧洲，英国都铎王朝的最后一个国王伊丽莎白一世女王已经稳固了自己的统治，开始在航海事业上寻求突破，试图参与到地理大发现的热潮中。奥斯曼土耳其帝国已经有明显的衰败迹象，而西班牙则忙于镇压尼德兰地区的独立运动。好消息是，在秘鲁一带波托西银矿的开采已经趋于饱和，在中西部的万卡维利卡又发现了一个超大的银矿。这些从美洲掠夺来的白银，大部分装船运往东方，去交易欧洲急需的商品，第一批白银也在这一年抵达了马尼拉，在当地与来自中国的商人交易，换成了生丝、天鹅绒和棉布，准备运回塞维利亚。

安法在直布罗陀海峡南边不远，是北非西海岸最大的港口城市，正对着大西洋，交通便利。从亚述尔群岛开船到这里和到里斯本距离差不多，葡萄牙刚刚统治这里，商业环境刚刚建立起来，方兴未艾。我从中央市场和商业行会匆匆走访了一圈，发现商贸站建在这里还是很有前途的。养父跟说我，他很早以前已经买下了一栋房子，离行会大楼不远的一个不引人注意的拐角处，我按照地址找到了这里，天哪，这里至少半个世纪没有住过人了吧。

我拧开锈迹斑斑的锁，走进这栋房子，发现屋里面积满了厚厚的灰尘，房顶有蜘蛛网，墙角有老鼠洞，墙面斑驳，空气污浊……

“天哪，今天看来有的干了，”我已经预想到有一个大扫除，却还是无奈地摇了摇头，转过头去给我带来的随从们分发清扫工具，并发号施令，“伙计们，开始吧，打扫不干净我们就没地方睡觉了！”

人多力量大，没多久这栋破房子就被清理干净了，大家分头找地方休息，我则走入了顶层的主人房。

这间房虽然是卧室，但在墙壁一侧还是摆着一个很大的书柜，这里也被简单地清扫过，我才能从尘土间看到到底有什么书。书柜里的书大多是关于探险和航海类的，好像是某个探险家的收藏，但最中间有一本居然是用阿拉伯语写的书名——《海盗的世界》，亏得我学过两年的阿拉伯语，才能明白是什么意思。想到养父私下里对我的态度，我好奇地拿下了这本书，书很轻，不像是那么厚应该有的重量，不过拿书下来的时候似乎碰到了什么机关，书柜从一侧弹开，露出了一条缝隙，我像门一样把书柜拉开，后面的墙壁上镶嵌着一个不太大的铁柜，中间有一个黑洞洞的钥匙孔，下面有一行手写的字迹，用的却是英语，“答案就在书里”。

我低头打开手中的书，书的中间被掏空，放着一把古旧的钥匙。

“怪不得书如此之轻。”我一边感叹，一边把钥匙插进铁柜。

铁柜里面只有一个不算很厚的笔记本，看起来有些年头，见没有别的东西，我便闭合书柜，走回床边。我点亮了桌上的蜡烛，让室内变得更亮一点，拿着笔记本坐在床上阅读起来。

“恭喜你，我的孩子，不知道是多少年，我们终于还是见面了，相信你看到这本日记时已经长大成人，而我或许已经去世很多年了，人生就是这么短暂，每一次离别都可能会是生离死别。你一定听说过我，我就是赫兹尔三兄弟里的海雷丁，曾经横扫地中海，无论是威尼斯还是西班牙的舰队听到我的名字都闻风丧胆。我一生胜利无数，但我的理想却是追求自由，不过在几大势力面前我从来都是渺小的。在我最后一次航行中，我偶遇了一场商船之间的海战，狡猾的西班牙人把英国的一艘商船伏击了，当我顺手牵羊地灭掉了西班牙船队后，发现已经被大火烧焦的船骸附近还漂着一艘不起眼的逃生船，船里的男孩就是你。所以我才是你的养父，而德文（养父）则是我的船上的副官，他只是奉我的命令将你抚养长大。我大半辈子都在做海盗，杀人无数，也许是遭遇了天谴，一直没有子嗣。在我重病将要不久人世的时候居然遇到了你，我觉得这是天意，我可以给你我的一切，但我希望你能继承我的志向，做一个真正自由的人，不再受那些国王、教士们的支使，而是做自己想做的事，好好地替我看看这个世界。”

本来已经有些困倦的我，看到这里毛骨悚然，起了一身鸡皮疙瘩，立刻调整了一下坐姿，继续阅读下去。

“作为一个臭名昭著的海盗，我得病的消息一旦传出，我将立刻掉入万劫不复的深渊。所以我必须要回到希腊，那样可以让我安然地死在我出生的地方，不受他人打扰。但我看到奥斯曼帝国已经江河日下，也不希望你再受苏丹的控制，所以我让德文带着你换个身份前往亚述尔，那皮库岛附近的海龟湾，那里有我曾经秘密储藏的一批宝藏，他会守护着宝藏和你，直到你有资格继承这笔财富，我希望现在的你就可以开始我未尽的梦想了，说实话，我已经有点迫不及待了。”

我边看边回忆养父（德文）曾经的一些言行，企图找到跟书中对应的环节。

“德文会交给你一枚我的戒指，它象征着我的权力与名望，是伟大的海雷丁时代的见证。你戴着它前往阿尔及尔，在那里我留下了一批精干的部下，由我的船医哈希姆带着，他们训练了一批孤儿，以柏柏尔族为主，可能还有一些西班牙和法国的孩子，他们将是起航的重要人手，另外我在热那亚的造船厂留下了一艘当时最先进的战船，速度还有火力都是我见过最好的，相信到你的时代也不会落后，它就停在热那亚的一座造船厂里。造船厂曾经属于安德烈·多雷的产业，他虽然是我的敌人，但也是我这一生最敬重的对手，他欠我一个人情，死之前把造船厂送给了我，我安排了手下最好的船木工贝拉米在那里经营，他看到戒指后就会是你的手下了。好了，人和船都有了，下一步该做什么，等你见到贝拉米后就知道了。”

看完日记，我的大脑很乱，安法古城的夜晚寂静无声，但我却辗转反侧，脑海里不时浮现出海雷丁驰骋地中海的影像。我也深刻地思考了一下他的成败，可以说，背靠一个强大的王国的确很聪明，但他的确太显眼，所以始终无法实现自由的梦想。想要实现的话，其实可以把海盗作为一个抽象的符号，不需要是某一个人，而真实的身份应该是合法的商人，甚至是某一国的官员。这样才可以保持长久的独立自主，平时出现在任何国家任何城市也不会存在人身危险。

第二天一早，养父德文就到了，他知道我已经发现海雷丁日记后很是高兴，找了个密室和我谈了半日，然后便把象征海雷丁无上权威的红色钻石戒指交给了我。

“这是当年最早发现印度的葡萄牙商队从那里带回来的最珍贵的宝石，一颗纯净无瑕的红色钻石，它也是目前世界上所发现的最大的钻石，是我们那年袭击了葡萄牙的皇家商队时找到的，船长（海雷丁）用黄金打造了一枚超大的戒指，把它镶嵌在中央，从此以后这枚戒指就象征着他的威严与实力！你戴上它，无论是哈希姆还是贝拉米，哪怕是我都将听命于你。”

“别这样，我只是想完成他的遗愿，并不想四处抢掠，我并不喜欢杀人。”海盗的残忍，是让我最无法接受的。

“得了吧，你做过海商肯定知道，在茫茫的大海中，两艘船碰到一起，除非实力相当大家投鼠忌器，否则哪怕是同一个国家甚至同一个城市的伙伴又怎样？还不是弱肉强食。在海上，最好的生意永远是抢劫，机会合适，再平和的商人也会变成面目狰狞的海盗。”德文太了解大海上的一切了，理直气壮地反驳我。

“好吧，我接受你的要求。既然接下了戒指，我就先把第一步做出来，先去当个海盗，至于如何当个自由的海盗，那就是我自己的事了。”

“哈哈，这就是了，这些年我把船长在亚述尔的宝藏分批私下售卖，所得的财富已经秘密地存在了里斯本和热那亚的银行中，你随时可以支取。”德文终于得偿所愿，说完这句仿佛卸下了一个大包袱，长吁了一口气。

经历了这件事，安法城贸易站已经不重要，我们把它的建设交给一个手下，便坐船来到了阿尔及尔。

“德文，我以为到死都不会见到你了呢！”曾经的船医哈希姆兴奋地说道，“这位就是小少爷吧？”

“您好，哈希姆叔叔。”我谦恭地向他致意，“感谢你为舰队保留了火种。”

“别客气少爷，我已经在这里秘密训练这些柏柏尔人好几年了，前些日子还在海上做了一票，是落单的西班牙返航军舰，有个俘虏很有意思，据说是个诗人，叫塞万提斯。”

“咱们赶路吧，连这个俘虏一起带着，下一站，热那亚！”我在阿尔及尔没待多久，但却认识了这些训练有素的年轻海盗们。我们一起前往热那亚，准备接收我的战舰。

“我父亲前几年就去世了……我是小贝拉米，他把这里都留给了我。”面前是个年轻且干练的小伙子，跟我岁数差不多，话语间带着一股从容自信，“按照父亲的遗愿，我一直在这里等你，并且每年都按照最新的技术来重新翻修和改进这艘船，我能保证这艘船无论是速度还是武器都是天下最好的！”

“能否带我参观一下呢？”看着眼前这艘桅杆都接近教堂钟楼的庞然大物，我也有点心潮澎湃，“它看起来真不错！”

“没问题，我先去看看船长室，”小贝拉米脚步轻快地带着我上了船，“您看这里是卧室，外面的空间是您与下属们开会的地方。”

“嗯，我已经有点迫不及待了！”船长室虽然不算宽敞，但里面却装饰得足够豪华，并且已经放置了一些海图和日常用品。

“这些火炮是去年从热那亚兵工厂订购的，托安德烈·多雷的福，这么多年了，我们的订单依然生效，我保证至少在地中海，这是最先进的武器了，”小贝拉米的语气很自豪，“后面的舱室是存放火药的，我放了圣巴尔伯的塑像，就把那里叫作圣巴尔伯舱室，愿他能保佑我们。”

我跟着他走在船舱中，不时点头，不时思考着一些空置舱室以后的用途。

“我们的三桅杆都是东方的那种大帆，可以在顺风的情况下得到比别的帆船快一倍的速度，而旁边我又加了一些三角帆，这样可以保证我们在逆风的时候不慢于其他快船。”

“速度快，火力强……还真是适合做海盗船啊！”我由衷地感叹道，“我诚挚地感谢你和你的父亲，我从船的每个细节都看到了你们的努力与才华。”

“您过奖了，另外我看您带来的船员很勇武，但实话讲却有点粗俗，当年船长那种接近贵族的用餐方式可能不太合适吧？”小贝拉米对跟来的这批船员的个人素质不太有信心，要知道，原来海雷丁的船员从上到下都有军功在身，很多人都已经是贵族了，所以用餐的时候也是按贵族的礼仪来的。

“不用那么麻烦了，我听说北欧的维京海盗们都是把做好的食物放在一起，大家按自己的喜好自取，我觉得这是一种很好的处理方式。我看到餐厅足够大，我们就按这种自助餐的形式来安排，以后海盗们吃饭都应该这样！”为了成为一个合格的海盗，这段时间我也做了不少的研究工作。

“这是个好办法！”小贝拉米一拍手道，随即又提出了一个新的问题，“我们的船还没有命名，而且旗帜也还没设计。”

“这个问题我考虑过，老船长的遗志是做个自由的人，我们就把这艘船命名为自由鸟号吧，旗帜也做成一只翱翔的飞鸟，”我大声宣布道，“大海足够辽阔，可以让船任意驰骋，而世界也足够宽大，可以让飞鸟自由翱翔！”

随着一声号令，船厂的木栓被拔出，自由鸟号滑进了大海，开始了追逐自由的征程！

“赌注才是生活，意外才是人生，冒险才是真理！”我尽情地大喊着，船员们也被我的情绪所感染，“船的真正意义就是无所不至，自由就是我们的方向！伙计们，出发了！”

“呜……呜！”下面的船员们各司其职，德文做了我的大副，哈希姆依然是船医，小贝拉米是船木工，柏柏尔人里最能打的凯鲁成为突击队长，而俘虏塞万提斯跟我很聊得来，而且能写会算，被我任命为主计长，负责打理每次进港的补给和商贸。船底货仓里除了这两种东西外，我还特别要求他采购了一些莱姆，根据一个船长的日记上记载，定期泡一点这种酸酸的水果喝，可以有效地抑制败血症。我作为船长，除了管理这些船员，还有一个重要的职责就是确定目的地和航向，所以我的装备里除了象征船长的三角帽和火枪外，最重要的，就是望远镜和六分仪。这两件东西能帮我准确地观察太阳与地平线的角度，分清时间和方位，是远航途中必不可少的定位工具，很多海盗船长都是独眼龙，其实并不是战斗时候受的伤，而是由于看太阳过多而导致的失明。

我们的首站是里斯本，把一路来收购的热那亚和北非的交易品送到市场，小赚了一笔，同时在港口继续招募一些“志同道合”的船员。期间我在神学院遇到了一位叫利玛窦的修士，他的学识和勇气都让我敬佩不已。我礼貌地邀请他上我的船作为随船传教士，但他由于接受了教廷的指令，将于几年后前往遥远的印度和中国传教，只得遗憾作罢，不过这也勾起了我对东方世界的向往，希望有一天也能去到印度和大明帝国看一看。

从里斯本装满货物与补给后，我们起航前往尼德兰地区的布鲁日，船上满满的都是军械与粮食，这是处于战乱时期的尼德兰最需要的东西。

自由鸟的旗帜只是作为海盗时临时使用，我们的船平时航行时挂的都是葡萄牙的国旗，西班牙此时正在千方百计地企图吞并葡萄牙，所以特意对海上的葡萄牙商船很客气，避免当地人对他们过度反感。

可是在路过英吉利海峡附近时还是遇到了一艘比我们大不少的西班牙武装商船，在一片四下无人的海域里，它一声不响地朝我们直冲过来，明眼人都看出了是怎么回事。

“伙计们，我们的第一单生意来了！”我虽然不喜欢杀人越货，但这种自卫反击还是没什么心理负担的，站在船长室门口，一串命令有条不紊地向全体船员连续下达，“操帆手、操舵手都注意和对方的距离，炮击手进入战斗区域，战斗队拿出武器随时做好准备！”

对方显然是想利用自家大船的优势先撞过来，然后趁这边立足不稳，再迅速开动接舷战。但他们没想到的是，在两船非常接近的一刻，这边的船巧妙地一个转舵，把船的侧翼就亮向了对方，转舵的同时，隐藏式舷窗都已打开，二十门最先进的火炮已经各就各位。在对方刚刚看到我们的侧翼时，一个个黑洞洞的炮口已喷发出来自地狱的烈焰。第一轮大部分的炮口朝上，发射的都是链弹，一个铁球被火炮发射出来，在空中便分成了两个半球，中间连接着铁链，盘旋着飞向敌人。

首轮下来，对面大船的桅杆就被打折了，很多面船帆也被撕裂，大船的速度骤降，失去了灵活的机动性，而当他们想起搬出火炮时，大船已经无法从容转向。同时这边第二轮炮击已经开始，这是带着火药的炮弹，打到大船身上木屑纷飞，这种非对攻场面让对方无所适从，造成的惊惧与恐怖远远大于死伤。

正在对方惊慌失措之际，我们的战斗队已经准备就绪。

“兄弟们，跟我上！杀光他们！”凯鲁的命令非常简单，他背后别着登船斧，腰里挎着水手弯刀，把手里的匕首叼在嘴中，第一个拽着缆绳就悠过去了，紧接着几十个身影动作一致跟上，瞬间就落在了对方的甲板上。

接舷战打得毫无悬念，由于对方准备不足，我们的死伤几乎可以忽略不计，除了少数俘虏外，其他的敌人要不已葬身大海，要不已经被凯鲁他们击杀，这帮柏柏尔人平时不显山不露水的，但真打起仗来下手可够狠啊！

这艘武装商船虽大，但舱内空空，看来是准备返航的船，不过在船长室里找到了一套极为详细的加勒比海图，里面标注了岛屿位置和西班牙在各地的驻守兵力，可以说是这次最重要的战利品。剩下的东西，按照《海盗法典》所规定的比例，公平地分给了每一位船员。

海盗是个很奇怪的团体，劫掠时都是杀人放火的恶魔，但平时在海盗船里实行的制度却是极其民主的。大家都是强盗，但内部不能出现类似的情况，否则这个团体转瞬之间就会分崩离析，所以在一些问题上是船长做主，但在很多问题上则是大家一起投票决定的，而分配战利品，则也遵循着大家既定的原则来，这是一种在小空间社会内的微平衡状态。

分了东西，准备把船烧掉撤离的时候，我们又在船舱底部发现了一些战俘，他们是号称“海上乞丐”的尼德兰起义军，所谓敌人的敌人就是朋友，我把他们全部释放，并且作为友军把他们一直送到了港口城市布鲁日。起义军的人大部分都是出身渔夫和码头工人，很粗俗，不过其中有个小孩子据说是战死的起义军领袖的儿子，叫于连，这个小家伙倒是聪明伶俐，我一路教了他很多东西，最后在布鲁日告别时还有点依依不舍。

其后的 5 年，我依靠着精确的加勒比海图，穿行于各个岛屿之间，弄到好的商品也运回欧洲销售。其中也不乏海盗式的抢劫，不过我始终秉持一个原则，即不主动进攻，直到对方露出獠牙后，我隐藏的这些实力才露出来。这些年屡有缴获，但并没有成为知名海盗，不过鉴于很多的商船和战船都莫名其妙地消失了，所以这个海域流行着幽灵船的传说。

在加勒比地区，我在圣多明各、马拉开波、凯宴、累西腓都建立了属于自己的据点，在非洲的绿角和亚述尔群岛也有我的中转站，而欧洲地区，我也在里斯本、热那亚、南特、布里斯托还有布鲁日都有贸易站，我真正实现了海雷丁自由航行的愿望，不过我自己却还有夙愿尚未实现，那就是环球航行，去见识一下未知的世界。

恰逢这次返航欧洲的路上遇到了一次英国和西班牙的海战，三艘西班牙的战舰在围攻一艘英国商船，眼见战况一边倒，却由于自由鸟号的突然杀入，局势发生了逆转。三艘西班牙战舰一沉两逃，而英国商船也岌岌可危，沉没不可避免。当我登上这艘即将沉没的商船后惊讶地发现，原来这艘船也是一艘偷偷改装过的战船，没准船长也是我这样的身份呢！

可惜船长已经战死，我在他的船长室发现了他的身份文件以及私掠证，看来这个家伙就是闻名加勒比海的英国私掠船长弗朗西斯·德雷克。

“衷心感谢您的救援，上帝会保佑您的，”这时船上身着大副服饰的中年人走过来，特别对我表示感谢，“可惜我们的船长见不到女王了。”

“德雷克没有见过你们的女王吗？”我疑问地问道，看着手里这张私掠证，这可是女王亲自签名的啊。

“哦，很遗憾，那时候我们虽小有名气，但还没资格当面觐见女王，”大副十分遗憾地说道，“现在我们在加勒比闯出了大名，女王亲自写信过来想接见我们，这次返航其实就是回伦敦见女王的，倒霉的是中途正好遇到一直追击我们的西班牙舰队。”

“哦，原来是这样啊……”我突然脑筋一转，便进一步问起大副，“德雷克在伦敦还有别的熟人吗？”

“没有了，”大副虽然有点奇怪，但鉴于刚刚获救，还是老实地回答道，“他离开伦敦时才十来岁，这时候他的熟人见面应该也不认识他了。”

“太好了！”我高兴地一拍大腿，回头对我的大副德文道，“德文，看来我们又有了新的身份！”

“您这是什么意思？”大副有点不解。

“不用遗憾了，”我打断他的话，“从现在开始，你就叫我德雷克船长，我委任你为我的参谋官，他的事业将由我来完成！”

“哦，好吧……”这个家伙多少有点不知所措。

“开船，下一站，伦敦！我们去见见那个童真女王！”返回自由鸟号，我即刻发令，改变航向，向着大英帝国驶去。

我看着手指上的红钻石戒指，黄金与钻石交相辉映，在夕阳的照耀下闪闪发光。海雷丁，我确认你的无畏与勇敢已经传承给了我，我将一往无前，追求自由，并继续探索这个美好的世界。

“哼哼，利玛窦，你在印度等着我吧！”我瞥了一眼指南针，对着海平面诡异一笑。

有关大航海时代的故事就讲到这儿了，我用的视角有点独特，但也代表了那个时代航海家们的缩影，就像故事里说的一样，海商也好，军队也好，探险家也好，还有海盗也好，他们在大海中航行时，这几个身份是可以随时切换的。那些所谓的发现和开拓新大陆、新岛屿的伟人，手上也沾满了当地土著人的鲜血。殖民的过程，其实就是一个血腥蚕食的过程，多少的文明被扼杀在了欧洲人的手里。

但不可避免的是，世界在这个时代开始迅速缩小，未知的地方一个个地被发现，从美洲传出的土产，包括马铃薯、玉米、番薯、烟草、可可每一项都改变了世界，而殖民地的拓张也激活了制造业的市场，为后来的工业革命打下了基础。

大航海就说到这里吧，你一定能猜到，我的下一个故事是有关工业革命的，但我不讲大家都很熟悉的詹姆斯·瓦特了，我来说说另外一个同时期的小木匠，而他的事迹也改变了我们对这个世界的认知。

▶▶▶ 破解时间的密码

德雷克船长的确完成了环球航行的创举，成了英国的国民英雄，后来还指挥了著名的格拉沃利纳海战，一战击溃西班牙的无敌舰队，使两国的实力发生倒转，加速助推大英帝国登上欧洲舞台的巅峰，为后来日不落帝国的崛起和工业革命的发展奠定了基础。

受到德雷克船长的影响，后来英国还出现了一大批知名海盗，有著名的“黑胡子”、巴萨罗缪·罗伯茨、威廉·基德、亨利·詹宁斯这些臭名昭著的杀人魔头，也有像沃尔特·雷利和库克船长这样的探险家，后来更是出现了著有《鲁滨孙漂流记》等著名小说的作者丹尼尔·笛福。不过他们都应该有一个共同的头衔，就是航海家，在他们的开拓下，世界地图不断地丰富和翔实，他们也越来越重视具体线路的规划和设定，要知道 19 世纪之前，即使再有经验的船长也会因为一个航线上的小小偏差而搁浅，甚至船毁人亡。

德雷克船长那个时代已经过去了很久的 1707 年，有一位海军将军肖维尔带领着刚刚打败法国的舰队返航英国。但就在一场大雾的影响下，他们找错了航向，一头冲进了不列颠岛西南方向不远的锡利群岛，那里遍布暗礁，几艘船转眼便都触礁沉没了，只有一艘船逃回了英国。

关于如何偏离航向这事儿，很简单，就是船长在经度定位上出现了偏差。当欧洲出现了真正意义上的世界地图后，地理学家就把世界用经纬度的方式分成了一个个小格子，这也方便了后来的航海家们在茫茫大海上确定自己的位置。

大家知道，纬度是很好确认的，只需要看一下从太阳中心到海平面的高度角就可以轻松地换算出精确数字来。而经度则极难确定，因为它是人为地画出来的，你无法通过太阳的位置来测算出你所在的经度，所以找到准确的经度就成了全欧洲面临的一个大难题。意大利科学家伽利略还专门对这个问题进行过深入的研究，他在威尼斯圣马可大教堂的钟楼顶上架起了天文望远镜夜以继日地观察星体，记录了木星的五个卫星的位置关系可能跟我们的地球的经度有着某种联系，并发明了一种叫“塞拉通”的观察设备来专门观察木星。但实际上到他去世，也没有有效地解决这个问题。

回到海难这件事上，它在英国引起了轩然大波，话说那个时代的英国已经完全进入了全盛期，经过了光荣革命，王权继续向后退，贵族与新兴的资产阶级开始膨胀，国会的话语权不断提高，比其他国家更早地走向了民主社会。

海外的殖民带来了庞大的收益，国内的工厂开足马力生产商品，丰厚的收益供给了皇家海军，让他们在海洋上战无不胜。与此同时，经济发展还催生出了一大批科学家，文艺复兴最后的明珠伽利略在意大利去世后，科技的中心就转移到了伦敦和巴黎，化学家波义耳、发明家胡克、数学家巴罗和沃斯利、天文学家哈雷，还有最伟大的科学家伊萨克·牛顿，都用自己的探索与发现改写着世界发展史。

但是作为欧洲海洋文明第一大国，又是科技强国，英国连格林尼治天文台作为零度经线这个标准也受到了欧洲不少国家的认同，但却连一个小小经度问题都搞不定，堂堂的皇家海军将军就在家门口触礁沉船，听着太可怕了，这击碎了大家美好的自我认知，让英国从国王到平民都感觉到了莫大的耻辱。

于是在1714年，也就是英国从斯图亚特王朝过渡到汉诺威王朝的那一年，英国就以新国王的名义发布了悬赏令，奖励给能够解决经度问题的人，奖金是两万英镑，大家听着两万英镑不算多啊，但如果按当时的购买力折算成现在的价值的话，大概相当于人民币一个亿，这可真是一笔巨额悬赏了。

英国可能还怕民间力量不一定好使，所以干脆又成立了皇家委员会，请了已经成名的老专家牛顿来讲述一下科学难关。过程不说了，牛顿给出的结论就两点，一个是时间法，一个是天体法。天体法就是继承了伽利略那套方案，继续寻找可靠的与经度对应的天体，这个就不多讲了。而时间法其实很简单，经度是什么啊？经度就是时间，地球 360° ，一天是 24 小时，这样一除，每一小时就是 15° ，只要你能知道现在的你所在位置的准确时间，再知道格林尼治的准确时间，两个数字合并一算，现在的经度就出来了。但实际操作中哪有那么容易啊，当地时间是简单的，看看太阳的所处的位置，用六分仪一量，此刻的时间就推算出来了。但格林尼治时间怎么算？有人说简单啊，戴个手表嘛，但别说手表，就算是座钟能放在船上的也没有！荷兰科学家惠更斯利用单摆等时性发明的摆钟已经面世好几十年了，大钟放到家里走时很准，但一放到颠簸的船上分分钟就停摆，时间都看不了，更别提准确性了。

所以牛顿也觉得这个方法不靠谱，后来皇家科学院下设了专门攻坚这个问题的经度局，局长哈雷，就是那个发现彗星的天文学家，可以想见，全社会的舆论都还是倾向天体法的。

我的这次转世，时间是 1730 年，这一年的中国是清朝的雍正年间，在欧洲新崛起的俄罗斯帝国和迅速衰落的奥斯曼帝国都刚刚换了新的统治者，法国正沉醉在奢靡的洛可可气氛中，哈布斯堡家族在西班牙王位争夺战中丢掉了继承权，西班牙现在是波旁王朝的腓力五世当国王，而在奥地利则还是哈布斯堡的天下，伟大的玛利亚·特蕾莎开创了一个全新的时代，北方普鲁士则刚刚建国不久，英国汉诺威王朝的国王终于愿意在伦敦常驻，乔治二世刚刚继位，正摩拳擦掌准备和法国再较量较量。

我则成了一个工匠，成长于一个传统的木匠家庭。那时的木匠可不是现在大家认为的木工那样，这个行业几乎囊括了所有生活中的手工活，木匠还必须是锁匠、钟表匠，还要帮人修房子什么的，工作范围相当广。一般来讲，一个小镇有一个木匠和一个铁匠，最基本的生活问题就都能解决了。

我主要的工作就是给我的哥哥约翰·哈里森打下手，他是个很有天赋的发明者，从小在接触到钟表时就展示出了一股天生的灵感，后来他的主要精力就都用于设计和发明自己的钟表了，当然，这个时代搞发明不一定是挣钱的，所以我们日常生活还是做木匠活，但有些附近教堂要维修钟楼大钟时，就会首先想到约翰，这样我就在旁帮着做点粗重活。

有一次，正在修一座教堂的大钟时，一个贵族正好路过，看我们做得有板有眼，技术娴熟，因为他也是个钟表的爱好者，所以就聊了起来，结果发现约翰的钟表制造水平远远超出他的想象，居然已经可以做出抗颠簸的马车钟了，他问道："你为什么不去应征国王悬赏制造航海钟啊？"我们都傻了，啥航海钟？不知道啊。

贵族很无奈，就把事情的前因后果讲给我们听，讲完后，我们俩是在一种神游万里的状态下回到的家中。

"两万英镑啊……"约翰叨叨了一路，后槽牙都快咬碎了。

"哥，你要真感兴趣，我们就拿着这个马车钟试试去啊，"我觉得光在这儿空想没意义，悬赏不是一直有效吗？那我就去一趟呗，"反正伦敦我还没去过，让我也见见世面。"

"我觉得我这个钟还不够完善，那拿过去让他们看看有没有希望吧……"约翰也下定决心，他不愿意与这样大额的奖金失之交臂。

我们俩便辞别家人，带着马车钟及相关的设计图纸从英格兰北部的林肯郡来到伦敦，来不及欣赏大都会的风景，径直前往皇家科学院，叩开了经度局的大门。经度局负责这事的还是哈雷，他一听终于有民间人士带着解决经度的方法来找他，那得见一见。

他一看见我们俩拿的东西一下子傻眼了。

"这不是天文星象图啊……"哈雷有点蒙圈，"我们这儿全是天文学家，没人看得懂这个啊。"

"什么？你们当时不是说有两条解决方案吗？我们这个就是用的你们的时间法啊！"我忍不住问道。

"但皇家科学院上下都觉得这个方案不太可能成立，没有人朝这个方向研究，所以目前在这里工作的全是天文学家。"哈雷也有点不好意思，他本人也是极为卓越的天文学者，自然对设计钟表的工匠并不重视。

“那怎么办？没有人看得懂我们的东西，但也不能说这个方案不可取啊。”约翰也按捺不住，他不能理解哈雷给出的这个答复。

“这样吧，我写一封信，你带给伦敦城里最著名的钟表匠格拉汉姆，你拿给他去看看，如果方案可行的话，你们三人再回科学院找我！”毕竟还是科学家，虽然对这个方案并不了解，而且也不看好，但严谨的性格让他不愿意放过任何一个可能性。

作为欧洲最大城市之一的伦敦，还是有大把的专业人士的，人口密集，需求旺盛，社会分工也就更加精细。这里的钟表匠已经从木匠这个大的职业范畴里独立出来，成了专门负责设计、制造、维修各种计时设备的专业工匠。格拉汉姆就是其中的佼佼者，他甚至还建立了以自己名字命名的工作室（这个品牌到现在依然存在，始于 1695 年）。

格拉汉姆看了信二话没说直接伸手：“拿来看看吧。”他其实也不相信两个乡下的木匠可以解决这个难题。

他首先看了一眼马车钟，限于材料原因，这个钟制造得很粗糙，很多倒角都没有好好打磨，像一台半成品。格拉汉姆皱了皱眉，没有多看，转头看向了我们拿来的设计图纸，他本打算大略地扫一眼就算交差了，结果专业的眼光一下就看到了重点，那是连接两个钟摆之间的弹簧，他下意识地把图纸放到了桌上摊平，在那个机械细节那里看了又看，一会儿又低头陷入了沉思。

“这是我为了减轻路途颠簸的影响，设计的一整套强化摆动频率的装置，”约翰也明白格拉汉姆具体在看什么，“我管它叫蚱蜢腿！”

“这个设计看起来还真的有希望，”格拉汉姆一抬头，兴奋地说道，“虽然还不够理想，但已经解决了最困难一步，我认为再好好测试和调节一下，是可以做出航海钟的。我立刻写封信给哈雷先生，让他们给予你财力支持，你就是我们钟表工匠战胜那帮科学家的希望！”

格拉汉姆二话没说，立即写信给哈雷陈述情况，大力支持我们的航海钟计划，科学院反应也很迅速，收到信没多久，我们就拿到了 800 英镑的研发资金，于是我们就在伦敦找了个房子，开始了艰难的发明之路。

这时候可能有些人会问了，既然是一个一点就透的小装置，相信作为钟表大师的格拉汉姆一定可以顺着哈里森这个研究方向实现突破，他在伦敦已成名，又有自己的工作室，要人有人，要钱有钱，为什么不自己接手这个方案？面子算个啥，两万英镑的奖金啊，那可是一个亿人民币呢。

不过大家应该还记得我说过的第一个故事，从古希腊时代开始，欧洲人推崇的品格就是自由、公平和诚实。你抄袭别人的发明，首先是不诚实，其次不公平，三大品格您一下就冒犯了两条，在这个社会就站不住脚了。而且当时英国已经处在工业革命时期了，各种关于发明创造的立法也逐渐完善，哈里森一旦发现了格拉汉姆有抄袭行为，他完全可以上告到法院，那时候格拉汉姆的下场就是身败名裂，被同行唾弃，也会被大众看不起。所以后来人们就形成了一个习惯，你有什么新的发明或者新的设计，我看见了却偏偏不模仿，哪怕近似都不行，我一定要设计个更好的东西超越你，这样就形成了知识与创意的良性竞争，这种品格或者说这种脾气，也是我们中国目前最需要学习的。

我和约翰找了个宽大的住房，购买了家具和设备，就迅速开工了，没过多久，我们就按图纸制造出了一款航海钟，我们把它命名为 H1，它显得有点笨重，一米见方，重量有 90 磅。这肯定不是最终定型作品，不过搞出了样机总要试验啊！我们便请皇家科学院帮我们找了一艘军舰，然后拉上格拉汉姆一起，沿着北海转了一圈。海上比陆地颠簸得厉害多了，再加上环境潮湿，昼夜温差大，H1 的表现不够稳定，误差比我们想象得大不少，但仅就测量经度来讲，H1 的误差还是要远远小于那些天文法得出的结果的。

这个结果让我们振奋不已，至少已经走在了大量科学家们的前面。回到研究室，我们便开足马力就 H1 的一些问题做出改进。几年后，最终定型了 H2，又满怀信心地进行好几次海试，测试出来的结果已经非常接近于科学院所要求的误差了。所以当时科学院给了我们兄弟两个选择，一个是上缴 H2 和一系列研究图纸，拿着 8000 英镑走人（毕竟还没有完全达到标准），另一个是给我们继续拨款研究，分五次最多不超过 2500 英镑，如果还不能成功，拨款也就到此为止了。我和约翰商量了一下，毅然决定选择了第二条路，因为我们已经看到 H2 的重大缺陷在哪里，只要顺着这个思路一直改进下去，必然很快就可以突破瓶颈取得成功的。

说得容易，但等我们实际去操作时才发现，这个困难关联极广，已经不是我们两个木匠的知识范畴可以解决的了，在不得已的情况下，我们又去报名学习了物理学等知识，利用这些知识理论来重新设计计时系统，这个过程痛苦而漫长，等到H3真正定型的时候，已经是19年之后了，我跟约翰也成了老头子。

H3的海试非常成功，误差已经完全在科学院的限定范围内了，稳定性表现得也不错，我们俩便拿着测试结果跑到科学院去申请奖金。谁知这时负责此事的哈雷已经去世好几年了，新接任的科学家并没有哈雷开阔的心胸和责任感，他以这台H3操作过于复杂和体积笨重作为理由拒绝支付。

理由有点牵强，不过也确实能站住脚，不说体积和重量问题吧，目前只有我们兄弟俩能够调校H3，在海上出了问题也只有我们能维修，所以如何简单操作，实现体积小型化就是我们最后要攻克的难题了。

几年后，比怀表大一些的H4终于定型了，可惜的是约翰在最后定型前因病去世了。科学院为此专门调拨了一艘远洋船，拿着H4驶向了遥远的牙买加，在81天的航行中，这艘船遭遇了各种极端的海况与天气,H4表现得极为稳定，只慢了区区5秒钟，大致相当于经度上3公里的误差，远远小于规定的最大限度。

“我们终于成功了！”我抱着侄子小约翰欢呼道，“这下看科学院还有什么可说的！”

这个数据极大地震动了英国，科学院本来还想找点借口，但刚继位的国王乔治三世有些看不过去了，从自己的私人账户里先支付了一万英镑，科学院得知后很尴尬地把另外一万英镑也交到了我的手里。

“约翰，我们终于成功了！”我眼含热泪看着这些钱，“我知道，后来的我们，已经不是为了这些钱。绝大多数人都认为靠时间定经度需要依靠天空、依靠上帝的指引才能实现，而我们，却用毕生的努力去证明，人类制造的机械是可以掌握时间的秘密的！”

好了，说到这里，钟表匠的故事就算讲完了，我们能从中获得什么感悟呢？对，那就是我们最近一段时间一直推崇的工匠精神。什么是工匠精神呢？我不想用那些文绉绉的名词解释的方式来说明，直接一点，我觉得工匠精神就是你全心全意地投入精力和时间去做一样东西或者一件事，追求完美，追求自己的理想目标，最终促使你把它完成的动力，就是工匠精神。

这个故事其实来源于一部小说《经度》，在几十年前也拍成过同名的电影，里面有一句话写得很好，“他成功地用第四维——时间维，将三维球面上的点，连接在一起。从星体手中艰难地夺过了世界的位置信息，并将这个秘密锁进了一块怀表。”

哈里森航海钟的问世，使得英国在远洋航海上的技术日臻成熟，最终成了世界级的海洋王国，而在这个时期以哈里森为代表的一批发明家在各个领域的发明与创造也促使了第一次工业革命的爆发，人类社会文明的维度从时间开始，像火箭一样腾空而起，飞速前行。

▶▶▶ 潘神咖啡馆

就在工业革命如火如荼之际，巴黎人酝酿了多年的启蒙思想终于爆发，不过首先革命的不是法国，而是大洋彼岸的北美。当哈里森还在埋头研究 H3 航海钟的时候，莱克星顿的枪声已拉开了美国独立战争的序幕。法国人本来还在拉偏架，没想到刹那间自由之火就烧到了巴黎，法国大革命风起云涌，欧洲大国中第一次出现了民主的政权，但谁也没有类似的经验，因此各派之间发生了血腥仇杀。这些曾经光辉伟岸的革命家们变得面目狰狞，不再被民众所支持，最终被一个小个子军官拿破仑收拾了残局。

拿破仑不光在军事上天赋过人，带领他的军队差一点统一了欧洲，还制定了法典，保护了艺术，成了迄今为止法国人心目中最伟大的本国人。不过越亮的光芒越短暂，莱比锡和滑铁卢的两次败仗，让拿破仑只能在大西洋中央的圣赫勒拿岛郁郁而终。不过随着他的征服，法国的自由之火燃遍了欧洲，而在科学发展上，巴黎也跟上了伦敦的脚步，两国共同率先完成了第二次工业革命。

两次工业革命带给人生活上的变化几乎是颠覆性的，比如医药方面，文艺复兴时代还是以草药为主，治疗手段无外乎放血疗法等。这种情况一直延续到 18 世纪，后来随着生物学的发展，从生命科学到病理学，再到临床医学，最后到免疫学，欧洲完成了从传统医学到现代医学的华丽转型，人的生命长度被大大地拉长了。

在艺术上，随着照相机和电影的发明和迅速普及，绘画、雕刻这种以保留影像为目的的传统艺术被迫转型，从印象派到抽象派，从立体主义到表现主义，艺术开始更深层次地探讨人类的思想和灵魂诉求。另外，随着材料技术的大发展，传统的绘画和建筑也都跟着改变技术手段，以新技术和新材料作为艺术表达的新艺术运动也在 19 世纪末风起云涌，出现了一大批风格跟以往完全不同的艺术家。

蒸汽机与钟表的发明让空间与时间都尽在掌握，不但是探险家们有了更有效的定位手段，普通的人出行方式也有了翻天覆地的改善。

以前的旅行只是贵族的专利，他们乘坐着舒适的马车，一路由随从照顾，住在各地的自己或者是亲戚朋友的庄园城堡里。而现在，只要是有点钱的平民，就可以坐上火车和蒸汽船走遍欧洲。任何一个城市都有各种档次的旅馆和酒店，街边都是不同口味的餐厅和酒吧，各国的交流不再限于顶层的统治者，艺术家、商人、革命者，甚至是平民都可以轻松实现互通有无。1840 年的英国，一个商人托马斯·库克更是开办了旅行社这样一种专业负责安排旅游业务的公司，组织了无数的英国人到世界各地去旅游。

商业的运营方式也发生了很大的变化，商人不需要再跟着船一直走下去了，只需拍电报下个订单，再经过耐心地等待，货物就会从原产地运到他的手中。

我这次转世还是个商人，从事咖啡豆的贩运转卖，话说咖啡这种东西最早产自埃塞俄比亚，后来进入阿拉伯地区，成为那里最著名的贸易品，在威尼斯圣马可广场上，富裕的威尼斯人一度以喝咖啡作为贵族的标志。可惜后来欧洲跟奥斯曼帝国连年征战，丝绸之路的中断逼出了大航海时代，欧洲人也把咖啡种子带回了家乡。不过多次的实验失败表明，这种植物只适合在热带生长，于是变成了非洲中部，南美加勒比和东南亚的一种重要农作物。当地人并没有喝咖啡的习惯，消费者主要还是欧洲人。

巴黎的大革命不单让拿破仑家喻户晓，一起出名的还有左岸咖啡馆里谈天说地的哲学家和艺术家们，伏尔泰、卢梭、孟德斯鸠、马尔萨斯、富兰克林、休谟、狄德罗……正是他们云山雾罩地闲聊，聊出了伟大的启蒙思想。而咖啡馆从此不再只是享受咖啡和用餐的地方，更是一些有理想有抱负的文艺青年的聚集地，不同时期这里都走出了各类伟大的名人，咖啡馆文化逐渐风靡欧洲的各大城市。

当我已经厌倦了商业活动的奔波和劳累后，一次旅行让我爱上了维也纳这座古老而又焕发青春的城市，到处都是新艺术运动时期建起来的高大优美的建筑，每周都有世界顶级的音乐会可以聆听，作为一个拥有10种官方语言的奥匈帝国的首都，这里成了一个多元化的民族大熔炉，不同地区的精英分子都聚集于此，让人感觉朝气蓬勃，生活丰富多彩。旅行之后，我就觉得留在这个城市，在老城区里开一家小小的咖啡馆，感受一下那慵懒而又惬意的文艺生活一定很不错。

咖啡馆取什么名？我想了很久，毕竟不算是个文化人，我也不在这个上面浪费工夫了，直接从希腊神话里找一个神的名字总不会错的。我稍微查询了一下，发现有个主管宴会的神叫潘神，长着羊身人头很有意思，那干脆就把名字定为潘神咖啡馆吧，听着还是颇有些高大上的，就连商标我也注册成了一只山羊的形象，以至于一些老顾客后来也管这里叫山羊咖啡馆。后来我才知道，原来潘神不光掌管宴会与娱乐，还是淫乱之神，在美术馆的画作中时常可以看到潘神在森林里胡搞的样子。有人劝我改个名字，但我想了想现在这样也挺好，负面的消息往往传播得更快，没准过不了多久，巴黎和伦敦都知道维也纳开了一家潘神咖啡馆呢。

不出所料，有着山羊形象的咖啡馆迅速被人熟知，再加上我的主业就是经营咖啡豆，所以我选择的原材料非常独到，使得我这里的咖啡味道香浓醇厚，让人流连忘返。潘神咖啡馆真的在维也纳火了起来，当地的各界名流也都频繁光顾，很多名人还跟我成了好朋友，比如开价极高给人解梦的老神棍弗洛伊德，还有整天拿金子对着一帮裸女画画的疯子克林姆特等。

现在我每天的生活健康而规律，晨跑后准时来到咖啡馆，磨一杯香醇的维也纳咖啡后坐在柜台里发呆，这一年时值1913年，远在东方的大清国已经灭亡，现在是一个叫袁世凯的人任总统，延绵了两千多年的封建王朝时代已经结束了，不知道会不会也是受到法国的启蒙思想所影响。威望日隆的诺贝尔奖也第一次颁给了亚洲人，居然还是大家最在意的文学奖。泰戈尔的诗我看过，的确不错，但是让一个印度人把世界级的文学大奖拿走，咖啡馆里的客人着实为这个事儿吵闹了好一阵子。

咖啡馆的人渐渐多起来，在一个角落，号称维也纳分离派的一群艺术家们正在聚会，领头人是克林姆特，我还能认出建筑师奥托·瓦格纳和做家具器皿的霍夫曼，他们似乎正在规劝一个叫席勒的年轻人，这个家伙好像刚从监禁中被放出来，心情抑郁，所以这次聚会并没有探讨艺术，而是变成了出狱心理疏导，按说这种事儿得找那个心理大师弗洛伊德啊……

窗边的座位连续几天都被一个俄国人占着，他永远是一身笔挺的西装，配上一个蓬松的发型，像军人一样笔直地坐在座位上，毫无舒适感，但却让人过目不忘。我跟他攀谈过，他叫托洛茨基，好像是因为革命热情过于高涨而被当局流放了。他一边拿着报纸仔细阅读，一边又在桌子上写写画画，好像是要往家里写信，又不知道该如何下笔。俄国的情况我也了解一点，看着似乎暗流涌动，好像是个已经破裂的火药桶，不知什么时候一个火星就会引起它的大爆炸，也许他一直都在等待那个机会的到来。

靠门的地方坐着个克罗地亚的年轻人，名叫铁托，高大帅气，是个职业的汽车修理工，这是一份收入不错的高级职业，因为这年头有车的人还是太少了，非富即贵。他为人热情阳光，又活泼健谈，据说服役时还在军队得过什么击剑大赛冠军，反正是人见人爱的那种大男孩。不过我倒不怎么喜欢他，因为我数次看到了他跟不同的贵妇人出入咖啡馆对面的豪华酒店，有一次我们正好路遇，他还得意地冲我眨了眨眼睛。上帝啊，你要知道你当时身边的那位贵妇是谁的老婆，我保证你没那么轻松自得。这次这家伙一进来就坐在了正对大门的那个位置，不用说，肯定是在等谁呢，看他这样我也没必要刻意过去打招呼了。

门又被推开了，一个年轻人风尘仆仆地走进来，腋下还夹着画板，露出几幅还不错的风景画。显然这是位落魄的小画家，见有同道中人，分离派那边停止了心理辅导，纷纷转头看向这个年轻人，但当克林姆特见到他露出的作品时，微微一皱眉，然后耸耸肩继续他们的交谈，别人也都一齐收回目光，只有席勒似乎尤有深意地多看了一眼。

看来今天的生意不错，我可不管他的艺术水准，进门都是客，反正吧台还有位子空着。

“中午好啊，先生，”我先用德语试着问了一下，这就是维也纳的一个麻烦事儿，不是每个人都会说德语，不过我的意大利语和匈牙利语并不好，其他的语言就更别提了，“您可以听懂我的话吗？有什么能为您效劳的？”

“老板，您这里最便宜的咖啡要多少钱？”年轻人衣着朴素，但很干净，不过他的直白还是让我有些别扭。

“一杯最基本的黑咖啡是 25 海勒，如果你要加一点奶的话，再加 5 海勒就好了。”我调整了一下情绪，尽量不让对方感到不舒服。

“不用了，我只是想避避风，街上实在太冷了。”他依然直白得够呛。

“好的，您稍等，”黑咖啡最简单，直接把现成的倒上就可以，“有点烫，不过我想正好可以御寒。”

“老板，非常感谢，这是咖啡钱，”年轻人数着硬币，一边还在私下嘟囔着，“我一上午就卖出一幅画，也只有 40 海勒而已……”

“别这么说，我这里已经比中央咖啡馆便宜多了，”我把糖罐拿给他，“年轻人，你怎么称呼？”

“阿道夫，”年轻人没有接糖罐，只是低头喝着苦涩的咖啡，“阿道夫・希特勒。”

“哦，阿道夫，请允许我这样叫你，”我看他有点消沉，就指了指角落里聊天的分离派大师们，“你还年轻，努力坚持下去，总有一天你会成为他们那样的大画家的。”

“哎，别提了，”这勾起了希特勒的伤心事，他脸上的表情几度变换，悲怒交加，“想当初我背负梦想来到维也纳，凭我的能力足够进入艺术学院学习，结果那个该死的面试教师看不上我们山里来的乡下人，直接给我除名了！”

“别灰心，维也纳这么多机会，坚持下去总有出头之日的。”我也不知道该用什么语言来安慰他了。

总算又进来一位顾客，让我可以暂时撇下这个消沉的家伙。来的还是一个年轻人，留着小胡子，原来来过几次，好像也是从俄国的什么高加索地区来的。跟希特勒不同，他虽然个子不高，也很瘦弱，但英气勃发，说话嗓音也很洪亮，充满青春活力。

“朱加什维利？”我的记性通常还不错，来过两次以上的客人我都记得名字，不过他的名字有点拗口，我不是很确定，“我应该没记错吧？”

“老板，感谢您还记得我！”小胡子大声说道，“天真冷！去火车站正好路过这里，就想着进来最后再喝一杯您这里的咖啡，让我永远记得维也纳这座美丽的城市。”

“要离开维也纳吗？”我注意到了他放在脚边的手提箱，顺手给他也递了一杯黑咖啡，我知道他一直喝这个，而且也不爱加糖，“去旅行吗？”

“不，我是坐火车去柏林，然后转车或者船去圣彼得堡！亲爱的朋友，我终于回家了！”他一边大声说着话，一边大口地就把咖啡喝光了，“还是25海勒吗？”

小胡子伸手掏兜去找硬币。

“年轻人，这杯算我请的！”窗边的俄国人托洛茨基忽然放下手中的报纸，抬头说道，“祝你回去一切顺利。”

“非常感谢，你也是俄国人？”小胡子发现了他的俄式口音。

“是的，也许我回去的日子也不远了。”托洛茨基有点像自言自语。

“一路保重啊，”我看到他拎起了行李，准备离开咖啡馆，“再见了，朱加什维利，我的朋友！”

“我刚刚改名了，”年轻人起身时对我说道，“现在我叫斯大林，意思是钢铁一样的人！”

“好吧，斯大林先生，一路保重，”这些年轻人总爱改名字，也不知道他们父母是否乐意，不过我还是要祝福他，“希望以后能再见到你！”

“至少你会在报纸上见到我的！”斯大林爽朗一笑，又向窗边的托洛茨基致意了一下，推门离开了。

“我也走了，”一旁不声不响的希特勒也喝完了咖啡，“我想我应该也到了回家的时候了。”

“回家乡吗？”他不希望看到他过于消沉，“那边画画应该不像维也纳这样有前途吧？”

“刚才我已经决定不再画画了，”希特勒似乎确定了自己的想法，人的身板也立刻变得挺拔了，“我还是回去参军吧，也许军旅生活更适合我。”

说着他收拾好画板也离开了……

也许这一切都太过平静了，什么事情看起来都一如既往。但转过年来萨拉热窝的一次藏枪走火居然引起了前所未有的世界大战，战火烧到了奥匈帝国的各个角落，连维也纳也让人觉得很不安全。作为危机意识很强的商人，我匆忙把咖啡馆关掉，带着全部财产躲到了中立国瑞士的日内瓦。那几年，我什么都没做，只是每天喝喝咖啡，看看报纸，过着单调而平静的生活。

一直等到战争结束那一刻，我有点闲不住了。

"我的潘神咖啡馆是不是该重新开张了呢？"我站在一幅欧洲地图前，叼着烟斗自言自语，"还是回维也纳吗？"

"算了吧，我想应该换个城市了，"我想到了这几年在日内瓦的日子，"法式的生活似乎更适合我，还是去巴黎吧！"

我把目光转向了地图上的巴黎，"左岸，我们终于还是走到一起了。"

来到巴黎的时刻，是世界大战刚刚结束的1919年，世界的目光正聚焦在这座城市，在城外的凡尔赛宫。在这座昔日法王路易十四建造的规模宏大、极尽奢华的皇家宫殿内，中央的大厅被叫作镜厅，长76米，宽10米，屋顶悬挂的8座巨大的枝形吊灯，通过483面镶嵌在墙壁上的镜子，反射出了3000多道烛光，即使是晚间，镜厅也是光芒万丈，亮如白昼。

镜厅内正在召开举世瞩目的巴黎和会，27个战胜国的1000多位代表与会，由于通信的即时性已大大增加，世界各国都派出规模庞大的记者团，法国的老虎总理克里蒙梭、美国总统威尔逊和英国首相劳合乔治作为战胜国的领袖主持会议，一时间各大报纸的头版头条都挤满了有关他们的照片和文字，他们一下子成了全世界的风云人物。

然而和会并不能称为真正意义上的和会，倒像是胜利者对失败者的一次瓜分大会。这些政治家们，眼里就只有自己的利益，脑袋一拍，拿着世界地图就把各地都瓜分了，并没有多想那些国家、民族和宗教的细节问题，也并不顾及当地人民的想法。一下子，全世界出现了一大堆新诞生的国家，比如捷克斯洛伐克、南斯拉夫、波罗的海三国和波兰等国，有些是久违的复国，而有些则完全就是按着他们的想象直接把一个地区捏合在了一起。

另外，明明是战胜国的中国，他们原有的德国殖民地没有收回，而是转给了日本，这已经不是正义在惩罚邪恶，而是赤裸裸的强势在欺凌弱势了。从报纸上看到，中国国内也爆发了各种形式的游行和抗议，导致了最后《凡尔赛和约》商定完成的时候，中国作为战胜国拒绝签字，这个简直太讽刺了。

军事家们往往比政治家们更为理智，法国元帅福煦看完和约后就愤怒地说道：“这不是和平，这是 20 年的休战！”而新成立的苏维埃俄国的领导人列宁也有类似的警告，但他们的呼吁都被放在了报纸的角落里，大部分民众和政治家们一样，自我麻醉在胜利的喜悦中……

我则走遍巴黎左岸的各个街区和小巷，去寻找咖啡馆的落脚点。

巴黎真是一个让人迷醉的城市……如果说白天的巴黎是一位雄壮的男士，高耸入云的埃菲尔铁塔和雄伟的凯旋门及四通八达的地铁则向外来者展示着法国作为一流强国所具备的“肌肉”，而夜晚的巴黎则像一个身材婀娜的妙龄女郎，充满着无尽的好奇心与对美好生活的向往，香榭丽舍的车水马龙，蒙马特的灯红酒绿，拉丁街的纸醉金迷……漫步在塞纳河畔，美轮美奂的建筑分列两岸，让人目不暇接，给你的感受，像是上了一堂生动的艺术课。世界上没有任何一个地方，把历史和现在融合得如此巧妙，让人丝毫感觉不到突兀。

转过年没多久，潘神咖啡馆就在距离先贤祠不远的一个街角正式开业了，我花重金请了已经成名的阿尔丰斯·慕夏为这里专为绘制了一幅海报，另外我还把在维也纳时期与克林姆特还有席勒等人的合影挂在了明显的位置，让文艺圈的人一下就知道了这个有情调的地方。

随着咖啡馆的生意走上正轨，我又重新回到了像在维也纳那样的规律生活。

“老板你真聪明，潘神这个名字很特别，我一下子就记住了，”一个叫萨特的高中生来这里跟我攀谈道，“潘神虽然有点……嗯，不过我们巴黎人可不在乎！哈哈。”

咖啡厅的一位常客是刚刚获得诺贝尔文学奖没多久的罗曼·罗兰，萨特就是追到这里来索取签名的狂热读者。

“如果是我的话，我就不叫潘神，”罗曼·罗兰边签名，边发表评论，“看过荷马史诗《奥德赛》吗？希腊神话中有一个更适合做咖啡馆名字的神，听到她的歌声你就会不知所措地走进她的地盘被吃掉，这就像我第一次进到你咖啡馆的感觉一样，只不过从声音变成了气味，我觉得叫塞壬咖啡馆会更合适一些。”

“真是好主意，听得我已经有再开一家咖啡馆的冲动了。”我也是眼前一亮，后悔没早听到这个名字。

“真开的话，别找慕夏画了，人家在忙着家乡的建设大业呢，”罗曼·罗兰虽然好心但略有调侃的语气，指了指旁边的一个叫毕加索的画家，“让巴布洛画吧，收到作品你一定会大吃一惊的！哈哈……”

毕加索笑了笑并没有回击她，只是顺着这个话题说道：“真要有这么一幅画诞生，那一定是有一家以我命名的博物馆也诞生了。”

“行了吧，我现在已经区分不了你和布拉克的作品了，简直是一个模子的作品。”一个留着小胡子叫达利的画家也在旁边打趣道。

“哈哈，你们现在的大作，我是真有点理解不了，”我笑着摇摇头，艺术到了这个时候，好像已经不再是记录，而变成了表达，“我的审美还停留在莫奈那个时代呢！”

我走到了咖啡馆的另一侧，看到满脸胡须的美国人海明威刚刚放下笔，正看着对面还在写作的乔伊斯。

“詹姆斯，还在写你那都柏林的故事呢？”我顺着海明威的眼神，走到乔伊斯面前，看了两眼他的新作，发自内心地赞美，“文笔太优美了，语言的形式感之漂亮，看一段就觉得生活还能这么美好。”

“哼，我觉得文字只是工具而已，用的都是金砖，最后却盖了个厕所，你不觉得很可笑吗？”海明威对我的评价不屑一顾，“只有粗粝的语言才能直指人性的本质，探讨生活的价值。”

乔伊斯对这种争论已经习以为常，他继续着自己的写作，头都没有抬。

“别跟这个记者一般见识，”旁边坐着的同是美国人的菲兹杰拉德却站在乔伊斯一边，“他是奔着诺贝尔文学奖去的，我们则是献给广大热爱文艺的女性！”

“我赞同你，你们俩的书就适合放在床边，睡觉前美美地读上一段，”我也接上他的话茬儿，“对了，斯科特，你的《了不起的盖茨比》完成了吗？初稿我看了一部分，写得实在太美了。”

“还不够美啊……很多细节还在打磨，可能还需要一两年吧。”菲兹杰拉德谈到自己的新作品，情绪有点谨慎，“很多的灵感需要碰撞，现在的巴黎生活节奏太快了，大家都来不及认真去阅读，在世的大师屈指可数，真是无比向往80年前雨果、大仲马、司汤达和巴尔扎克的那个法国文学的黄金年代啊！”

“不要这么说，”我忽然想到了维也纳咖啡馆的那些人，“活在当下，也许你们所处的也是一个让后人无比羡慕的黄金年代呢……”

好了，关于“一战”前后的故事就说到这里，大家随着我的故事也畅游了维也纳和巴黎这两座欧洲艺术气息最为浓厚的城市，故事里出现的名人数不胜数，有一点像伍迪·艾伦代表作《午夜巴黎》的感觉。

其实我的故事所要表达的也是这个意思，我们每一个人在某些时候都会抱怨自己生不逢时，然而你很可能恰恰就生在一个大师如云的年代而不自知。人生无法真的穿越，珍惜现在的每一分钟，才是最为重要的！

让我们从现在开始，有效率地读好书，出去旅行看得更加细致和用心，全情投入地谈一场恋爱，两肋插刀地交几个朋友，积极而乐观地面对世界，就像马克·吐温说的那样，黄金时代在我们的面前而不是在我们的背后！

带团篇

有关欧洲的历史，我就跟大家聊这么几段，欧洲就像中国历史一样源远流长，分分合合，我挑选了其中一些结点编织成故事，加入了一定的人设和虚拟的对话，但总体保留了不低于八成的历史还原度，多少有点连续剧的感觉。让游客在像听评书一样跟我见证历史的情况下，也顺带掌握了很多的知识点，比如人物的、艺术的、常识类的都有，有兴趣大家可以自己从字里行间中探索一番，相信读过几遍，每一次都会有一些不同的收获。

另外，在每个故事中，我也加入了一些核心诉求，毕竟讲一个故事总是为了要说明什么的。这是除了故事本身具有的曲折性和娱乐性之外的更高层次的追求。就像一部电影一样，想要在豆瓣上拿到更高的分数总不能只是靠无厘头的搞笑吧？怎么也得在故事里渗透出一些导演的私货，也就是自己的价值观、人生观和世界观，这些可以理解为美好故事的哲学输出。

下面，我再讲一些其他类型的故事，来说明一些带团中的问题，也算是在历史之外，给大家分别举一些故事案例吧。

关于带团的提醒工作

下面都是一些很小的故事，篇幅不长，用于我在带团开始阶段给游客进行必要的出国旅游提示。其实我要说的就是很普通的那些提示要点，安全啊，卫生啊，语言啊，旅游心态啊之类的。如果你只是照本宣科，把旅行社发给游客的旅游安全提示告知书再重新念一遍，也不是不行，但其功能充其量就是免责声明，游客很难把这些枯燥的文字真正记在脑子里。

所以把它们变成一个个的小故事，让游客有身临其境的感觉，顺便把你要提醒的东西塞到里面，游客注意力也上来了，你的提示目的也真正达到了，才会避免后面旅游行程中的很多主观意外。

下面我就按不同的提示要点和大家分享几个小故事

手机、腰包和护照（有关安全的提示）

这是三个发生在我身上的真实故事。

第一个故事是我刚刚开始带欧洲团的时候，那时候正好有一个团最后一站结束在罗马，而当天最后一个景点是西班牙广场，也就是那个在电影《罗马假日》里著名的高台阶和破船喷泉所在地。我记得当时时间很充裕，就让游客自由活动一小时。我没什么事，就跑到广场一侧的麦当劳里买了杯咖啡休息一会儿。当天不是周末，餐厅里人不多，我找了个靠门边的位置玩手机，玩了一会儿有点无聊，就把手机放在桌上发呆。这时候进来一个十五岁左右的阿拉伯小孩儿，他拿着一张明信片之类的东西，到处找人推销，旁边的客人都纷纷摇头，走到我这儿的时候也把明信片伸到我面前，我也很自然地微笑摇摇头，就在这一秒不到的时间我忽然感觉不对。因为他递过来的明信片离我实在太近了，以至于我根本无法看清明信片上的图案，另外就是这样近的距离让我的眼前出现了太大的盲区，我就下意识地双手向我看不到的盲区一抓，正好抓到这个小孩儿的另一只手，他从我的双手中挣脱出来，结果我的手机便掉在了桌上。小孩儿发现偷窃行为败露了马上就跑，我赶紧站起来追出去，只差了几步一出麦当劳就发现人已经没影儿了。而在麦当劳门口站了一个跟那小孩儿样子年龄打扮都差不多的人，靠在墙上背了一个包，我估计这是他的同伙，假设他拿着我的手机跑了，而门口已经换了一个人，即使抓到他也无济于事。

第二个故事发生在马德里，有一年我带团去西班牙，正赶上周末有球赛，我就带着几个看球的游客去马德里的主场伯纳乌看现场比赛去了。球赛很精彩，大家也都乘兴而归，去的时候可以打车，回来时球场那么多人肯定不方便叫出租，我就带着游客坐地铁回酒店。过了几站，上来两个人，一胖一瘦，皮肤黝黑，但看不出来是哪个地区的。瘦的这个拿个相机，看着像个游客，胖的那个可能感觉有点热，把外套脱了搭在手臂上。这俩人上车后一眼就看见我了，过来打招呼，说自己找不到换乘站了，那瘦子就把我拉到地图那里让我给他指一下在哪换乘，而胖子也站在地图旁边，离我很近。我心想找我干吗，我看起来不也是个游客吗？但我还是好心地给指了下要去哪站，那个瘦子就指到了一个站名，我顺着一看，好像指的不是特别准，正好在两站中间，我又看了那瘦子一眼，忽然发现很不正常。因为一般来讲，问路时手指地图眼睛就得看着地图啊，结果他直愣愣地看着我，而且眼神是很警觉的那种，完全不像个找不到路的游客。这一下把我的警戒意识激发出来了，我用余光一扫我的腰包，发现已经被那个胖子手上搭的衣服给挡住了，我就下意识地向后退了一大步。发现我的腰包的拉锁已经被那胖子拉开了一多半，从我站到地图前到后退一大步，中间差不多也就一秒钟，也就是说我的钱包差一点儿就没了，当时里面不但有现金，还有护照和信用卡，这要是丢了，我后面就别带团了。然后我就拿英语骂人，说他们是小偷，这俩人无所谓的样子，旁边的人也很漠然。游客们也还没反应过来，又过了一两分钟，地铁门一开，俩人就很坦然地走了。

第三个故事发生在我后来带团到巴黎落地时。我记得那个团首站巴黎，这是一个无比美好的城市，但另一方面，作为国际化大都市也是世界年接待外国游客最多的城市，它的偷盗抢案件也一直居高不下，所以落地之后我用了半个多小时反复地跟游客强调安全问题，不要一个人上街，现金分开放，严防小偷之类的。可能是带团第一天，跟游客还处在一个互相并不太了解的阶段，团里有个大姐心直口快，很不客气地打断我：“导游你就别吓唬我们了，我出国旅游多了去了，好多地方导游都这么说，把当地治安说得一团糟，结果每次都跟当地人一问什么事都没有，其实就是你不想让我们自己出去乱逛买东西影响你的收入！”我说：“您这么说话可能是因为您还不了解我的为人处世风格，我先不反驳您，这边我该说还是要说，毕竟这也是我的工作责任，巴黎的治安好不好，您可以在明天旅游的时候自己观察。”那大姐很不屑，但没继续跟我打岔。第二天早上遇到她，她居然过来跟我道歉，我说您这一晚上就被偷了？这酒店荒郊野岭的也有小偷光顾？她说不是，是她的一个大学同学在巴黎工作，正好晚上过来拜访她。她就抱怨说导游吓唬他们团，不想让他们自己出去逛街，她的朋友却回答：“这导游说得挺客观的，巴黎本来就没你认为的那么安全。我为什么知道呢？我就是在中国大使馆办理旅行证补办的，除了少数人是自己把证件弄丢了，绝大多数都是被偷被抢的，按说这个事在哪个国家不都有吗，但是你知道我们的工作量有多大吗，平均每天都要补办好几十本，这还只是中国游客，还只是中国游客连证件一起被偷了的人数，你想想这里的治安是什么状况吧。”这大姐听完就觉得头天对打断我讲解这事儿有点歉意了，后面他们也都非常注意，也变得都很信任我了。这个世界从来不缺美好的风景，有时只是缺少美好的信任。

这三个小故事都很简单，没有什么太曲折的情节，但却都是我前些年的亲身经历，正好对应我要提示的安全话题，我就把他们记录下来，每一次在讲安全性时都会给游客讲一遍。

这三个故事除了提醒大家要重视安全问题外，还有一些不同的细节。前两个故事主题是讲偷盗手法，总结起来很简单，遮挡视线，转移注意力和下手迅速。所以防范偷盗抢的重要两条也就很清晰了，我通常会讲完故事后特别总结给游客听，那就是不答话和保持安全距离。

有的时候你出去旅游，觉得当地人很热情地跟你说话，你也应该礼貌地回应，甚至有些游客觉得自己会两句英语还跟人家聊上了。这种情况发生在一个欧洲小城还可以理解，当地人可能见到的中国人比较少。但不可能发生在巴黎、罗马、威尼斯、伦敦这种发达的旅游城市，当地人哪国游客没见过啊，每天见的外国游客快比本地人多了，怎么还可能跟人搭话呢？所以第一条就是不搭话，这样就不给小偷分散你注意力的机会。

再有就是保持安全距离，我们在银行排队时都见过一米线，其实在欧洲一米的安全距离到处都存在，除非是很拥挤的公共汽车，否则大家即使在交谈时也尽量保持这个距离，所以当你发现有人在不太拥挤的地方走到了你的一米范围之内，那么你的反应只应该有两个，把他推开，或者你自己倒退一大步。

还有一个关键点，就是大家可能都注意到了上面两个故事里我的反应时间都是一秒左右，所以避免了损失。为什么会这么短，因为我在这些大城市时防范意识格外强，任何陌生人靠近我我都格外警惕，对他左看右看，而且他跟我说话我还不接茬，稍微靠近一点儿，我马上退开一步，这样对方即使是小偷也不会再偷你了，因为他觉得难度系数太高。要知道小偷的目的主要还是为了生存，不是为了挑战自我，超越极限，偷人所不能偷，所以看你不好下手就换别人，反正游客那么多呢，总有防范意识差的。

第三故事更多地是想传递一个信任的诉求。毕竟有些游客在其他地方受过类似的欺骗，逆反情绪会有一些，当你说完这个故事后，他们也会跟着思考，自己刚才的逆反想法是不是也跟那个大姐一样呢。

通过我讲的这三个故事，再加上后面的总结和建议，我相信大家看完也能感受到，这样的提醒方式，比直接提醒大家要注意小偷有效得多吧？

▶▶▶ 司机的评价（关于卫生）

这是我在 2012 年左右带一个瑞士一地团时跟那个团的瑞士当地司机的一次真实对话。

那年我连续带了好几个瑞士一地的旅游团，有一次一个司机很健谈，他是个瑞士人，很有意思的一个塞尔维亚裔的老头。我有时候会和司机聊很多，主要是因为他们确实是当地人，对当地的很多信息了解得是最真实和最直接的，比如教育、医疗、法治，等等，他们才是第一手的情报来源，而且也会从一个当地人的视角去观察、去评论。

我们俩聊得还算尽兴，我问了他一个问题：德国人、法国人和意大利人我有点分不清楚，你们瑞士就是这三个民族组成的，那你们能分出这个人来自哪里吗？”他回答说德国人一般走路低头，这是严谨的性格导致的，他们低头看路以确认每一步都走得踏实；而法国人走路都扬着头，像高卢雄鸡，法国人不是骄傲嘛，所以到哪儿都趾高气扬；意大利人生活比较随性，严谨不如德国，高雅不如法国，比较世俗化，所以走路左右摇摆，摇头晃脑的……

我接着问他能看出亚洲人，比如中日韩几国人的区别吗？司机说也看走路啊，你看日本人应该都经历过军事化训练，所以走到哪儿都是两条队，非常整齐，甚至整齐得都不像游客，有点儿像军队列队阅兵一样；韩国人就松散多了，大概还能看得出是一个队伍的，但横列竖列都跟日本没法比；中国人呢，没有队列，远远一看横着一片，把路都占满了，那一定是中国团队了。

我忽然想到一个问题，就问他："你们现在最不喜欢接亚洲哪个国家的团队？不会是中国人吧？”司机说没有啊，中国游客很热情，见谁都笑，也很客气，车内卫生也维护得不错，我很喜欢。他列举了一下，日本人、韩国人、泰国人、印尼人都挺好，但是他非常讨厌印度游客，甚至在描述的时候还用了脏字。

我问及原因，他就说印度游客不讲卫生，上车就脱鞋，很多人脚还挺脏，他们还在车上吃东西，然后把垃圾扔得满车都是，我每天到了酒店都要多花一个多小时去清扫大巴，跟他们说了也没有用，这一直让我非常愤怒。

我说我原来带国内旅游团的时候，咱们游客也把垃圾扔得到处都是，在欧洲不这样吗？那司机说前些年确实是这样的，也扔得满车垃圾，我们公司司机一听是中国团队都头疼，但是近两年这种现象明显少多了，可能是由于你们中国现在人都富裕了，对环境要求高了，或者教育水平提高了，反正不知道什么原因，现在你们从卫生上来看，跟日本游客、韩国游客没什么区别。

这是一段很简单的对话，前面插入了一点跟卫生习惯关系不大的桥段，主要是通过一个自嘲型的小幽默提起客人的注意力，然后把我和司机那段对话植入进去，我的目的是想让游客明白，我们中国游客的口碑是需要每一个出国旅游的人去维护的，好的榜样、坏的榜样都有，你希望成为当地人评论里的哪类人？

▶▶▶ 酒店失物招领处（关于提醒不要在酒店遗落物品）

在欧洲带团这么多年，不一定每个团都会碰到那种恶性的偷盗抢事件，但在酒店退房后发现遗落东西的可是团团发生，大到手表、婚戒，小到衣服、水杯，千奇百怪，只有你想不到的，没有他们丢不了的。当然最常见的，还是洗发水、充电线之类的东西。算起总数，也许不比遭遇一回偷窃的损失少多少。

每次带团我都会在离开酒店，且大巴起步前特意提醒一句，大家房间里的东西都拿了吧？但经常是开出去一两个小时后才有人想起来落了东西。你说回不回去呢？多出来的交通费先不说，在本来就很漫长的旅途中又增加一个两三个小时的折返，别的客人是否愿意？但是他丢的要是护照呢，丢的要是婚戒呢？所以这种问题解决起来非常棘手。

所以我会讲一个关于酒店失物招领的故事。

有一次我带团去冰岛之前，有一位头一年跟我的团去过那里的客人联系我，他在冰岛塞尔福斯的酒店丢了个保温杯，按说这种东西再买一个就好，丢就丢了。但这保温杯好像比较高档，据说是花了好几百元买的，而且他后来又先后买了两三个杯子，可能是习惯原因，都没有原来丢的那个好使。正好他在微信朋友圈里看到我去冰岛了，就给我留言，问还路过那个酒店吗？我一看行程，还真能路过，我就说你把当时的住店日期给我，我路过停一下，进酒店问一句。冰岛的行程一般很轻松，不赶时间，路过那里时，让游客下来透透气，拍拍照，我就进酒店去问询，他们把我领到失物招领的房间，里面一共找到了十多个保温杯，估计都是中国游客落在那里的，因为其他国家的游客基本没有随时喝热水的习惯。我拍了个照片发给游客，他说没有。我把住店日期给了酒店，店员说他们失物招领的时限最多是半年，除非事先打电话特别约定，否则半年内还没有人认领的东西就处理掉了，如果东西是新的，可能员工就会拿回家，有些就直接丢掉了。一年前的东西，肯定是扔了。

还有一次，我带团晚上住酒店时手机没电关机了。我赶紧去包里找充电线，可能是有点着急，从包里拽充电线时，直接把线拽断了。当时那个时刻很尴尬，都半夜了，也不好意思再敲游客门去借，如果是单身女游客，人家一定会认为你这借口太俗套了……但关于第二天的旅游的问题还需要跟后面的接待单位微信确认，也不能等到第二天早上再充。所以我就去前台直接向店员求助，工作人员一听是充电线，直接带我到失物招领那屋，打开一个柜子，里面至少有上百条充电线，问好我型号，直接拽出一根就给我了，我说第二天还他们，他们都说不要了，因为实在太多了。

保温杯也好，充电线也好，都是价值不高，而且比较常见的东西，当然少见的东西我也碰到不少。有一回带团，中午吃饭的时候一位老大爷过来找我，说假牙忘在酒店了。我说您这也太离谱了吧，假牙还能丢？老大爷说进房间就把假牙泡在一个杯子里放在洗手间，想着第二天刷牙时候就能看到，结果时差没倒好，睡眠特别差，就吃了安眠药。第二天起晚了，匆匆忙忙收拾东西，也没看厕所，早饭也没吃，上车还是困，就继续睡，到吃午饭的时候一张嘴才想起来假牙落了。我说那也没辙啊，咱们好几百公里都开出来了，他只能回去再配了。有意思的是，那个团之后的下一个团正好又住那个酒店，我就给老大爷打了个电话，我问他还要那副假牙吗？老大爷说当然要了，配一个周期长而且贵，能拿回来那就太好了。我一看间隔时间比较短，应该不会被处理，但问题这是假牙，这东西是不是算医药类器材啊？会不会直接被清洁员当成垃圾扔了？所以我很客气地找到酒店的工作人员解释，说上个月住在这里的时候，有个游客把假牙落在房间了，想看看这边失物招领处有记录吗？工作人员也是带我进了失物招领的屋子，找了找记录，然后拉开抽屉。我一看，一抽屉假牙。工作人员问我："您看看哪个是您游客的。"这绝对真事儿，所以别觉得假牙很冷门，丢得多了，冷门也能攒一抽屉。

另外再提醒一点，在欧洲，不是所有的失物招领都是免费的！有一次我带团坐芬兰航空的班机在赫尔辛基转机去往下一站，第二段飞机刚刚起飞就有游客过来找我，说他的一个 iPad 落在上一段飞机上了，我说那简单啊，先登记吧。下了飞机后，我致电机场，转到了失物招领中心，登记好航班号、座位号、iPad 型号、颜色等，然后留了我的电子邮箱。外国人工作效率一般，那团都结束回国了，我才收到对方发来的一封邮件，说确认这个东西在他们这儿，并给了一个物品提取编号，提醒说必须要在三个月之内领取，否则也就处理掉了。正好下个月有一个团也是芬兰航空的，我跑出航站楼（他们当时的失物招领中心在航站楼外）去取这个 iPad，报上编号后，很快就拿到了东西，确认颜色、开机密码都对，正要拿走呢，结果工作人员要我交费。我一看账单，天哪，42 欧元！对方说按天计费，每天 2 欧元保管费，隔了 21 天，正好 42 欧元。我很奇怪，我问他们作为机场的一个服务部门，这个失物招领应该是免费的啊！对方的回答特有意思，说他们跟机场不是一回事，他们是一家服务公司，承包了机场的这项失物招领业务，这样机场节省了工作人员，他们这边出人出地方，也得有成本当然也得有利润啊。三个月以上还无人认领的就扔掉或者找相关回收公司变现。对方是承包项目，当然得挣钱了。我也觉得运气还不错，就隔了 21 天，这要是隔了两个多月，就得 100 多欧元，还不如买个新的呢。而且据说，失物招领服务的外包，已经不是只有机场这么做了，有些大的酒店还有游乐场之类也都在尝试。所以以后在欧洲丢东西，虽然对方是拾金不昧，但对不起，这边的“雷锋”提供服务也是需要收费的，而且不便宜！

以上是四个关于物品遗失的小故事，三个酒店的和一个机场的，我是通过实际发生的案例给游客提提醒，让他们在离开酒店的时候仔细回忆一下，从保温杯到充电线一直到假牙假发是不是都带着呢！

另外，我也会结合故事介绍一点我自己的旅游经验，说简单点其实就两条。

第一，欧洲的酒店我们很多都是住一两晚就走，所以行李里的东西不必都摆出来，原则上是需要什么拿什么，而且拿出来的东西放在哪里也有讲究。我推荐三个地方，一个是洗手间，放你的所有洗浴用品、化妆用品、卫生用品，在洗漱台旁边找一块地方集中放置；还有一个是在写字台，放你当天吃的喝的，手表戒指项链，充电的一套设备等等；最后一个地方是床头柜，放你的手机、眼药水之类的东西。除了这三个点，房间其他地方一律不放任何东西，尤其是衣柜里、抽屉里、床上、沙发上，这些地方因为目光有遮挡，很容易被忽视。再有就是行李都收拾好之后、出房门之前，再回头看一眼这三个地方，确认没落东西就可以直接离开了，因为其他地方根本不需要看。

第二，当天晚上睡觉，提前把第二天早上不用的东西先放到行李箱里。定好闹铃，从容安排早上的时间，不要等到马上要下楼了才着急忙慌地收拾行李。很多丢三落四的案例都是这种情况下发生的，正所谓忙中出错，一着急，就很容易落东西。

故事有了足够的细节，以及这两条很明确的建议，相信类似的事件发生概率会小很多。

▶▶▶ 我不会英语我怕谁（有关语言沟通问题）

由于我们的母语太过强大，很多曾经在大学里通过了四六级考试的“学霸们”，在成为游客走出国门的那一刻时才发现，自己的英语口语几乎已经忘得一干二净了。确实，如果你毕业后去了一家外企，每天回复大量的英文邮件，你的同事们即使是中国人也是 Thomas、Christina、Sherry 地互相叫着，可能你的英语水平还能保持，甚至精进。但你工作中一旦英语用得少，那么对不起，英语就是门技术，长期用才能应用自如，一旦长时间不张嘴，单词都忘得差不多了。

所以很多游客一遇到跟老外对话就特别慌张，有时候对方只是简单地打个招呼，或者客气一下，你只要稳定一下情绪，即便不会英语，也能猜出他要表达什么意思。

所以出国旅游，英语不重要，重要的是交流的勇气与平和的心态。

给大家讲两三个关于出国旅游时关于语言的小故事吧。

带团入住酒店尤其是头一两天的时候，我通常会在游客进房间后多在大堂等一会儿，因为各种各样的问题总是层出不穷。其实很多问题并不是酒店房间本身的毛病，而是由于游客刚到国外，对很多设备不太熟悉，而产生的一些疑问。有些是你通过一定的观察就可以解决的，比如有没有烧水壶，冰箱里的饮料收不收费，门死活都拉不开。也有一些是房间的问题，比如有烟味，或者某个设备运转不太好，需要跟酒店的前台去沟通。一般来讲，即使你不会英语，比画比画或者干脆画个图也能解决，但有人就是紧张，生怕英语说不好别人不高兴。我觉得这种紧张其实很多余，你是花钱的顾客，不可能因为你说不明白，对方就不满意，他还不会中文呢。

而且在交流时要尽量放松，且不说现在的手机软件可以轻松翻译，就算交流磨合的过程本身也是个很有意思的体验。有一次我带团时遇到一位法国司机，他一句英语都不会说，而我呢，虽然学过两天法语，要说去哪个景点，或者表达个数字，点个菜还凑合，但想交流可根本做不到。后来就说，别一个单词一个单词猜，还是画图吧！我们开始了艰难的画图过程，每天我们俩的交流大致消耗两篇纸。没过几天，我们俩的画图水平都有精进，不但可以说清楚几点集合，什么时候吃饭这些简单的信息，甚至可以交流很多复杂的内容，而且双方都从这种画图交流中获得快感，最后临走的时候连再见都是在画图中完成的。

有一次，我的一个游客也属于这种胆子大的，自己英语水平不怎么样，但是架不住敢说啊，连说带比画地，逮着谁跟谁聊。到酒店老能看见她在大堂酒吧跟别的老外艰难而快乐地聊天，跟司机也成了好朋友。有一次她从酒店出来跟我说，昨天住的酒店房间里有老鼠，我一想那酒店是个庄园型的度假村，每个房间都在一层，对面就是田园，房间里偶尔进个田鼠或者竹鼠之类的应该是有可能的。我说你找前台换房去了？她说我给前台打了一个电话，说老鼠在房间，他们派了个人给赶出去了。不过她说给前台讲到房间里有老鼠时突然卡壳了，想不起老鼠这个单词怎么说了，想了半天也没想起来。我问她是怎么表达的，难道过去给他们画了一只？她说我不敢下床啊，一着急灵机一动，突然想起一个动画片，就问前台，你看过 Tom and Jerry 吗？人家说看过啊，她说那好办了，Jerry is here！看看，这个问题就这么解决了。

都讲中国人的故事可能大家缺乏对比，我再讲一个我经历过的老外来中国旅游的故事。有一年我去成都玩，正在一个饭馆吃饭，很本土的那种小饭馆，东西好吃又便宜，而且最重要的是豆浆还免费，连饮料都不用额外点。正吃得高兴呢，进来一位外国女士，背个包，也是穷游那种，张口就用英语问询，听口音还不像是英语区的人，可能是德国人或者北欧人。门口负责接待的工作人员不会英语，赶忙去找另外一位，那位服务员看着可能能说两句英语。他客气地问，您是吃饭啊，还是问路啊？那位女士说，我想喝一杯豆浆。服务员琢磨了半天没明白，直到对方指着别人桌上的豆浆做了一个喝的动作，他才算明白。这位服务员就问了，你是想买杯豆浆喝吧？那位女士说不是，我想要白喝一杯豆浆。服务员说怎么可能呢？对方拿出一本旅游指南来，说这里面写着呢，成都的餐厅豆浆都免费！服务员也不高兴了，估计想说这豆浆免费没错，但是也得在餐厅消费才行呢。不过这句话无论从结构还是语法上都有点复杂，服务员努力半天也没说出来，看周围的人都看他呢，一着急一咬牙，得了，给她倒一杯豆浆！对方三口两口就喝完了，说声谢谢扭头便走了。您看，不会中文还来中国旅游的，交流半天，也没吃了亏。

记得我刚做英语导游的时候，会带很多到外国的散客，那时候英语不好，磕磕巴巴，有些单词还不太熟悉，因为交流不好，觉得对游客特别不好意思。但外国人其实很宽容，他们会很耐心地给我纠正发音和用词，还给了我很多鼓励。

其实交流最重要的是用心，也就是交流的欲望与勇气，有了这两样，无论你走到什么语言的国度里，都不会遇到困难的。

旅行，本来就是去看那些不熟悉的东西，当然感觉完全不同的语言环境也是其中的魅力之一。

▶▶▶ 来自美国游客的大同历险记（有关旅游心态的提示）

这个故事我时常在带团开始阶段讲，它是关于一个旅游者应该具有的乐观心态的故事，即如何从容而积极地面对旅途中发生的意外状况。

这是在我身上真实发生的故事，时间应该是2006年前后。那时候的我是一名在北京带团的英语入境地接导游。我的主要工作就是带着美国人或者加拿大人在北京旅游，人多的时候也陪着团队一起走中国的几个热点城市，比如西安和上海，人少的时候就是纯粹的地陪，只是带一下北京的六大景点，大概三四天的样子，然后把客人送到机场，再由下一站的地陪导游来接他们。

记得有个团是个美国的家庭团，大概一家七口吧，祖孙三代好像还加上姐姐一家什么的，人不算多，我只是负责北京的地陪工作。他们在北京的行程很正常，就是外国人都比较喜欢的长城、故宫、颐和园、天坛和胡同之类。但是他们后面的行程有点特别，不是常规的北京—西安—三峡—上海那种，而是一路看中国的石窟，从北京坐火车去大同看云冈石窟，然后再去洛阳看龙门石窟，再从西安飞敦煌看莫高窟，最后飞上海回国。我觉得这种设计很有想法，有主题有创意，也兼顾了北京和上海这种大都市，它们不光是现代中国的缩影，也是国际飞行的重要中转站。

美国人的特点很鲜明，大部分美国人都乐观积极，热情开朗，而且特别健谈，有的还很幽默。那时候我专门带美国团，也很有经验，没一会儿工夫，就跟他们一家人混得熟络起来。

带这种人少的团其实没必要大段大段地讲解，而是要像朋友交谈一样，把众多的历史信息直接放在聊天里就行了，他们每一个美国人都有自己的想法，似乎关注久远历史的并不多，而是会问很多关于现在的事情，你的国家，你的家庭，甚至你的生活。聊着聊着，就成无话不谈的朋友了。

三四天的时间一晃而过，按照行程计划，我需要把他们送到北京西站坐火车。因为火车站不像机场，英语使用范围比较小，双语的标识也不够全面，所以通常情况下，导游要一直把游客送到火车上，直到找到他们的座位号为止。

当天我们赶到西客站时比开车大概提前了两个小时，我把他们带到指定候车室，安排好休息的地方，并指了一下厕所的位置，接下来就是跟他们聊天一起等火车了。不过这个团的游客都很体谅人，说候车室已经到了，一会儿我们跟着检票的人走就行了，我们也不会乱跑，所以你也没必要跟我们一起等火车，工作好几天了，赶紧回家休息吧！

一般美国游客说出这种话很常见，都到候车室了也不会有什么意外，我跟他们确认了一下真的是这么想吗？他们回答就是："我们可是走遍世界的美国人！"我说那好吧，感谢你们的理解，我又跟他们重复了一遍上车的步骤，以及如何找到自己的车厢和座位，确定一切都 OK 了，我才离开。

两个小时后，我已经到家，却接到他们的电话，第一句就是："我们误车了！"我的脑袋"嗡"的一声，马上就坐了起来。我说怎么可能呢，游客说他们那个候车室厕所坏了，老人就带着小孩儿去别的地方找厕所，北京西站太大了，人又多，来回一挤就找不到候车室了，这一老一小既没拿火车票，也没拿手机，眼看火车开始检票了，他们还没回来，全家一起找也没找到，所以大家都没敢上车。等找到人了，火车也刚开走不久，确定是误车了。

谁来负这个责任？毕竟产生损失了，分清责任好让谁来为这件事买单。

但美国游客旅游经验丰富，态度也更积极，按现在的话说叫正能量满满。

所以他们给我打电话的意思不是抱怨或者推卸责任，而是问下一步他们应该怎么办？困难来了，他们首先想到的是如何解决问题、如何战胜困难。我说要不我过去一趟，他们说暂时不用，只是想知道一下下面还如何解决这个问题。我说那大家稍等啊，我上网查一下信息。

我查看了当天后续去大同的火车，应该没有特快了，都是慢车，时间大概加长一倍，到大同会是后半夜了。要不就在北京多住一天，到售票处应该可以把票换成第二天同一车次的票，手续费也不贵。另外我多查了一步，距离北京西站不远的丽泽桥长途汽车站，几乎每小时都有一班去大同的长途车，速度比特快慢一点，但晚上也到大同了。

我打电话把这三个选项告诉他们，他们商量了一下告诉我说选择第三个选项，长途车。我说我要过去送他们，他们还是觉得没必要，也太浪费时间了，只是让我把长途汽车站的名字通过短信发给他们，这样就可以了。我按着他们的要求发了过去，过了一个多小时，他们给我回了条短信，说已经上车，大概几点会到大同。我把这个信息发给了大同的导游，提醒他改到长途汽车站去接客人，然后把游客的电话也发了过去。晚上，大同的导游给我打电话，说已经顺利地接到了这一家子，我也就彻底放心了。

按说这个故事到这里就结束了，但其实还没完。这个团结束后大概两三个月时间，我的邮箱收到了一封邮件，是这个家庭的其中一个小孩儿发给我的，邮件里面有个链接，我点开一看是一篇博客文章。

那个时候还没有微博和微信，什么 FACEBOOK 和 TWITER 之类的也没有，当时最流行的个人自媒体还是博客呢，中国外国都差不多。

我打开一看，是他写的中国之行的游记，一路的城市和景点，以及吃过的中国美食什么的，图文并茂，内容丰富。但是有一点我注意到了，就是误车之后的这段写得特别详细，也特别精彩。他一共写了十篇左右的连载，北京这么多景点才写两篇，剩下的地方都是一篇的篇幅，但从他们出状况误车开始，到大同与导游汇合结束，中间七八个小时发生的故事一共写了四大篇，都快接近一半的内容了。

因为后来再没有联系，所以我也很好奇，到底发生了什么。我仔细阅读了这好几大段落的文字。他写得很平实，但从文字的热情度看，似乎他对这段的事很看重。前面发生过的问题就不重复了，他们描述自己如何解决困境的时候特别写了一下，只给北京的导游打了两个求助电话，那个单词 only 让我印象很深。

然后就描述他们顺利地到达了长途车站，怎么在售票处买票，还试图跟窗口的售票员砍价，不过没成功，他们也没敢去尝试那些在车站外拉客的推荐，还是走的正规渠道买票上车。

他记录了他们怎么占位子，又发现上来的中国乘客都不太愿意跟他们挨着坐，等车离开车站的时候他们还都一人占着两个位子，可是到了一个什么城外的地方，车停了一下，忽然又上来一批乘客，他们的座位也就被分享了。他还观察了一下，发现这批上来的人买的票几乎是他们的半价，还煞有介事地总结了一下以后在中国如何购买便宜的车票，那就是半路上车。正好坐在他旁边的是个大学生，也能说点英语，所以他们一路就有的聊了。估计那大学生也想免费练练英语，所以跟他们说了好多他的大学生活，还有家乡的事儿什么的，林林总总描述了很多。大学生还分享给他们一些自己带的吃的，有的被描述得我也看不明白是什么食物。他还记录了长途车一路上看到了的景色，中途还停过两次，有一次是吃晚饭，在一个休息区里吃的自助餐，然后图片展示吃了什么，最终一路冲破艰难险阻，与当地导游汇合，顺利战胜了途中遇到的困难。

结尾有句话很有意思，我觉得这句话不像是那个小孩子说的，可能是家里的大人说过的被他记录了下来。

“旅行就是探索未知的世界，不可能完全按照你设计的行程顺利前行，路上一定会出现各种各样的问题与麻烦，如何面对和如何处理这些意外，也是旅行的一种重大收获。本质上讲，旅行和人生没什么两样。”

前些年，我经常在电视或者网上看到一些类似的新闻，有些游客为了得到更多的赔偿，拦着飞机不让走，或者跟团时中途遇到什么问题就打断游览进程，直到得到满意的赔偿才罢休。

从中国的经济发展能看出一个很明显的消费者心理变化曲线，从 20 世纪八九十年代的不懂维权到过去十年的维权过度，两种心态其实都不可取。春晚有个小品也关注到了这个变化，“投诉是你作为消费者正当的维权手段，但绝不是你无理要求服务人员的惯用伎俩。”

记得几年前有一次我在带团时乘坐我们的大巴前往凡尔赛，大巴中途抛锚了，司机赶紧停车抢修，运气还不错，大概半小时就搞定了。我们正在召集大家上车继续前进，有一位游客过来找我问道，说这半个小时的损失谁来赔偿？我顿时无语……难道您这辈子经历的上万次堵车都有人或者机构站出来给您赔偿吗？

人生如逆旅，我亦是行人。

旅游嘛，旅行社为大家把机票、酒店、餐厅、当地交通、景点参观都安排好了，但一路上难免有些小意外小事故，或者在那里留下点遗憾，这都是很正常的。出现了困难解决困难就是了，导游除了提供向导和讲解服务外，最大的功能也就是途中遇到任何问题都第一时间解决。

有一年我组织了几个同行一起去巴尔干半岛自驾旅行，我们那一路遇到了十年罕见的大雪灾，还有汽车在山中抛锚，以及其他人员伤病，总之是各种艰难险阻，但好在大家都安全回来了。其后好几年我们这个微信群一直都很活跃，大家对景点都印象不深，但对路上发生的那些事故总是记忆犹新，每年大家还都专门聚会一次找找回忆，遗憾虽然好多，但记忆的凝固点总是伴随着遗憾的。

所以我认为，没有遗憾的旅行才是最大的遗憾。

▶▶▶ 手指上的浪漫（关于戒指）

巴黎，是一座奇妙而复杂的城市，历史悠久，名人辈出，底蕴深厚，特立独行，当然也许有些世界级大都市都有的弊病，比如交通混乱和治安隐患等，但不可否认的是，它独一无二的气质会打动每一位到访的游客。坐在塞纳河的游船上，灯火抓不住两岸的美景，那的确是一场流动的盛宴，很多人被这座城市的气氛所感染，心底莫名产生浪漫的冲动。恰巧，巴黎的有些街口墙壁上还会有一种红色的玻璃箱，里面放着一支玫瑰花，外面很体贴地写着“如遇浪漫，请打碎玻璃”。

在我的工作生涯里，也遇到过好几次在巴黎求婚的游客，有在埃菲尔铁塔下的，有在蒙马特高地圣心教堂的，也有在蒙帕纳斯大厦楼顶的。我都会为他们提供或多或少的帮助，比如买花或者安排个什么小惊喜环节之类的。当然，最多的还是帮助挑选戒指，不一定非要在这儿求婚才用得上，也有选订婚戒指的，更多的是选结婚戒指的，以及周年纪念对戒的。毕竟，浪漫不能只停留在结婚之前，如果你抱有这种思维的话，那婚姻就真的成了你的坟墓了。

曾几何时，中国人购买首饰最看重的是足金，甭管是戒指、项链还是耳环，没有 24K 的纯度是坚决不买，而在欧洲和美国则恰恰相反，那里从没见过 24K 金的首饰，最高也就是 18K，因为黄金纯度过高就不够坚硬，并不适合戴在身上作为首饰。这种观念上的差异究竟是如何产生的呢？我问过好多人，自己也在观察，最后我得出了个结论。就是中国近百年来都是饱经战乱的，权贵尚且朝不保夕，百姓更加流离颠沛，由于当局政府屡屡操纵货币贬值，民众对钞票都失去了信心。所以便有了“太平古董，乱世黄金”这条上千年流传下来的传统，人们认为只有黄金是最值得信任的，所以那时候花钱找人打造首饰，都得是足金的，万一有一天经济困难了，身上至少还有点可以直接变现的硬通货能周转一阵儿。

所以从严格意义上讲，这些首饰并不能算是真正的首饰，而是有点像活期存折……所以那个时候大家买首饰也并不关注设计和美感，而是更在意它的重量。

现在的年轻一代在这方面的意识已经转变过来了，可能跟很多大牌明星代言，或者在一些电影电视剧里的广告植入有一定关系吧。当然，最大的原因还是我们国家强大了，安全了，富裕了。

战乱或者贫困的年代，有这种危机感无可厚非，但在如今的时代，战乱已经彻底远离了我们，买任何东西的时候，目的都可以更纯粹一点，有设计感的东西能美化你的生活，自己喜欢才是最重要的。

我就不讲别人的故事了，说一个我自己选婚戒的经历吧。

那是 2012 年的春天，已经准备结婚的我也面临婚戒选择的问题，曾经帮游客挑选过很多次，轮到自己了，其实该纠结也会纠结。

经常来欧洲是我最大的便利条件，毕竟顶级的珠宝品牌几乎清一色都是欧洲的，尤以法国居多，其次是意大利和英国。

进到巴黎的百货公司，珠宝专柜一般位于单独的一个区域，面积很大，这些一线的大牌都彼此挨着，他们也不怕你比较，跟中国的很多商品不一样，他们每一家都拥有可以代表和诠释自己品牌的经典款式，而且各不相同，只比较价格的话，你很难找到衡量标准。

当然，最重要的标准就是你自己的喜好，造型设计、尺寸大小、材质、宝石种类都是你选择的参数，像戒指这种首饰，无论广告照片或者电影植入里面看着再美，也需要戴在本人手上看看效果，包括手指的舒适度等，还要考虑不能影响工作。

话说我结婚那会儿，收入还不足以买个超大的钻戒，而小的我又看不上，所以就比较务实地选择了对戒。品牌上就计划从卡地亚、梵克雅宝、宝格丽、蒂凡尼、尚美和宝诗龙这六个品牌里选择了，从品牌的诞生地看，除了宝格丽和蒂凡尼，其他的都是法国本土品牌。

记得有一次时间富裕，我就在这几个品牌的专柜里挨个试戴，卡地亚的LOVE 系列和 Trinity 系列，梵克雅宝的四叶草和小金珠，宝格丽的 Zero1 和 Serpenti 蛇，蒂凡尼的 T 系列，尚美的 Bee my love 和约瑟芬皇后，都试了个遍。从我个人的偏好和感觉上，有的不适合做婚戒，比较女性化，单独佩戴还可以；有的比较俗，到处都能看见，撞“戒”概率太大；有的是戴在手上的感觉不好，太宽太窄，太粗太细都有。

本来以为当天我肯定找不到合适的了，抱着碰碰运气的心理走到了最后的宝诗龙，为什么这么说呢？因为相比前五个品牌，它的售价虽然一点都不低，但在中国的知名度确实有点小。别看我当时都带了两年欧洲团了，但对宝诗龙还是知之甚少，在那之前，好像我的游客也没怎么买过。所以，到底要试哪些款式系列，我完全没有概念。

不过大哲学家曾经说过，当你犹豫一个地方是否要去的时候，你就对着自己念一句四字真言，“来都来了”，你就能果断地做出决定了！

都走到门口了，进去试试吧。我没什么目标，就直接说了我的目的和大致价位，店员马上给了我一个款式，这个系列的名字叫 Quatre，这个词就是法语词汇“四”的意思，在英语里引申成骰子或者扑克的四点，奥迪有一款在越野车上广泛应用的四驱技术，他们造了一个词叫 Quatrro，词根也来自这个单词。

为什么叫“四”系列呢？了解首饰的都知道，一般首饰类的黄金可以制造出三种颜色，即黄金、白金和玫瑰金，它们都是 18K 也就是 75% 的黄金含量，通过另外 25% 的合成金属比例来调节不同的颜色效果，比如铜的含量加大，就会越来越红，成为玫瑰金（红金和粉金相当于玫瑰金的不同色阶而已）；把铜的含量降低，就恢复了黄金本来的颜色，就是 18K 黄金；进一步降低铜的比例，然后再加一点点可以漂白的白色金属，比如锌或者钯，就成了白金。意大利人最先开始用这种三色金打造首饰，渐渐流行到整个欧洲，有些大牌也会把这三种金放到一起来设计，比如卡地亚的 Trinity 系列。

而四就应该说明还有一种金，至少是一种新的颜色，是什么呢？答案是巧克力金，这种颜色酷似巧克力的黄金并不是真的再加入什么金属冶炼而来的，而是挑好了这个颜色然后用一种叫 PVD 的高科技在真空中上色来喷涂上去的，基础金属还是黄金，但颜色非常独特。后来又推出了白色，是一种高密度的陶瓷。这一黑一白，就是三色金之外的另一个颜色。

而且不光是材质上的“四”，也不只是把这四种金变成四个圈打在一起就行，每一个圈的雕刻工艺也完全不一样，玫瑰金的部分用比较常见的镜面抛光，白金则用罗缎带图案，黄金用难度很高的双椭圆纹图案，另一种特别的材质用的是最著名的巴黎钉纹雕刻，使工艺上也呼应了“四”的概念。巴黎钉纹让你能想象到遍布塞纳河两岸那种方石砖小巷，耳畔似乎还听到了高跟鞋踩叩鹅卵石地面产生出的那种摄人心魄的清脆声响……

一看到外形我就特别喜欢，试戴了一下，尺寸、重量、宽窄都很合适，虽然之前没有做任何了解，但那种之前没有过的美好的佩戴感觉已经不需要我再有什么犹豫的机会了。一对儿戒指，直接拿下，老婆看了也很满意，不像有些婚戒，看上去钻石大，基本也就结婚时候戴一下，平时都束之高阁，我们这个从买了之后就一直戴着，到现在还在我的手上。

买了之后，我说也得查查这个品牌的前世今生吧，别等客人看你手上都戴上了，想问问详情你都说不出个一二三就丢人了。

原来宝诗龙也是有一百多年历史的品牌了，宝诗龙是创始人的家族姓氏，到现在品牌的管理者还是这个家族的后裔。它的 LOGO 就是它总部的所在地——巴黎时尚和奢侈品的中心旺多姆广场，那个柱子就是广场中央的拿破仑纪念柱，而外面的八角形就是广场的俯瞰形状。这个品牌在拿破仑三世的时代就备受各国皇室的喜爱，成了很多国家的御用珠宝品牌。在 1900 年前后，又赶上了著名的新艺术运动，它也尝试打造很多关于动物和昆虫造型的首饰，比如甲虫、蝴蝶、小鸟等，到现在为止虽然各大品牌都有一些跟动物造型有关的设计，比如卡地亚的豹子和宝格丽的蛇，但要说动物造型的多样性和全面性，他们都没法跟宝诗龙相提并论，我专门查过，你想到的动物和昆虫几乎他们都制作过，而且还都非常好看。

历史深厚，有独特的审美，一线品牌，这些其实就够了，另外，我觉得还有一个点比较特别，就是它在中国的知名度相比那几个还不算高，所以比较小众化。你买个首饰，别人一眼能看出来当然好，但要是好多人手上都有那就尴尬了。但这个品牌的首饰，能碰到重样的，概率非常小，真正的低调奢华有内涵。什么叫最高级的低调呢？就是我让全世界的人都知道，我很低调。

这就是我自己的购买经历，活灵活现地展现在你眼前，不造作，不夸张，这就是讲自己故事的魅力。

我曾经听过安利的推广课，里面说的有些东西我并不赞同，但有一句例外，“要想让你的客户买，你首先得自己用！”不光是你使用之后，有了一个直观的产品体验可以去分享给别人，而且这种奢侈品的购买过程本身也是一个个活色生香的故事，我们在这些故事里体验、学习、成长，然后再把它分享给别人。

祖母的钻戒（关于钻石）

下面还是说戒指，但更侧重钻石吧。它不是我的购买经历，这个纯粹是跟当地人聊天的时候收集到的本土故事。

在说故事之前，我们需要先就钻石的一个知识点多提两句。钻石实际上就是碳元素的同素异形体，但硬度却是这个世界上最高的，摩氏硬度达到 10，而且好的钻石光泽华丽，是全世界女人的最爱。为什么结婚戒指或者周年纪念婚戒都要选钻石的呢？因为它硬度最高嘛，象征着爱情的恒久不变。

经常出国旅游的朋友肯定知道，世界上曾经出现过四个所谓的钻石中心，到当地旅游都有去看钻石店或者钻石工厂的安排，当地导游也会说这里的特产是钻石。哪四个地方呢？分别是南非的约翰内斯堡、荷兰的阿姆斯特丹、英国的伦敦和以色列的海法。

为什么是这四个地方呢？这还要从钻石的历史说起，我们都知道，最早发现天然钻石的是印度，在公元前这里的人就发现了钻石，而且当地人还用不同颜色的钻石来形容种姓制度中不同的阶级。古罗马时期，曾经有一条和丝绸之路齐名的钻石之路，它从印度延伸到地中海，可惜随着古罗马的灭亡，欧洲的钻石崇拜也消失在了历史长河之中。等到文艺复兴时期，欧洲人又重新燃起了对钻石的热爱，这时近东阿拉伯地区崛起的庞然大物已经阻挡了所有来自东方的贸易。大航海寻找新航线应运而生，当达伽马绕过好望角到达印度后，南非最南端的南非地区也因其关键的地理位置被欧洲各国视为贸易的重要中转站，从而成为兵家必争之地。后来这里又发现了钻石和黄金，当然更成了寸土必争了。曾几何时，南非一个地方发现的钻石，超过了全世界其他地区的总和，所以这里诞生一个重要的原石交易中心就理所当然了。钻石真正成为一种垄断型商品的时代是 19 世纪末，1888 年英国人塞西尔·罗兹成立了戴比尔斯公司，就是我们熟悉的那句广告词“钻石恒久远，一颗永流传”的 De Beers。这个公司在 20 世纪初曾经一度垄断了钻石交易量的 90%，所以当时世界的钻石交易中心自然就在伦敦了。当然，像钻石这种又保值又便于携带，男女通吃的商品，对其最钟情的交易者一定是犹太人。而随着犹太人于二战后在中东建立了以色列，钻石的交易中心便从伦敦转移到了以色列的海法。

那这些都跟荷兰的阿姆斯特丹有什么关系呢？要知道，18 世纪初是属于刚刚独立不久的荷兰王国的黄金时代，1702 年成立的荷兰东印度公司开展了全球性的远洋开发，印尼的巴达维亚（雅加达）、中国的台湾岛、印度古里都是荷兰控制的东方贸易站，当然南非这么重要的地方也要好好经营了，开普敦就是在这个时候发展起来的。大量的荷兰人来到南非进行殖民和开拓，并逐渐与当地人通婚混血，形成了一个新的土著人种“布尔人”。一战前英国在南非打的布尔战争，就是跟这个民族开战的。

控制了南非的荷兰当然不可能视钻石而不动心，但当地是没有钻石加工业，好的工匠未必愿意背井离乡到这么远的地方工作。要知道，钻石打磨出来才能看出颜色、净度等重要标准，所以和原石的价格有天壤之别。荷兰人很会做生意，对于这种价值差怎么能无动于衷？所以他们就不在当地卖了，而是先运回国，然后找工匠仔细切割打磨，成为一颗颗璀璨的宝石的时候再进行交易，最好连首饰都打造出来，那样的话价值就更要翻倍了。

钻石运回来，放在哪个城市加工呢？当时荷兰最大的城市就是鹿特丹，它既是莱茵河的入海口也是北海地区最优质的港口，但这里的人大多醉心于贸易，各种批发商云集，并不是一个可以发展精细手工业的理想场所。钻石商人的目光就向内陆的大城市看去，东南的安特卫普和东北的阿姆斯特丹就成了最好的选择。那个时候比利时和卢森堡还是尼德兰王国（荷兰前身）的一部分，安特卫普同样也是荷兰王国的大城市，到现在那里也还有很多钻石店，但由于它并不是什么著名的旅游城市，游客很少，加上后来脱离了荷兰，钻石加工业也就没有原来那么火爆了。阿姆斯特丹则一直延续了这一传统，钻石切割工厂和钻石店到现在都比比皆是，每年还会推出一些全新切割方式或者镶嵌手法，引领着世界珠宝发展的潮流。

现在，随着印度、俄罗斯等地区的钻石的大规模开采，非洲已经不是钻石最主要的产地了。而贸易则进入全球化、网络化的交易时代，固定在某一个地点的贸易中心概念也逐渐解体。现在你想买钻石，不论国际大牌还是国内珠宝店都是全球货源，全球采购，而唯独工艺这个东西你很难找到什么别的方式替代，毕竟经历了几百年的发展，从设计到审美，再到技术的不断革新与进步，这个并不是资本来到了就可以直接实现复制的。也是一个道理。工艺与设计，是需要时间来沉淀的。

所以，另外三个钻石中心随着时代的发展都已逐渐没落，而阿姆斯特丹依然保持着它的特长而鹤立鸡群。

这个故事也发生在这里，一个阴差阳错的机会，我到一个阿姆斯特丹的家庭去拜访。那家的主人是一对年龄很大的老夫妇。

我很珍惜这个机会，因为你能够真实地接近当地人的生活，了解他们的家具装修风格、平时都吃什么、看什么电视节目、日常的穿戴，并和他们进行很多私人化的交流。我带团的时候，客人最喜欢听的其实并不是那些枯燥乏味的历史，而是那些与本地息息相关的平民生活故事，而收集这类故事的最佳途径就参与这种拜访。

有关这次拜访的其他故事就不赘述了，我就说一下我们共进晚餐时的一件事。女主人手上的钻戒着实晃眼，我不得不把目光焦点定到她的手指上。她戴的钻石不但光彩夺目，更重要的是整个戒指上并不是只有一颗超级巨大的鸽子蛋，而是还镶嵌有很多颗大小差不多的小钻石（平均 30~50 分），它的光芒不只是一枝独秀，而是群星璀璨。

我恭维了一下女主人，她也非常开心，就讲起了她手上钻戒的故事。

几十年前的荷兰还不像现在这么富裕，“二战”也刚刚结束不久，整个欧洲都打烂了，很多国家都是在一片废墟上重建的。荷兰虽然很早就投降德国，受到战争波及的并不严重，但作为一个商业国家，周边都是死气沉沉的，他们的生活水平也不会高到哪里去。

那个时候结婚能买钻戒已经是一种奢侈行为了，别说还是那么大的了，也就是荷兰有着深厚的钻石切割传统，他们还不难买到。所以他们结婚的时候，钻石选的就不算大，只是一颗 30 分的标准重量。但是他们双方都认为，结婚不应该是浪漫的结束，婚后是要面对柴米油盐和生儿育女这些琐碎的生活细节，所以才更需要多一点浪漫的点缀，否则只会把婚姻过得越来越乏味，直到无疾而终。

于是，他们就按当地的一种习惯做了个约定，每到一个值得纪念的时刻来临，就在原来的戒指上镶嵌一颗钻石。所以后来的这几十年风风雨雨中，两个人一路牵手走过，从拥有第一个孩子，到先生升职，从两人第一次的洲际旅行再到 10 年、20 年的整数周年结婚纪念日，每隔几年先生就会选一颗钻石送给爱人，他们把戒指上镶了又镶，嵌了又嵌，到了无处可加时干脆就换个戒指，再把所有钻石都挪过去。

如今，大半辈子转眼即逝，再照镜子已经是暮年老人了，但她给我讲述这个戒指的往事时眼神中依然闪射着少女般的光彩，脸上红扑扑的，就像一个初恋女孩刚刚收到男友的玫瑰花时的表情。她说她很期待每一年的圣诞节，那一天到来时，她的儿孙们都会从全世界各地飞回来看他们，圣诞大餐过后，就是围着温暖的壁炉讲故事的时刻了，全家人都围坐在祖母的周围，她抚摸着手指上的戒指，指着每一粒钻石，告诉他们它的来历，那不仅仅是钻石，还是她的回忆，她一生中最光彩时刻的记忆。受她的影响，据说他们家下一辈的孩子们也都有这个习惯，所以儿女们手上的钻石也在逐渐地增加。

拜访结束后，我们依依惜别，两位老人很客气地把我送到街边。当跟我挥手告别后并转身，两个人的手又轻轻地拉在了一起，交叉的手指间，钻石的光芒若隐若现……

这个故事里面关于钻戒的购买习惯，其实并不是只有荷兰才有，像德国、瑞士、法国、比利时等很多欧洲国家都有类似的风俗。他们看待婚姻的态度和现在的中国人不太一样，结婚不会是爱情的终结，只是在爱情的基础上又叠加了一层亲情，浪漫是手段，但浪漫更是态度。

最后就用爱尔兰著名诗人叶芝的一首诗来作为这个故事的结尾吧——

当你老了，头发花白，睡意沉沉，
倦坐在炉边，取下这本书来，
慢慢读着，追梦当年的眼神，
你那柔美的神采与深幽的晕影。
多少人爱你昙花一现的身影，
爱你的美貌，以虚伪或真情，
唯独一人曾爱你那朝圣者的心，
爱你哀戚的脸上岁月的留痕。
在炉罩边低眉弯腰，
忧戚沉思，喃喃而语，
爱情是怎样逝去，又怎样步上群山，
怎样在繁星之间藏住了脸。

▶▶▶ 生活要有仪式感（关于生活的定义）

说到婚姻，我又想起一个故事，也是有关于浪漫主题的。这次故事的发生地又回到了法国，回到那个诞生了无数浪漫故事的巴黎。

我有一个好朋友，是在法国生活的华人，她嫁给了一位巴黎本地人，老公是个普通上班族，每天过着朝九晚五的生活，而我的朋友则是我的同行，一个在巴黎本地工作的导游。

她比我的工作要轻松一些，只做巴黎本地的导游。虽然每天也要奔波于这个城市，但好在每天还可以回家。只不过时间点说不准，但肯定是很晚才到家。

当然，他们不用和游客一起吃晚饭，所以晚一点也不会太离谱，差不多九十点的样子。他的法国老公有等她回家一起共进晚餐的习惯，但是不会做饭，或者说做得有点难吃，平时都是她买菜回去简单做点什么。但有时候她到家格外晚，也就懒得做饭了，一问老公也还没吃，好吧，直接在楼下的中餐厅打包两个炒饭，拎回家了。

回家后她把饭盒往桌上一扔，说这么晚了也别折腾了，咱们就在桌上铺张报纸，一人一个盒饭简单对付了吧。她老公说这可不行，生活怎么能简简单单就对付了呢？浪漫就是对生活的尊重，再简单的晚餐也要有仪式感。

老公行动起来了，把桌子上杂七杂八的东西都挪走，找来了他们旅行时买的红色桌布铺在上面，又点上一支蜡烛放在中间。打开落满尘土的留声机，放上小野丽莎《左岸香颂》，浓浓的巴莎诺瓦爵士音乐仿佛瞬间拽住了时光。再打开一瓶博若莱产区用当年采摘的佳美葡萄酿出来的红酒，倒在两支水晶玻璃高脚杯里，顿时空气中酒香四溢。最后找两个精致的瓷盘把炒饭从饭盒里倒出来，取出两个银质的勺子放在两边，只用了几分钟时间，一切就都布置好了。

我们身上有很多全息细胞，它们可以通过外界的各种信号来影响你的心理、你的情绪，甚至是你的健康。像听觉、视觉、嗅觉、触觉和味觉都会接收到优雅而精致的信息，整个人也会变得不一样了。

她后来跟我说，那一顿炒饭的味道就是不一样，比放在饭盒里吃感觉要强太多。炒饭还是那个炒饭，但其他的细节都变得细腻了、高雅了、舒缓了，全息细胞给了你全新的幸福感。

这就是我要说的生活中的仪式感，为什么情人节我们要坚持送花呢？都老夫老妻了，花能有什么用，不能吃不能穿，没几天就蔫了……这种想法是不对的，送花就是一种仪式感，说明你还重视这个节日，重视对方，对方不但是你的老婆，也依然是你的情人。纪念日为什么要送钻石啊？也是婚姻的仪式感！遇到好事为什么非要出去吃顿好的？也是追求用餐的仪式感！看个演出为什么要穿正装？这是出行的仪式感！今天不出门了为什么也要化妆？这是家庭生活的仪式感！为什么在电子阅读时代还要买纸质书？这是学习的仪式感！

之所以叫仪式感，其实就是说你要像对待一个仪式一样认真地对待每一件事情的感觉，尊重每一个可能给你带来惊喜的意外，尊重因时间而变得平淡的婚姻岁月，尊重生活里出现的每一个琐碎细节。

生活就像一面镜子，当你每次都认真地对待它时，它也会还你一段段美妙的时光。

▶▶▶ 做导游的境界（关于职业的自我认知）

这一章的最后，我再讲一个关于我们导游这个职业本身的自我认知的故事。

有一年在欧洲带团，正好住在瑞士的山间小城因特拉肯。一般情况下，出于价格原因，团队很难住进这个小镇，都是在这里参观结束后再开车一段车住到别的地方。那一次我运气不错，团队正好就住在小镇里，游客参观结束后在对面中餐厅用完餐，就可以回去酒店休息了。

我跟老板很熟，就留下来一起吃了个夜宵，喝点啤酒。正好同一时间还有另外一个团的导游也住在附近，老板很热心地打电话叫那位导游也过来。我并不认识那位导游，但看样子应该跟我同龄，一看就是那种刚做四五年，正处在沾沾自喜、趾高气扬的时期。

夏日的晚上，在凉爽的瑞士山间小镇，与三五好友一起，吃个夜宵喝点小酒，想来是一件十分美好的事情。

谁知这哥们儿可能是酒喝得有点多，嘴里越来越没把门的，不但脏字连篇，还把我拉进战场。具体的话我就不赘述了，听着很粗鲁也很刺耳，大致的意思就是你凭什么自以为是什么知名导游，你凭什么外出讲课做培训？我就不服你，你回答我，那个哪哪哪的谁谁谁你认识不？连他你都不认识，你混什么欧洲啊，趁早回家凉快去吧，装什么高雅……类似这样的话，当然要更难听。

我听着他的话，忽然有一种看电影《古惑仔4胜者为王》里山鸡和生番大会辩论的既视感。大家有兴趣可以看看那个桥段，当天他说话的语气和神态跟生番指责山鸡非常相似。

我心想，知名导游也不是我自己封的啊，讲课也好，培训也好，也不是我毛遂自荐的啊，这个需要装吗？再说高雅也不是装出来的……

记得我当时看了他半天，确认他还清醒，因为要是和纯醉鬼辩论就没必要了。

我问了他三个问题，我说："我说确实不认识谁谁谁，但我现在问你三个问题。第一，我是一个经历了所有系统的导游理论知识学习，然后从景点导游开始做起，到地接导游，入境导游，出境领队，最后走到欧洲领队的，你是吗？第二，我当年为了学习欧洲的带团线路，连续好几年每年都阅读超过一百本书，写过接近20万字的欧洲导游词，你有吗？第三，我虽然不敢说把导游当做事业，但至少我把它当作职业，带团收入好我也跟着大潮一起多挣点，但当导游收入陷入低谷时我还继续坚持带团，你会吗？"

问完，见他没回答我，我跟老板告辞后就走了，算是话不投机半句多吧。

毋庸置疑，导游这个工种从技术难度上讲，其实并不是什么高精尖行业，它的入门门槛低，流动性大，不需要太高的学历，上手快，运气好的话挣钱也快。所以我从事导游工作的这些年看到了太多的匆匆过客，他们学习的时候总是很虔诚很虚心地求教，没两年再见到时就春风得意、志得意满了，但是再过几年遇到个什么打击，或者有更挣钱更有发展的工作马上就转行了。所以很多做了五六年的同行，就可以坦然地自称为老导游了。

导游需要很宽的知识面，但不要求深，所以有时候讲解内容正好涉及的是游客未知的区域，可能有些人会给两句博学多才、知识丰富的赞美，但你千万别当真，就我们掌握的任何一个门类的知识，稍微往深一研究，就会发现自己也就仅仅比小白多知道那么一点点，很可能连门槛都没迈进去呢！

在我从业这些年对同行的观察中，有一个很有意思的发现。导游的自我认知，很像一条抛物线。开始的时候很低，那时候自我感觉就是"我好像什么都不知道"，做了一段时间，技术成熟了，工作走上正轨，这时候想的就是，"我好像知道一些了"；再工作一些年，成了行业中的一个人物，到哪儿都以资深导游自居，即到达了抛物线的顶点，有些人心里就在想，"我好像什么都知道"；然后当突破瓶颈，看到了天外有天，比你更优秀的人还在努力学习，切磋技巧，积累知识的时候，跟他们一对比，你就出现了理智的想法，"我好像还是只知道一点而已"；结果做了导游很多年，随着不断的学习，涉猎到了很多全新的知识领域，你会发现每一个领域都需要穷尽一生才能收获一定的成就，而你作为导游虽然都了解那么一点，有些方面恐怕连皮毛都算不上，这时候你的自我认知可能是最清晰的，那就是“我想我还是什么都不知道”。

这也是一种轮回，一种成长，王尔德说过，老年人相信一切，中年人怀疑一切，年轻人什么都懂。

我记得我写的上一本书《带团就是战斗》，里面有一篇关于导游眼神的区别的小文章，说初级导游因为没经验加上紧张，眼睛到处乱看，找不到合适的目光落点，这种感觉别人一见面就能体验到；做了两年之后，有了一些工作经验，也学会了合理地使用眼神，在交谈过程中，通常是与游客对视的，不但透着自信，而且还能用自己真诚的目光来感染对方；做了七八年后成了老导游，有些开始自以为是，进入了自我认知的盲区，目光落点继续向上调整，看到了对方脑门，人家跟你说话，只能看到你的鼻孔，有些时候还会给人一种资深或者专家的错觉，透着无形的压力，但有些时候遇到比较逆反的客人会自然激发对方的无名火，为自己的工作带了不必要的困难。而我观察最老的导游眼睛都看对方的下巴，有效地自我保护的同时也给游客一种莫名优越感，而外人看到也会觉得这个人谦虚有礼、虚怀若谷。

所以做导游的境界应该分为四种，生意、工作、职业和事业。

只是把它当个挣钱的生意，现在挣钱多我做一阵儿，挣得少了我就回家送比萨。这样其实很不可取，它会毁了你的工作心态，有些做了几年的导游同行突然不干了，可能就是某一个团在预期收入上严重地低于他的目标，所以心态失衡，无法再次面对游客，从遇到工作困难演变成了心理障碍，只能无奈转行。

除了把导游当个生意外，当成工作，当成职业甚至事业都是可以的，每个人对这个职业的定位和认知都不一样，有些年一到过节放假，媒体就一窝蜂地报道各地黑导坑人或者揭露导游黑幕之类，但你要清楚地认识到，至少在中国黑幕比导游多的行业不计其数，之所以攻击导游行业并不是因为我们多黑心，而是因为导游始终是个弱势群体而已。

既然从事了导游工作，最起码要掌握行业的核心内容，我们无疑是服务者，但同时也是文化的传播者和沟通者，由于我们的努力，更多的外国人可以公正地看待中国，更多的中国人也可以去客观地认识外面的世界。

至少自己要看得起自己，自觉维护导游的职业尊严。

我最听不了的一句话就是，“没想到有一天，我也成了一个导游……”

物必自腐，而后虫生；人必自侮，而后人侮之。

第四章 终章——我们要到哪里去?

最后一章实际上是想跟各种同行一起探讨我们导游工作的未来发展。

这个问题要是放在几年前，我还有自信可以说得非常清晰和透彻，但进入了高科技 AI 和全球化的移动互联网时代，导游这个行业到底会面临什么风险，我却有点感觉一无所知了。

因为一个行业能否生存下去，原来主要是取决于市场的需求和行业自身从业人员的努力，而面临的挑战很可能是类似行业或者是行业内部可能出现的问题。

但现在这个时代的发展，已经不能用日新月异来形容了，任何一个新的技术的突破都有可能导致一个行业的颠覆和重新洗牌。而且这种冲击有时候还不是来自本行业的，而完全是另一个体系的威胁，当威胁来临时，很多时候几乎没有任何抵挡能力，有一点像刘慈欣小说《三体》里面形容的——降维打击。

举个例子。我们都知道，最近几年以美团外卖和饿了么为代表的比较火的线上外卖送餐服务，相信各位尤其是年轻人肯定经常使用，利用大流量的订单，直接接入餐厅下单，外卖人员到店的时候订单一般已经打包好，他们直接拿走以最快速度送到客户手中。一开始，我以为这种新技术的出现，会让各个餐厅自己的外卖人员都下岗失业，结果跟餐厅从业者一聊天才知道，这个职位在餐厅本来就很鸡肋，基础底薪你得给，每一单送餐还得单给劳务费，忙的时候一个人还应付不过来，考虑到餐食的新鲜度，你只能无奈地推掉订单，但有时候闲下来好几个送餐员都在那儿歇着，老板看着又觉得太浪费资源。有了外卖就好了，不用再自己雇送餐员了，只需要买个设备接单就可以，对他们来讲，不止节约了工资成本，还有管理成本和危险成本都可以节约了。而外卖送餐员真的失业了吗？没有！他们可以去那些APP应聘啊，而且这些平台对送餐员的需求远远不止从餐厅解雇的那些人，这类工作不但没有减少，反而呈几何级数般增加，他们的收入也有了很大的提升。

我想到的是不是很多餐厅会倒闭。毕竟电商对实体经济的冲击显而易见，当年淘宝、天猫和京东火起来之后，大量的门店和卖场都因顾客急剧减少而被迫关闭。餐厅会不会也布这个后尘呢？答案也是否定的！送餐送餐，得先有餐才能送啊！也不是说这些平台建不了专门为送餐而设的专业厨房，但这种厨房无法在短时间内形成品牌，吸纳客户，而且考虑到送餐的时间性，也不可能在所有城市都开设这种厨房，再加上人员一多，不可避免地会出现管理成本和经营成本，风险的不可控也就增加了，所以餐厅一个都没有倒。我跟一些开餐厅的老板也有过交流，他们说自从有了大量的网络外卖订单后，餐厅的生意比以前好多了，原来的外卖成本高不说，为餐厅盈利率的贡献微乎其微，但现在每天仅仅做好这些网络订单就可以冲抵餐厅店面全部的基础开销了，等于每进店一个客人，就增加了一分的纯利，对他们餐厅来讲，现在简直就是黄金时期。

世界上任何事情都有正负两面，有人胜利就一定会有人失败，有人盈利就一定会有人亏损，那么现在亏损的行业到底是哪些呢？后来我仔细查了一下行业新闻才知道，方便面企业在近些年倒闭了不少。为什么呢？逻辑关系也很清晰，当年买方便面的是什么人？除了少数外出旅行和吃不起饭馆的学生外，大部分都是不会做饭又懒得出去吃饭的人，这些人原来点外卖可能只有楼下几家可以选择，长期吃早就腻了，只能在家泡个方便面，甚至有些宅男都以吃方便面为日常的居家正餐；有些单位中午吃饭也是个让人发愁的问题，附近就那几家餐厅，走远了下午上班前赶不回来，那种写字楼附近的餐厅中午是最忙的时候，叫外卖也没人送，最后只能泡个方便面了。现在好了，打开手机APP就能发现几十个可选择的对象，从盖饭到面条，再到汉堡比萨、烧烤火锅一应俱全，很多超过3公里的餐厅也能保证半小时送到你这儿，以上那些方便面的主体客户群自然就少了很多。不看不知道，我又回忆了一下我自己的情况，这几年吃方便面的时候好像也是远远少于前些年，那些企业倒闭的原因就可想而知了。

想想几年前，刚刚有网络外卖送餐这种APP出现时，谁会想到最后差点被消灭的行业居然是方便面?

还有一个例子，就是共享单车，这个以mobike和ofo为代表的网络互联单车APP在前两年可以说异常火爆，不但普及到了全国所有大城市，甚至佛罗伦萨、伦敦、巴黎这种国外的大城市都有它们的身影，很多中国游客都刷一辆单车去旅行，当地一些外国人也很喜欢这种随取随还的智能共享方式，它着实让很多人觉得这是一种国家科技和商业进步的标志，更有人将其誉为“中国的新四大发明之一”。

它的方便之处就在于使短距出行成为可能，而且不必拘泥于必须要到指定的地方存取车辆，把移动互联网和GPS定位用到了极致。比如说一个外国人在伦敦旅游，地铁上上下下很麻烦，而坐巴士又需要结合地图辨认半天车次和方向，耗时耗力，如果有个共享单车，扫码就可以骑走，到了景点直接锁在路边，出来后再找辆别的车继续前往下一个景点，这样的话旅游的效率就大大提高了，而交通支出还可以节省不少，并且还搭上了现在全球推崇的绿色出行概念，节约了能源消耗，锻炼了身体。

当共享单车逐渐受到大家的欢迎后，肉眼可见地，各大超市商场都不约而同地把自行车销售区取消了。那时候我还在琢磨，是不是自行车生产企业要倒闭一批?再一琢磨就觉得不可能啊，共享单车往一个城市里一投就是几万辆，这些自行车厂里的民用产品虽然大幅减少，但它们还可以给这些共享单车代工，按这个数量计算，可能很多工厂不但不会减产，甚至需要开足马力去加班生产才能满足需求。这些自行车厂可能在单个产品上利润下降了，毕竟客户数量减少了，形成垄断型供货后利润势必会压缩得比较厉害，但基数增加了，应该完全可以冲抵损失，甚至盈利得更多，要知道，工厂在销售和公关方面同样可以减少大量支出。

由于共享单车具备短距离性，所以长距离交通几乎不受影响，无论是地铁、公交还是出租车或者滴滴打车，都只会和共享单车形成一个完美的互补型交通网，互相之间并不存在竞争关系。

那究竟是哪个行业遭受损失了呢？首当其冲的当然是修自行车的了，原来人们的自行车都是自己的，除了打气外，哪儿坏了都得找修车的去修理，现在自行车都不是自己的了，大不了再刷一辆，谁还去修啊？当然，修车这个行当随着自行车的一路廉价化已经式微了，原来自行车是家里的三大件之一，重要的交通工具，有点问题自然要专门去修了。而现在一辆自行车 100 多元，相比于大家的工资收入来，这个钱不值一提，与其花几十块维修，还不如到超市再买一辆。所以这个行业受到了冲击也没人关注。那到底什么行业消亡了呢？

仔细研究，原来是黑车行业绝迹了。话说曾几何时，大城市发展迅速，而出租车公司的准入门槛又比较高，这造成了在高峰期打不到车的困境，世界各国的城市都存在这种现象。于是，黑车便应运而生，它们无处不在，随叫随上，但它们本身是非法运营的，所以也引发了不少治安案件，各地政府想出了很多招数，还是无法根治。因为很多人对它是刚需，而且是全区域覆盖的需求。

以滴滴打车为代表的网络叫车 APP 普及后，黑车得到了一定的控制，毕竟在手机上叫车，车辆牌照和驾驶人员至少都注册过，安全性上也比直接找黑车要好得多。但后来的黑车就化身为短途交通的绝佳工具了，现在很多城市都开通了地铁，一些比较新的小区都是围绕地铁而建，但大多数毕竟不是挨着地铁口，可能还有一两公里的距离。网络打车也有等待时间，而黑车就在路边候着，反正都是短途，安全性上也不用考虑太多，价格也比较透明，所以黑车的生存空间依然不小。

直到共享单车的出现，正常天气下，2 公里内的短途根本不需要再叫车了，扫辆单车骑回家就好，又便宜又环保，还能锻炼身体。这下黑车的活路就被彻底封死了，别的地方不好说，在北京，据我观察，至少九成的黑车都已经消失了。

当然，科技的进步也不一定只消灭传统行业，有些情况下，也有可能救活一个濒临消失的工种。

比如邮政行业，原来不论是发电报还是寄信，人们必须要去邮电局，大多数国家的邮政部门都是国营的，雇员不计其数，但在电话与网络的冲击下，邮政的业务逐渐萎缩。我有个亲戚就是邮政系统的工作人员，那几年每次见面都是唉声叹气，总觉得自己熬不到退休，这个行业可能就不存在了。

但以淘宝为代表的电子商务成为大多数人日常消费的主要渠道后，邮政行业居然起死回生了，买东西总是需要快递的，没人寄信了难道还没人发快递吗？当然，市场上也出现了很多快递公司，有些还上市了。但邮政凭着在中国多年的发展，深入到了所有的乡村县城，论深度和广度都是那些快递公司无法比拟的。慢慢地，现在我再见到我那个亲戚时，他都是红光满面的，即使已经退休了，还有不少地方向他提出了返聘的要求。毫无疑问，这个行业因技术的更新和革命，又重新复苏了。

以上三个例子，我向各位分享了我的看法，即随着技术的进步和消费的多元化，现代社会里的任何一个行业（包括导游）都无法做到岿然不动，我们不只要面对行业内部的技术发展所带来的冲击，还有可能要面对其他行业因技术爆炸而给我们带来的降维打击。当然，第三个例子说明了这个冲击也未必全是消极的，有可能也会给本来比较黯淡的前景重新焕发生机，找到新的发展机遇。不过，无论是积极的促进还是消极的影响，我们始终只能被动地去面对，当变革真正来到时，不管你处于一个什么位置，总会有一种莫名的无力感。

毫无疑问，未来依然是一个科技大发展的时代。近 500 年来，人类从文艺复兴到工业革命，从长矛弓箭到机枪大炮，从电报电话到移动互联网，从血液输送到器官移植，我们享受到了太多科技所带来的便利，也被刺激着继续努力地进步下去，探索未知，开拓新天地。

当人工智能已经逐渐被全社会所接受的时候，当 5G 甚至 6G 网络通信即将普及的时候，我们要面临的就是一个人机高度结合的科技时代。看看当下，多少年轻人已经离不开手机，个人认为这并不是一种病，而正是人机高度结合的一种现象而已。不要想象说我们把一个芯片植入大脑，与电脑或者手机产生互联才叫人机结合。我们的眼睛、手指、耳朵等器官，本身在浏览手机内容的时候已经成了人机结合的接口。只要你有手机，而且所在的位置网速不错，你就将变得极为富有，你可以在一分钟之内回答一个你之前根本都没听说过的问题，你可以随时翻阅你原来在图书馆寻觅许久才能找到的资料，你可以在一个完全陌生的城市找到前往目的地的路线以及相对靠谱的餐厅。它将人类的知识宝库无限地连接起来，哪怕地球另一端的一个人有了什么新发现，也可以在几秒钟之内上传网络分享给全人类，同时，你也可以了解全世界各地的各种新闻动态，拿着手机的时候，仿佛有一种化身上帝的错觉……

未来，你的手机会随着功能的不断强大、运算速度的逐渐提升，而变得更加必不可少，它和你在一起的时间也将超越你的亲人和朋友，成为你生活中最最重要的伙伴。

而随着5G技术的发展与普及，网络的延时将变得几乎不存在，而智能设备的制造成本也在不断缩减，所以可以想见未来的手机不一定是唯一的移动智能工具了，而可能会变成一个你个人的信息枢纽。你的车里也会可以互联的设备，你的手表和眼镜，家里的电视，商场里的导览器，博物馆的语音介绍都可以与你的手机实时互通而实现信息的交互，甚至可以通过大数据的推动，直接搜索到你的喜好，给你推送适合你的信息。

现在的我能想到的就是，比如出现了一款适用于旅游的智能眼镜，还连接一个耳机，它里面不但预装了导航，甚至景点内的路线也可以按照你需要的游览时间和个人偏好来规划，语言不通的时候随时给你提供翻译，连景点里的讲解也可以代劳。再好的导游，了解的知识都是有限的，进了卢浮宫，你敢说你能讲明白超过一半的艺术品吗？但这个设备就可以，甚至是全部，当你的眼睛锁定一个目标时，眼镜就即时跳出关于这件作品的讲解，不但声情并茂，还有不同的声音供你选择，有林志玲的，有郭德纲的，有高晓松的，没准还有宙斯的……当你有了问题，也可以通过人工智能的即时搜索，找到满意的答案。出了博物馆，直接跳出推荐的餐厅，以及之前的顾客对餐厅的评价，想买点什么，各种购物信息更是琳琅满目，衣服的款式和库存，品牌的内涵与定位，价格的比较和优惠政策，你只需要做出选择就可以了。决定好去哪儿后，如何到达该地，是叫车还是坐地铁，都把路线给你规划好了，甚至付款都可以在网上直接完成。

其实我描述的这些技术绝大多数在我写作的今天就已经实现了，只不过有些软件之间还没有做到那么的无障碍互联，而且整合这些信息，也需要海量的工作，更重要的是，需要足够的市场前景与客户基础。不过社会再发展，旅游也不会消亡，它跟吃饭、理发、按摩是一样的，都是一种体验感的消费，所以这种设备的诞生很可能只是时间问题。

你可以设想一下，当有了这么一套设备和软件，而且价格还并不昂贵的时候，导游的生存状态将会如何?

我个人认为，真的有那么一天的话，导游这个行业很可能会减员 80%。不过别担心，任何一个新行业的诞生，只会催生出更多的从业者来，社会分工越细致，人们的工作选择反而会越多。所以失业不太可能发生，转行倒是一个趋势。

还有 20% 的导游在岗呢? 那可能会出现两极分化的状态，有 10% 演变成了纯粹的带路党，毕竟互联网不能解决所有的问题，比如地区安全问题，有些人到了一个地方旅游，即使技术再发达，语言也不是难题，但他依然会有安全上的顾虑。雇佣一个当地人，带你走走，随时还能聊两句天，而不总是对着机器说话，也能在心理上满足社交的欲望。而且万一赶上网络不好或者没电了等情况，智能设备一瘫痪，人从一个智者直接被打成白痴，路都不会走了，更别提买东西找餐厅了。有个导游，至少在这种情况下有备无患。这也就是为什么在 GPS 已经无限普及的今天，大家还是习惯在车里备上一本纸质地图。

另外 10% 呢，则会成为一个高度知名的导游。现在流行一个单词叫 IP（Intellectual Property），就是知识财产。知识或者说原创，是永远不会受到技术的干扰与影响的，任何的技术都是外在的条件，而核心的 IP 则是无法被替代的。就像漫威电影拍得再好，特技再炫目，各种 CG、长镜头、动作捕捉做得再好，你也得有漫威英雄的原创故事啊，得有塑造得情感丰满的人物啊，没有这些，再高科技的电影只会拍成一堆华丽的垃圾。

我曾经与一些不同行业里的大 V 合作带过一些团，有艺术的，有心灵的，有神秘学的，有创意设计的，参团的人大多是这个大 V 的粉丝，他们宁愿多交一些钱以保证能跟着这些人走从而获得更多的旅行价值。这些大 V 每天也会在车里拿着麦克风来分享一些他们的心得和想法，有关于他设计的主题的一些知识和信息，在一定程度上他就充当了导游的角色。

这部分幸存的导游需要做的，就是把自己变成一个知名的 IP，当你的名字摆在那里的时候，游客心里产生的就是一种信任感，一种对未来旅行的美好预期，跟着你旅游，就是一种人工智能所无法替代的体验感。

要做到这点的确不容易，它需要一个持之以恒的学习和磨炼的过程。比如导游词的创作，最开始你只是把课本当中的标准导游词背熟了，你就成了一个合格的初级导游。而在这之后，通过一段时间的阅读和积累，你逐渐拥有了自己的导游词，当然里面的内容大部分还是来自不同书籍和网络上的一些知识的拼接，你把适合你讲的东西记录并结合在一起，写成了一套属于你的导游词，这个叫中级导游。而高级导游呢，不但阅读书籍，更要阅读人生和这个世界，通过长期的工作和学习，对景点逐渐有了完全属于自己的认识和理解，可以用自己的语言来创作的独一无二的导游词，同时还讲述了自己与这个景点的各种故事，形成了一套别人无法复制的知识体系，这个时候，就可以说你的导游词已经是一个 IP 了。

如果你粗暴地观察这个世界的话，要做好一件事其实就需要两点，内容与技术。技术在不断发展，有些同行也在紧跟时代，今天刷微博，明天写豆瓣，后天拍抖音，设备与软件都与时俱进，这很好，他们都是在尝试着把握时代的脉搏，当变革真的来临时，这些人应该是可以最快做出反应的群体。另外，很多的同行近期也参加了不同种类的培训，有学带团技巧的，有学话术技巧的，也有交流兼职工作的，这些也都属于技术范畴，他们用技术的革新与升级去面对随时变化的社会，是一个很理智的想法。

但从带团上讲，很多技术上的革新并不适合每一个人。比如我，对于有些增收的技巧就比较排斥，并不是别人推广的方式不好，而是我感觉会跟我的性格发生很大冲突。人混迹社会嘛，总是需要说些言不由衷的话，戴着伪善的面具。但我的个人意识又决定了我很难做出一些完全背离自己风格的改变，并不是能力达不到，而是还没有被逼到那一步。但我观察了一下行业的发展，就像我上面提到的，除了技术革新外，还有内容的升级。

就像武侠小说里描写的那样，要让一个人武功进步，方法之一是新学一套武功招式，如六脉神剑、降龙十八掌等，这个相对简单方便，不挑人，见效也快。还有一个方法是加强内功的修为，比如易筋经、九阳神功等，这些修炼内功的心法，进步速度往往是非常慢的，其过程也很痛苦。有时候眼见比你后学的人已经闯荡江湖横扫天下了，你这边还在内功筑基，心情一差还容易走火入魔。但真正把内功练好的人，再走入江湖，他所拥有的那种坦然与超脱，则是练了再多剑法的高手不敢想象的。我还记得金庸大师在描写独孤求败时有这么一段话，“四十岁后，不滞于物，草木竹石均可为剑。自此精修，渐进于无剑胜有剑之境。”这也是我想象中的最高境界，在足够当量的知识财产面前，任何技术的变化都可以忽略。

这个过程，可以想见，比简单地修改下技术细节还是要难得多的。需要付出更多的努力与时间，不过好处在于，不需要再去逢场作戏，跟随你的初心，会达到一种内心的平静和安宁。

我记得周星驰的电影《九品芝麻官》里有一句话，是包龙星的父亲临终前对他的嘱咐，“贪官要奸，清官要更奸”。

贪官的目的无非就是搂钱，所谓“奸”就是找方法避开别人的监督，钻权力的漏洞，做得漂亮是需要费一番功夫的。但清官就不一样了，首先他的目标更大更多，保证基本的收入，至少不会被腐化；要造福一方百姓，办些实事；甚至要功成名就，青史留名。

但你想办成一件事，总是需要与各种各样的人接触，手里的权力又是大家垂涎的，面对诱惑与困难都在所难免。这不是说就可以不贪污不腐败，也不干事，每天就在任上混日子，那样不叫清官，而是庸官，有时候庸官比贪官还要可恶。

所以想要做一个好官，就要直面挑战与诱惑，思方行圆，做人有底线，做事有手段，遇强权能不卑不亢，遇弱小能伸张正义，持续不断地完善自我，知行合一，用超强的能力去碾压魑魅魍魉，最终成全自己，也成全他人。明代的王守仁就是这样的清官，比严嵩比海瑞，都要远远地有利于国家的长治久安。

做导游也是，如果你对某些新的工作技巧难以适应，又不愿意过分地改变自我，活得太过于分裂或者拧巴。那么不妨从内功上提高自己，做一个鲜明的内容型导游，内功型导游，

这个过程一定会很漫长也会很痛苦，就像武侠小说里说的修炼内功一样，再有天赋也得一步一步来。

人生没有白走的路，你走的每一步都算数。路途虽有苦楚，以后都将成为你的财富。

未来会怎样？

且前行，只会越走越强！

反正路再远，总会天亮。

记得在2001年时我买过一本书，书名叫《话说北京》，里面的内容很丰富，文化底蕴深厚，最重要的是知识中带着很多趣味性，语言很幽默，有些可以直接用在北京旅游的导游词里，比枯燥乏味的历史书要有趣得多。当时注意了一下作者介绍，他是个民间的相声演员，名叫郭德纲，但我从来没听说过这个人，不过因为这本书，还是记下了这个名字。

现在大家都知道郭德纲是谁了，他应该是2004年前后火起来的，之前默默无闻，2005年以后基本已经到了全国上下家喻户晓的程度，他也是我到现在都非常喜欢的相声演员，在北京时，没事儿时还经常去德云社听他们的剧场相声。

我曾经看过他的一些传记，包括网上也有一些他成名之前的照片和故事。他曾经为了得到一次表演机会，在戏园子门口等了两天两夜，借钱请人家吃炸酱面；为了能参加一次相声演出，借了邻居一辆自行车骑了40公里，结束表演后在回家的路上车坏了，他硬是借着月光推着车走了回去，回到家大哭一场，不知道未来路在何方。

郭德纲也在很多相声里提到了成名前的那一段艰苦时光。“时冬腊月，大雪纷飞，大栅栏连条狗都没有，但那也得拿着板子站在门口往里面叫人。有一次赶上台下就一个人听相声，我们在台上也得认真表演……”

他还曾经写过剧本，当过群演，做过很多其他类型的工作，有一次为了能得到一个主持人的工作，节目组把他关在一个商场的玻璃展示柜里48小时。那个商场就位于合肥最繁华的大道上，他吃饭喝水都得在里面，开始还好，后来就崩溃了，但很多人给他写鼓励的话贴在玻璃上，半夜还有乞丐陪他聊天……真正好的幽默，全是自嘲，真正好的喜剧，内核全是悲剧，就这样，在苦痛的积累过程中，他完成了能力上的蜕变。

还有一个例子就是最近很火的票房热门吴京，他以一个功夫硬汉的形象从万千柔美的小鲜肉中间杀出一条血路，成为国内最具票房号召力的实力派演员，他主演的《战狼2》和《流浪地球》等影片都是近些年来华语电影里的票房之冠，影评打分也同样非常高，可谓双丰收。

但他之前的奋斗历程也足够坎坷，青年时代曾经凭借《功夫小子闯情关》

和《太极宗师》小小地火了一把，但随着他去香港发展，十年间鲜有出名作品。在那个时代，从成龙到洪金宝，再到后来的甄子丹，他们参演的很多武打电影中，都有吴京的身影，不过都是一些只会闷头打斗的符号型角色。保证露个脸而已，很难让人记住他。

我也看过他自己导演的作品《狼牙》，动作设计得很好，既带有港片的味道，又有属于自己的镜头风格，然而并没有引起太多人的注意。直到《战狼》的上映，才让大多数中国观众认识了这个演员，而这个时候，吴京已经具备了所有可以厚积薄发的条件。

机会难得，不过当机会真的来了，也永远只会留给一直为等待这个机会而努力的人。有命运的存在，所以世界从来都不是公平的，你必须要时刻做好准备，去抓住每一个你配得上的机会。

我在 2009 年从其他线路转型做欧洲领队，那个时候欧洲线的游客并不是很多，对新导游的需求不大，但我走过一次之后就下定决心一定要走这条线，不光是收入，也是被这条线的文化和艺术所吸引，同时也对自己的能力有了足够的信心。

但客观需求摆在那里，当时各个旅行社都不招人，又正赶上甲型流感蔓延，原有的很多团队都取消了。这个时候我只能等待机会，不过当时的我也没有闲着，除了日常去的学习外，我也计划把自己刚学到的东西直接编辑成一部欧洲导游词。当时还处于 BBS 论坛时代，我文笔虽然一般，但码字功力还是可以的，在家三个月没出门，大致完成了将近 20 万字的欧洲导游词。写完之后拿给很多导游同行看，也发到导游论坛去分享，没想到，这居然是西欧全线路上的第一部真正意义的导游讲解词。

我本来计划以这部导游词为敲门砖到各个旅行社去面试，结果旅行社也没见过这个，都不怎么重视，从当时的视角看，基本就属于白忙活了。但它的好处在后来逐渐地显现出来了。

第一，通过这一部导游词，我详细整理了很多我曾经并不了解的知识，在写作的同时，最大的读者就是我自己，甚至在写完之后我自己已经可以比较通顺地背诵下来了。这让我后来走上欧洲线路后，成了行业内比较有名的一个讲解型导游。

第二，旅行社虽然不认，但同行都很推崇，由于我发到论坛给所有人分享，很多跟我同时期进入欧洲线的领队都把导游词下载打印，帮助了不少同行在上团初期度过了最难熬的讲解困难期。反过来让很多旅行社从导游的口中了解到了我，为我后来认识一些公司提供了很大的便利。

第三，由于这部发表在论坛上的导游词，有一个出版社的编辑还看上了我的文字，找到我的联系方式，最终合作出版了我的第一本行业丛书《带团就是战斗》。

通过这两个故事也许各位已经了解到了，做一个内容创造者，并不是可以一蹴而就的，他需要进行更多的学习与训练，即使达到了一定的水平，也要等待一个合适的机会。

因为有明天，我们才能熬过漫漫长夜。

后 记

几经波折，我最终还是写到了这里……

写书的时候我能预想到，可能书评中会出现来自导游同行间两种比较大的杂音，一个是你这不是在教导游学坏吗；还有一个是你怎么能把我们行业最核心的秘技公开出版，让旅游圈外的人都看到了？

在此我也简单地解答一下。

先说说我们的导游行业，从我这些年的观察来看，纵向上中国目前的服务业里面，六成以上的一线服务人员的主要收入都是来自顾客的二次消费，比如理发师除了做好本职的理发工作外，还需要更多地向你推荐焗油产品；健身房的教练在日常指点你减肥时，顺便还会把自己的私教课拿出来推销；国际酒店的礼宾员除了帮你拿行李收小费以外，还会提供一些租车和预订的额外服务……

横向上，我也带团或者报名跟团走过全世界的很多国家，绝大多数的当地导游也是想尽办法去让游客继续消费以获得预期的收入，这一点和我们国家的导游同行没有什么区别。

在这种形势下，如何能够让二次消费做得更为顺畅，尽量减低导游与游客双方的不适感，是我这本书想要探讨的内容。

用故事的思维和逻辑去讲解和做促销铺垫绝不是编故事骗人，只是把一些生涩的词汇和言语换成了一种更为生动通俗的方式表达出来，让游客能听得懂，也更能接受。就像我们听一些哲学和经济学课程一样，干枯死板的一条条原理，让学生无所适从，摸不着头脑，而厉害的老师总是会通过一个个鲜活贴切的故事来说明这些原理的精彩之处，让人能够快速理解，并且印象深刻。

好的故事从来都是用来打动人的，而不是用来骗人的！

这本书其实早在2016年就已经开始构思，并在次年完成了写作大纲和一万字左右的草稿。但旅游旺季的来临，把良好的节奏都打断了，我毕竟不是专职作者，续写的问题不断自我跳票，一跳就跳到了2019年的春节。

好在大年初一在家上网，莫名其妙地就点开了这篇草稿，忽然感觉灵感来了，马上就下手开始在敲字，居然一气呵成，用了40多天就完成了初稿，起初还怀疑自己的写作能力有没有退化，结果让我很满意。

在这本书的创作过程中，我参考了一些故事创作技巧类的书籍，比如美国好莱坞著名剧作家、导演罗伯特·麦基的著作《故事》，还有拉里·布鲁克斯的《故事力学》，安妮特·西蒙斯的《故事思维》，罗伯·托宾的《好剧本如何讲故事》等学术著作。在写作的过程中，我自己也受益匪浅。

特别感谢一下尤瓦尔·赫拉利的《人类简史》一书，以及我的同行，现在著名的科普大V河森堡曾经在“一席”上的演讲《进击的智人》，在开篇序曲如何切入主题方面，给了我巨大的启发。同时也感谢我在欧洲领队界的同行廖荣隆、顾琳、李农、唐博、张毅、刘词、王立超、刘畅等人，我们在写作的过程中有过很多的交流与切磋，他们给了我不少创作的灵感与启发，感谢四川同行向朔为本书历史部分的故事纠正错误，特别感谢北京同行翟晓羽在文字校对方面给予的支持和协助。

最后，希望中国的导游与领队从知识与业务方面多多交流，让我们这个行业的口碑能够越来越好，成为受人尊敬与敬佩的技术型工种。

宙　斯